EDIÇÕES VIVA LIVROS

## *QS: Inteligência espiritual*

Nascida nos Estados Unidos, Danah Zohar é pós-graduada em religião, filosofia e psicologia pela Universidade de Harvard. Professora da Universidade de Oxford, na Inglaterra, presta consultoria a equipes de liderança corporativa do mundo todo. Ian Marshall, seu marido e coautor, é psiquiatra e psicoterapeuta. Formado em Oxford, escreveu diversos artigos acadêmicos sobre a natureza da mente. Juntos, eles discursam em workshops, fóruns e palestras sobre a importância da inteligência e do capital espiritual. *QS – Inteligência espiritual* já foi publicado em 27 idiomas e é um grande sucesso internacional. Entre as obras dos dois autores já traduzidas no Brasil estão também *O ser quântico*, *Sociedade quântica*, *Através da barreira do tempo* e *Capital espiritual*.

# Danah Zohar e Ian Marshall

# QS INTELIGÊNCIA ESPIRITUAL

Tradução de
RUY JUNGMANN

12ª edição

RIO DE JANEIRO – 2024

CIP-BRASIL. CATALOGAÇÃO NA FONTE
SINDICATO NACIONAL DOS EDITORES DE LIVROS, RJ

Z76q
12ª ed.

Zohar, Danah, 1945-
QS: Inteligência espiritual / Danah Zohar e Ian Marshall; tradução de Ruy Jungmann. – 12ª ed. – Rio de Janeiro: Viva Livros, 2024.
12 × 18 cm

Tradução de: SQ: The Ultimate Intelligence
ISBN 978-85-8103-010-4

1. Inteligência espiritual. 2. Vida espiritual. 3. Conduta. 4. Valores – Aspectos psicológicos. I. Marshall, I. N. II. Título.

12-0362

CDD: 153.9
CDU: 159.92

QS: *Inteligência espiritual*, de autoria de Danah Zohar e Ian Marshall.
Título número 008 da Coleção Viva Livros.
Texto revisado conforme o Acordo Ortográfico da Língua Portuguesa.

Título original norte-americano:
SQ: THE ULTIMATE INTELLIGENCE

Copyright © 2000 by Danah Zohar e Ian Marshall.
Copyright da tradução © by Distribuidora Record de Serviços de Imprensa S.A.
Direitos de reprodução da tradução cedidos para Edições Viva Livros, um selo da Editora Best Seller Ltda. Distribuidora Record de Serviços de Imprensa S. A. e Editora Best Seller Ltda são empresas do Grupo Editorial Record.

www.vivalivros.com.br

Design de capa: Simone Villas-Boas.

Todos os direitos reservados. Proibida a reprodução, no todo ou em parte, sem autorização prévia por escrito da editora, sejam quais forem os meios empregados.

Direitos exclusivos de publicação em língua portuguesa para o mundo adquiridos pela Editora Best Seller Ltda. Rua Argentina, 171 – 20921-380 – Rio de Janeiro, RJ – Tel.: (21) 2585-2000 que se reserva a propriedade literária desta tradução.

Impresso no Brasil

ISBN 978-85-8103-010-4

# Agradecimentos

Gostaria de expressar minha gratidão a Quentin Baer e Cambridge Management Consultants por sua generosa contribuição para pesquisa durante a elaboração deste livro.

O poema "Healing", do livro *The Complete Poems of D. H. Lawrence*, de D. H. Lawrence, organizado por V. de Sola Pinto, F. W. Roberts, copyright © 1964, 1971, por Angelo Ravagli e C. M. Weekley, testamenteiros do estado da Frieda Lawrence Ravagli, foi utilizado com a permissão da Viking Penguin, uma divisão da Penguin Putnam Inc., e de Laurence Pollinger Ltd.

Trechos de "I think continually of those who were truly great", de Stephen Spender, extraídos da obra *The Collected Poems*, e "Little Gidding" de "Four Quartets", de T. S. Eliot, foram utilizados com a permissão de Faber and Faber Limited.

Trechos do Soneto 4 de *Sonnets to Orpheus*, de Rainer Maria Rilke, organizado e traduzido por C. F. MacIntyre, copyright © 1960, por C. F. MacIntyre, foram utilizados com a permissão da University of California Press.

Trechos de *The Lord of the Rings*, de J. R. R. Tolkien, foram usados com a permissão de HarperCollins Publishers.

Trechos de *The Duino Elegies*, de Rainer Maria Rilke, traduzido por Stephen Cohn, foram usados com a permissão de Carcanet Press Limited.

Trechos de *Gitanjali*, de Rabindranath Tagore, com a permissão de Visva-Bharati, Publishing Department, Visva-Bharati University, Calcutá.

Trechos de *Rilke on Love and Other Difficulties*, de Rainer Maria Rilke, traduzido por J. J. L. Mood © 1975, com a permissão de W. W. Norton & Co., Nova York.

Em memória de meu pai, Donald E. Logan,
Toledo, Ohio, 1919-1981

## Nota dos autores

Embora este livro esteja escrito na primeira pessoa por Danah Zohar, seu conteúdo é fruto do trabalho conjunto de seus autores.

# Sumário

**Parte I: O que é QS**

1. Introdução — 17
2. A crise do sentido — 32

**Parte II: A prova científica da inteligência espiritual**

3. Três tipos de pensamento, três tipos de inteligência — 53
4. Mais sobre oscilações neurais de 40 Hz, consciência e QS — 81
5. O "Ponto Deus" no cérebro — 104

**Parte III: Um novo modelo do eu**

Interlúdio: uma breve história da humanidade
6. O lótus do eu I: a camada do ego — 137
7. O lótus do eu II: o meio associativo — 149
8. O lótus do eu III: o centro — 163

**Parte IV: Usando o QS**

9. Como o homem se torna espiritualmente atrofiado — 177
10. Curando-nos com o QS — 195
11. Nossa bússola na borda: utilizando o QS para construir uma nova ética — 210
12. Qual é o meu tipo de personalidade? — 226

## Parte V: Podemos melhorar nosso QS?

13. Seis caminhos para melhorar a inteligência espiritual — 235
14. Avaliando meu QS — 285
15. Como ser espiritualmente inteligente em uma cultura espiritualmente embotada — 291

Apêndice — 307
Notas — 313
Bibliografia — 323

Não me interessa saber o que você faz para ganhar a vida.
Quero saber o que você deseja ardentemente, se ousa sonhar em atender aos anseios de seu coração.
Não me interessa saber sua idade.
Quero saber se você se arriscará a parecer um tolo por amor, por sonhos, pela aventura de estar vivo.
Não me interessa saber que planetas estão em quadratura com sua lua.
Quero saber se tocou o âmago de sua dor, se as traições da vida o despertaram ou se você se tornou murcho e fechado por medo de mais dor!
Quero saber se pode suportar a dor, minha ou sua, sem procurar escondê-la, reprimi-la ou narcotizá-la.
Quero saber se você pode aceitar alegria, minha ou sua; se pode abandonar-se à dança e deixar que o êxtase o domine até as pontas dos dedos das mãos e dos pés, sem nos dizer para termos cautela, sermos realistas ou nos lembrarmos das limitações de sermos humanos.
Não me interessa se a história que me conta é a verdade.
Quero saber se consegue desapontar outra pessoa para ser autêntico consigo mesmo, se pode suportar a acusação de traição e não trair sua alma.
Quero saber se você pode ver beleza mesmo que ela não seja bonita todos os dias, e se pode buscar a origem de sua vida na presença de Deus.
Quero saber se você pode viver com o fracasso, seu e meu, e ainda, à margem de um lago, gritar para a lua prateada: "Eu posso!"
Não me interessa onde você mora ou quanto dinheiro tem.
Quero saber se pode levantar-se após uma noite de sofrimento e desespero, cansado, ferido até os ossos, e fazer o que tem de ser feito pelos filhos.
Não me interessa saber quem você é e como veio parar aqui.
Quero saber se você ficará comigo no meio do fogo e não se acovardará.
Não me interessa saber onde, o que ou com quem você estudou.
Quero saber o que o sustenta a partir de dentro, quando tudo mais
[desmorona.
Quero saber se consegue ficar sozinho consigo mesmo e se realmente gosta da companhia que tem nos momentos de vazio.

*The Invitation*, inspirado por Sonhador da Montanha Oriah,
um índio americano ancião, em maio de 1994[1]

# Parte I
# O que é QS

Parte I

O que é QS

# 1
# Introdução

No início do século XX, o QI (Quociente de Inteligência) tornou-se assunto constante de conversas. Nossa inteligência intelectual, ou racional, é a que usamos para solucionar problemas lógicos ou de grande importância. Psicólogos desenvolveram testes para avaliá-la, e estes tornaram-se instrumentos para classificar o grau de inteligência dos indivíduos, indicando suas habilidades e talentos. Quanto mais alto o QI do indivíduo, dizia a teoria, maior sua inteligência.

Em meados da década de 1990, Daniel Goleman[1] popularizou pesquisas realizadas por diversos neurocientistas e psicólogos, demonstrando que a inteligência emocional – que, como abreviação conveniente, chamo de QE, Quociente Emocional – reveste-se de igual importância. O QE nos dá percepção de nossos sentimentos e dos sentimentos dos outros. Dá-nos empatia, compaixão, motivação e capacidade de reagir apropriadamente à dor e ao prazer. Conforme observou Goleman, o QE constitui requisito básico para o emprego efetivo do QI. Se estão lesionadas as áreas cerebrais com as quais *sentimos*, nós *pensamos* com menos eficiência.

No fim do século XX, um conjunto de dados científicos, ainda não assimilados, mostrou-nos que há um terceiro "Q". A descrição total da inteligência humana pode ser finalmente completada com a discussão da inteligência espiritual ou, abreviadamente, QS – Quociente Espiritual (*Spiritual Quocient*). Por QS refiro-me à inteligência com que abordamos e solucionamos problemas de sentido e valor; a inteligência com a qual podemos inserir nossos atos e nossa vida em um contexto mais amplo, mais rico, mais gerador de significado; a inteligência com a qual podemos avaliar que um curso de ação ou caminho na vida faz mais sentido do que outro. O Quociente Espiritual (QS) é o embasamento necessário para o funcionamento eficaz do QI e do QE. É a nossa inteligência final.

Em seu livro *Inteligências múltiplas*, Howard Gardner, de Harvard, diz que há pelo menos sete tipos de inteligência, incluindo a musical, a espacial, a esportiva, além da racional e da emocional. Contudo, neste livro, argumento que nossas inteligências, possivelmente infinitas, podem estar ligadas a um dos três sistemas neurais do cérebro e que todos os tipos de inteligência que Gardner descreve são, na verdade, variações do QI, do QE e do QS, e de suas configurações neurais associadas.

O dicionário Webster define espírito como "o princípio animador ou vital; aquilo que dá vida ao organismo físico, em contraposição a seus elementos materiais; o hálito da vida". Seres humanos são essencialmente criaturas espirituais, porque somos impulsionados pela necessidade de fazer perguntas "fundamentais". Por que nasci? Qual o significado de minha vida? Por que devo continuar a lutar quando estou cansado, deprimido ou me sentindo derrotado? O que torna a vida digna de ser vivida? Somos impulsionados, na verdade determinados, por um anseio especificamente humano, o de encontrar sentido e valor no que fazemos e experimentamos. Sentimos o anseio de ver nossa vida em um contexto mais amplo, que lhe confira sentido, seja a família, a comunidade, o clube de futebol, o trabalho, as convicções religiosas ou o universo em si. Ansiamos por algo pelo qual possamos aspirar, por algo que nos leve além de nós mesmos e do momento presente, por alguma coisa que nos dê, e dê a nossos atos, um senso de valor. Alguns antropólogos e neurobiólogos argumentam que foi esse anseio por sentido e o valor evolutivo que ele confere que puxaram os seres humanos das árvores para o chão há cerca de dois milhões de anos. A necessidade de sentido, argumentam eles, gerou a imaginação simbólica, o aparecimento da linguagem e o crescimento extraordinário do cérebro humano.[2]

Nem o QI nem o QE, separadamente ou combinados, são suficientes para explicar a enorme complexidade da inteligência humana nem a riqueza imensa da alma do homem e de sua imaginação. Computadores têm QI alto: conhecem as regras e podem segui-las sem cometer erros. Animais, não raro, possuem QI alto: têm um senso da situação em que se encontram e sabem como reagir apropriadamente a ela. No entanto, nem computadores nem animais perguntam *por que* obedecemos a essas regras, por que estamos em certas situações ou se elas podem ser diferentes ou melhores. Eles se comportam *dentro* de limites, participando de um "jogo finito". O QS permite que seres humanos sejam criativos, mudem as regras, alterem situações. Permite-nos trabalhar *com* limites, participar do "jogo infinito".[3] O QS nos dá capacidade de escolher. Presenteia-nos com um senso moral, uma capacidade de amenizar normas rígidas com compreensão e compaixão, bem como com a capacidade de saber quando a compaixão e a compreensão chegaram a seus limites. Usamos o QS (Quociente Espiritual) para lutar com questões acerca do bem e do mal, e imaginar possibilidades irrealizadas – sonhar, aspirar, superar situações difíceis.

E é principalmente esse poder transformador que diferencia o QS do QE. Da forma como Daniel Goleman a define, minha inteligência emocional me permite julgar em que situação me encontro e, em seguida, comportar-me apropriadamente dentro dela. Isso significa trabalhar *dentro* dos limites da situação, permitindo que *ela* me oriente. Já minha inteligência espiritual permite que eu pergunte a mim mesmo, de início, se quero estar em uma situação particular. Eu não poderia mudá-la, criando outra melhor? Isso implica trabalhar *com* os limites da situação em que me encontro, permitindo-me conduzir a *situação*.

Finalmente, como teremos oportunidade de ver quando analisarmos a base neurológica do QS, este opera do centro do cérebro – das funções neurológicas unificadoras do cérebro – e integra todas as nossas inteligências. O QS nos torna as criaturas plenamente intelectuais, emocionais e espirituais que somos.

Em condições ideais, as três inteligências básicas funcionam juntas e se apoiam mutuamente. O modo como funciona nosso cérebro permite que elas tenham condições de fazer isso, mas todas – o QI, o QE e o QS – apresentam uma área própria em que são mais fortes e podem também funcionar separadamente. Isto é, não somos necessariamente poderosos ou fracos em todas as três ao mesmo tempo. Não precisamos ter um poderoso QI ou QS para termos um QE alto. Podemos ser fortes em QI e fracos em QE e QS, e assim por diante.

## TRÊS PROCESSOS PSICOLÓGICOS

Toda a psicologia ocidental tem por fundamento dois processos. A inteligência espiritual introduz um terceiro e, portanto, exige expansão da psicologia como ciência e uma compreensão mais profunda do eu humano.

Inicialmente, Freud definiu os dois processos psicológicos como primário e secundário. O primeiro está associado ao id, aos instintos, ao corpo, às emoções e ao inconsciente. O segundo está ligado ao ego, à mente consciente, racional. Para Freud, este último era o mais alto, superior: "Onde o id era, o ego será." Outros autores, seguindo Freud, enfatizaram ocasionalmente a maior importância do processo primário. Toda a psicologia subsequente, porém, incluindo a ciência cognitiva, manteve a estrutura dos dois processos. O processo primário poderia ser denominado QE (com base na "fiação neural associativa" do cérebro) e o secundário, QI (com base na "fiação neural serial" do cérebro).

Fundamentada como está nesses dois processos, a psicologia ocidental, na verdade, interpõe um espaço vazio, um buraco, no centro do eu. Os processos primário e secundário rivalizam entre si por controle e expressão. Nem a razão nem as emoções podem apelar para qualquer outra coisa além de si mesmas. Não têm origem comum, por meio da qual possam ser integradas e transformadas. Não incluem uma dimensão transpessoal. O eu jungiano, ou "função transcendental" jungiana, constituiu uma tentativa de estabelecer uma ponte entre as duas margens. A neurobiologia, porém, ainda não havia se desenvolvido o suficiente durante a vida de Jung (falecido em 1961) e não podia oferecer base científica para sua psicologia avançada.

O QS (com base no terceiro sistema neural, as oscilações neurais sincronizadas que unificam os dados em todo o cérebro) oferece-nos, pela primeira vez, um terceiro e viável processo. Esse processo unifica, integra e reveste-se do potencial de transformar o material surgido dos outros dois processos. Facilita um diálogo entre a razão e a emoção, entre a mente e o corpo. Fornece um núcleo para crescimento e transformação, oferece ao eu um centro ativo, unificador, gerador de sentido.

## O LÓTUS DO EU

A descoberta de que o QS fornece à psicologia um processo terciário exige o desenvolvimento de um novo modelo psicológico do eu e da personalidade humana. Os modelos anteriores tiveram duas "camadas": a externa, ou a personalidade consciente, racional; e a interna, formada de associações e motivações, na maior parte inconscientes. O terceiro processo introduz uma terceira camada, um ponto central.

Neste livro, o eu é apresentado como um lótus de seis pétalas. A camada externa de cada pétala representa o ego, distribuído entre os seis tipos possíveis de personalidade ou funções reconhecidos por diversos psicólogos. Neste livro, recorrerei principalmente a três fontes extensamente pesquisadas: o trabalho de J. F. Holland sobre testes vocacionais e seis tipos de personalidade; os seis tipos de Jung, tais como usados por Myers-Briggs (introversão, extroversão, pensamento, sentimento, sensação, intuição); e o trabalho de Cattell sobre motivação.

Todos nós podemos encontrar os principais aspectos de nossa personalidade consciente distribuídos entre as pétalas do lótus. Em um nível mais profundo, cada pétala tem sua camada de processo primário, com suas associações inconscientes e suas motivações. No substrato mais profundo dessa camada inconsciente situa-se o inconsciente coletivo, com seus arquétipos, da forma descrita por Jung. No centro do lótus encontramos a camada terciária, o núcleo do eu, do qual extraímos a energia e o potencial necessários para nos transformarmos. As seis pétalas e o centro do lótus correspondem também aos sete chakras descritos pela Kundalini Yoga do hinduísmo e por diversas outras estruturas místicas e mitológicas encontradas no budismo, na Grécia antiga, no pensamento cabalístico judaico e nos sacramentos cristãos.

Com o modelo do lótus de seis pétalas/tipos de personalidade, poderemos discutir seis maneiras de o homem ser espiritualmente atrofiado e seis outras de como ele pode tornar-se espiritualmente inteligente. Esse modelo fornece ao leitor um mapa, com o qual poderá encontrar a própria personalidade, seus pontos fortes e fracos e o melhor caminho para o crescimento e a transformação.

## QS NÃO IMPLICA SER RELIGIOSO

O grande problema na mente do homem moderno é o do sentido. Numerosos escritores afirmam que a falta de um sentido mais profundo na vida é a crise básica de nossa época. Sinto isso quando, todos os meses, viajo ao exterior, falando a plateias do mundo todo. Aonde quer que eu vá, quando nos reunimos para um drinque ou uma refeição, o assunto volta-se para Deus, sentido, visão, valores, anseios espirituais. Hoje, muitas pessoas atingiram um nível sem precedentes de bem-estar material. Ainda assim, querem mais. Muitas falam de um vazio "aqui", apontando para o abdome. O "mais" que preencheria o vazio raramente tem qualquer ligação com a religião formal. Na verdade, a maioria das pessoas que busca realização espiritual não vê qualquer relação entre seus anseios e a religião formal.

O QS não mantém uma conexão necessária com a religião. Para algumas pessoas, o QS talvez encontre um modo de expressão pela religião tradicional. Ser religioso, porém, não garante um QS elevado. Diversos humanistas e ateus têm um QS muito alto; inúmeros indivíduos religiosos apresentam um QS baixíssimo. Estudos realizados pelo psicólogo Gordon Allport há cinquenta anos demonstraram que há mais pessoas que passam por experiências religiosas *fora* dos limites das instituições religiosas que dentro delas.

A religião convencional é um conjunto de regras e crenças impostas de fora. Foi herdada de sacerdotes, profetas ou livros sagrados, ou absorvida por intermédio da família ou das tradições. O QS, da forma descrita neste livro, é uma capacidade *interna*, inata, do cérebro e da psique humana, extraindo seus recursos mais profundos do âmago do próprio universo. É um instrumento desenvolvido ao longo de milhões de anos que habilita o cérebro a descobrir e aplicar sentido na solução de problemas. As rápidas mudanças ocorridas no mundo ocidental nos últimos três séculos lançaram as religiões convencionais numa luta para continuar a fazer sentido para o homem. Hoje, teremos de usar nosso QS inato para abrir novos caminhos, descobrir novas manifestações de sentido, alguma coisa que nos *toque* e que possa nos guiar de dentro de nós mesmos.

A inteligência espiritual é a inteligência da alma. É a inteligência com a qual nos curamos e com a qual nos tornamos seres verdadeiramente íntegros. Um grande número de pessoas leva hoje em dia uma vida de dolorosa fragmentação. Ansiamos pelo que o poeta T. S. Eliot denominou "união mais profunda, mais comunhão",[4] mas poucos recursos encontramos em nosso ser limitado pelo ego ou nos símbolos ou instituições existentes em nossa cultura. O QS é aquele que repousa na parte profunda do eu conectada com a sabedoria que nos chega de além do ego ou da mente consciente. É a inteligência com a qual reconhecemos não só valores existentes, mas com a qual, criativamente, descobrimos novos valores. O QS independe da cultura ou de valores. Não evolui *de* valores existentes. Para começar, *cria*, em vez disso, a própria possibilidade de termos valores. Ao longo da história humana, todas as culturas conhecidas tiveram *algum* conjunto de valores, embora eles diferissem de uma cultura a outra. O QS, portanto, é anterior a todos os valores específicos e a qualquer cultura específica. É, por conseguinte, anterior também a qualquer forma que a expressão religiosa possa assumir. Torna possível (e talvez até mesmo necessário) o religioso, mas independe de religião.

Rumi, poeta místico sufista do século XIII, pode ter pensado na relação entre QS, valores e religião quando escreveu as seguintes palavras:

Não sou cristão, não sou judeu, não sou zoroastriano,
Não sou nem mesmo muçulmano.
Não pertenço à terra ou a qualquer mar conhecido ou
desconhecido.

A natureza não pode me possuir nem me reivindicar, e o céu,
[tampouco.
Nem também a Índia, China, Bulgária,
Meu torrão natal em nenhum lugar está,
Meu signo é ter e não ter signo.
Talvez digas que me vês a boca, as orelhas, o nariz – mas eles
[não são meus.
Eu sou a vida da vida.
Sou aquele gato, esta pedra, ninguém.
Joguei fora a dualidade, como se faz com um velho pano de
[enxugar prato.
Vejo e conheço todos os tempos e mundos,
Como único, único, sempre único.
O que, pois, tenho de fazer para que reconheças quem te fala?
Aceita isso e muda tudo!
Esta é tua própria voz ecoando das muralhas de Deus.[5]

O que denomino aqui QS, ou inteligência espiritual, é a voz que ecoa das muralhas do Deus de Rumi. No entanto, à medida que percorrermos juntos este livro, veremos que há uma pequena diferença.

## PROVA CIENTÍFICA DO QS

O QS é uma capacidade tão antiga quanto a humanidade, embora o conceito seja desenvolvido plenamente, e pela primeira vez, apenas neste livro. Até agora, a ciência e a psicologia científica têm andado à deriva quando discutem o sentido e o papel que desempenham em nossa vida. A inteligência espiritual tem sido um tópico constrangedor para acadêmicos porque a ciência atual não está preparada para estudar coisas que não possa mensurar objetivamente.

Existe de fato um grande volume de prova científica do QS em estudos neurológicos, psicológicos e antropológicos recentes da inteligência humana e em estudos sobre pensamento humano e processos linguísticos. Cientistas já realizaram a maior parte da pesquisa básica que revela as bases neurais do QS no cérebro. O paradigma dominante do QI, no entanto, se sobrepôs a outras pesquisas sobre seus próprios dados. Este livro reunirá quatro correntes específicas de pesquisa que até então permaneceram separadas devido à natureza altamente especializada da ciência.

Em primeiro lugar, em princípios da década de 1990, tivemos a pesquisa realizada pelo neuropsicólogo Michael Persinger e, mais recentemente, em 1997, pelo neurologista Vilayanu Ramachandran e sua equipe na Universidade da Califórnia, sobre a existência de um "ponto Deus" no cérebro humano. Esse centro espiritual interno localiza-se entre conexões neurais nos lobos temporais do cérebro. Em exames realizados com topografia de emissão de pósitrons (escaneamento PET), essas áreas se iluminaram em todos os casos em que os pacientes pesquisados participavam da discussão de tópicos espirituais ou religiosos. Esses tópicos variam segundo as culturas. Ocidentais respondiam à menção da palavra "Deus", ao passo que budistas e outros reagiam a símbolos que tinham sentido para eles. Essa atividade do lobo temporal tem sido ligada há anos às visões místicas de epilépticos e de usuários de LSD. O trabalho de Ramachandran foi o primeiro a demonstrar que o centro em causa está ativo em pessoas normais. O "ponto Deus" não prova a existência de Deus, mas, de fato, demonstra que o cérebro evoluiu para fazer as "perguntas finais", para ter e usar a sensibilidade para sentido e valores mais amplos.

Em segundo lugar, o trabalho do neurologista austríaco Wolf Singer na década de 1990 sobre "o problema da aglutinação" mostra que há um processo neural no cérebro dedicado a unificar e conferir sentido às nossas experiências – um processo neural que literalmente as "aglutina". Antes do trabalho de Singer sobre oscilações neurais sincronizadas em todo o cérebro, neurologistas e cientistas cognitivos só reconheciam duas formas de organização neural.

Uma delas, as conexões neurais seriais, constitui a base de nosso QI. Tratos neurais conectados serial e logicamente permitem que o cérebro siga regras, pense lógica e racionalmente, dê um passo após outro. Na segunda forma, a organização neural em rede, feixes de até cem mil neurônios são conectados de forma acidental a outros cachos maciços. Essas redes constituem a base do QE, a inteligência ativada pela emoção, reconhecedora de padrões, formadora de hábitos. Existem computadores seriais e paralelos que têm capacidades diferentes, mas nenhum dos dois tipos pode trabalhar com o sentido. Nenhum computador ora existente pode perguntar "Por quê?". O trabalho de Singer na unificação de oscilações neurais oferece o primeiro indício de um terceiro tipo de pensamento, o pensamento unitivo, e um concomitante terceiro modo de inteligência, o QS, que pode lidar com essas questões.

Em terceiro lugar, como fruto do trabalho de Singer, a pesquisa realizada por Rodolfo Llinas, em meados da década de 1990, sobre consciência no sono e em estado de vigília, e sobre aglutinação de eventos cognitivos no cérebro, foi muito aperfeiçoada pela nova tecnologia MEG [magnetoencefalográfica], que permite estudos dos campos elétricos oscilantes do cérebro e de seus campos magnéticos associados.

Em quarto lugar, o neurologista e antropólogo biológico Terrance Deacon, da Universidade de Harvard, publicou recentemente novos trabalhos sobre as origens da linguagem humana (*The Symbolic Species*, 1997). Demonstrou Deacon que a linguagem, exclusivamente humana e simbólica, é uma atividade centralizada em sentido que evoluiu com o rápido desenvolvimento dos lobos frontais do cérebro. Nem os computadores ora existentes, nem mesmo os símios mais desenvolvidos (com raras e limitadas exceções), podem usar linguagem, porque carecem dos recursos do lobo frontal para lidar com o sentido. Este livro mostrará que todo o programa de pesquisa de Deacon sobre a evolução da imaginação simbólica e seu consequente papel no cérebro e na evolução social dá sustento à faculdade da inteligência que estamos chamando de QS.

## USANDO O QS

Em termos evolutivos, o trabalho neurobiológico de Deacon sobre a linguagem e a representação simbólica demonstra que, literalmente, usamos o QS para desenvolver nosso cérebro humano. O QS instalou em nós a "fiação" necessária para nos tornarmos quem somos e nos fornece o potencial de instalar "nova fiação" – para crescimento e transformação, para evolução ulterior de nosso potencial humano.

Utilizamos o QS para sermos criativos. Recorremos a ele quando precisamos ser flexíveis, visionários ou criativamente espontâneos.

Nós o usamos para lidar com problemas existenciais – problemas em que nos sentimos pessoalmente num impasse, na armadilha de nossos velhos hábitos, nas neuroses, ou quando temos problemas com doença ou sofrimento. O QS nos torna conscientes de que temos problemas existenciais e nos dá meios para resolvê-los – ou pelo menos para encontrar paz ao lidar com eles. E nos dá um sentido "profundo" do que significam as lutas da vida.

O QS é nossa bússola "na borda". Os problemas existenciais mais irritantes existem fora do esperado e do familiar, fora de regras dadas, além da experiência passada, além do que sabemos como resolver. Na teoria do caos, a "borda" é a linha entre a ordem e o caos, entre sabermos tranquilamente o que queremos e estarmos inteiramente perdidos. É também o lugar onde podemos ser os mais criativos. O QS, nosso senso profundo, intuitivo, de sentido e valor, é o nosso guia na borda. É nossa consciência. (Em hebraico, as palavras relativas à "consciência", "bússola" e "verdade oculta, interior, da alma" têm a mesma raiz.)

Podemos usá-lo para nos tornarmos espiritualmente inteligentes sobre religião. O QS nos leva ao âmago das coisas, à unidade por trás da diferença, ao potencial além de qualquer expressão concreta. Pode nos pôr em contato com o sentido e o espírito fundamental subjacentes a todas as grandes religiões. O indivíduo com alto teor de inteligência espiritual pode praticar qualquer religião, mas sem estreiteza, exclusividade, fanatismo ou preconceito. De igual maneira, pode ter qualidades extraordinariamente espirituais sem ser absolutamente religioso.

O QS permite integrar o intrapessoal e o interpessoal, transcender o abismo entre o eu e o outro. Daniel Goleman escreveu sobre as emoções intrapessoais e interpessoais – as que compartilhamos com outras pessoas e usamos para nos relacionar com elas. Apenas o QE, porém, não pode nos ajudar a transpor o abismo. Precisamos do QS para compreendermos quem somos, o que as coisas significam para nós e como elas dão aos outros e a seus sentidos um lugar em nosso próprio mundo.

Utilizamos o QS para nos projetarmos mais completamente na direção das pessoas desenvolvidas que temos o potencial de ser. Todos formamos nosso caráter por meio de uma combinação de experiência e visão, de uma tensão entre o que realmente fazemos e as coisas maiores e melhores que poderíamos fazer. No nível puro do ego somos centralizados, egoístas, temos ambição de coisas materiais, e assim por diante. Temos, também, visões transpessoais de bondade, beleza, perfeição, generosidade, sacrifício etc. O QS nos ajuda a superar nosso ego imediato e nos estendermos para as camadas mais profundas das potencialidades ocultas existentes em nós. Ajuda-nos a levar a vida em um nível mais profundo de sentido.

E, finalmente, podemos usá-lo para enfrentar os problemas do bem e do mal, os problemas da vida e da morte, as origens mais profundas do sofrimento humano e, não raro, do desespero. Com excessiva frequência, tentamos racionalizá-los e eliminá-los com argumentos espúrios ou, então, somos por eles emocionalmente envolvidos ou arrasados. Para dominarmos nossa inteligência espiritual precisamos, em algum ponto no tempo, ter visto a cara do inferno, ter conhecido a possibilidade do desespero, da dor, do sofrimento profundo, da perda, e também ter feito nossa paz com essas condições. "Quando somos unos com a perda", diz o antigo texto chinês *Tao Te Ching*, "a perda é experimentada com satisfação." Precisamos ter ansiado por longo tempo, na parte mais profunda de nosso ser, por um sentido que nos comova, pela sugestão de alguma coisa nova, alguma coisa pura, alguma coisa vivificadora. Nesse anseio, podemos ter esperança de encontrar o que aspiramos e compartilhar com outros os frutos dessa descoberta criativa. O rabino Abraham Heschel, místico judeu do século XX, disse o seguinte: "Estamos mais perto de Deus quando fazemos perguntas do que quando pensamos que temos as respostas."[6] Na mesma veia, o filósofo místico francês do século XVII, Blaise Pascal, escreveu, em nome de Deus: "Não estarias me procurando se já me tivesses encontrado."

## UM TESTE DE QS

As indicações de um QS altamente desenvolvido incluem:

- capacidade de ser flexível (ativa e espontaneamente adaptativo);
- grau elevado de autopercepção;
- capacidade de enfrentar e usar o sofrimento;
- qualidade de enfrentar e transcender a dor;
- qualidade de ser inspirado por visão e valores;
- relutância em causar dano desnecessário;
- tendência para ver as conexões entre coisas diversas (ser "holístico");
- tendência acentuada para fazer perguntas do tipo "Por quê?" ou "O que aconteceria se..." e procurar respostas "fundamentais";
- ser o que os psicólogos denominam "independente do campo" – isto é, possuir capacidade de trabalhar contra as convenções.

O indivíduo com alta inteligência espiritual será provavelmente também um líder inspirado pelo desejo de servir – uma pessoa responsável por trazer visão e valores mais altos aos demais e a lhes mostrar como usá-los ou, em outras palavras, uma pessoa que inspira outras. Neste livro, formularemos perguntas com as quais o leitor pode avaliar sua própria inteligência espiritual e conversaremos também sobre pessoas que as têm em alto ou baixo grau.

## APRIMORANDO O QS

A inteligência espiritual coletiva é baixa na sociedade moderna. Vivemos em uma cultura espiritualmente desvantajosa, caracterizada por materialismo, utilitarismo, egocentrismo míope, falta de sentido e recusa em assumir compromissos. Como indivíduos, porém, podemos agir para elevar nosso QS – na verdade, o prosseguimento da evolução da sociedade dependerá de haver um número suficiente de indivíduos que assim procedam. De modo geral, podemos aprimorar nosso QS passando a usar mais o processo terciário – a tendência de perguntar por quê, procurar conexões entre coisas, trazer para a superfície as suposições que vimos fazendo sobre o sentido por trás e no âmago das coisas, tornando-nos mais reflexivos, estendendo-nos um pouco mais além de nós mesmos, assumindo responsabilidade, tornando-nos mais autoconscientes, mais honestos com nós mesmos e mais corajosos.

A conclusão deste livro é feita com um capítulo sobre o que fazer para sermos espiritualmente inteligentes em uma cultura espiritualmente burra. A cultura do tipo ocidental, onde quer que exista no mundo, está saturada do imediato, do material, da manipulação egoísta de objetos, experiências e pessoas. Usamos mal nossos relacionamentos e o meio ambiente, da mesma forma que nossos sentidos humanos mais profundos. Sofremos de uma terrível pobreza de imaginação simbólica. Ignoramos as qualidades humanas e nos concentramos, cada vez mais freneticamente, em fazer coisas, em atos de "ganhar e gastar". Negligenciamos tristemente o sublime e o sagrado que há em nós, nos outros e no mundo. Ou, como diz o teatrólogo americano John Guare, em *Six Degrees of Separation:*

> Uma das maiores tragédias de nossa época é a morte da imaginação.
>
> Acredito que a imaginação seja o passaporte que criamos para nos levar para o mundo real. Constitui outra palavra para descrever o que é unicamente nosso.
>
> Olhar de frente para nós mesmos. É nisso que está a dificuldade. A imaginação é a dádiva de Deus para tornar suportável o ato do exame de consciência. Ela nos mostra quais os nossos limites e como ultrapassá-los... a imaginação é o lugar aonde todos estamos tentando chegar...[7]

Pelo uso mais refinado de nossa inteligência espiritual e com o emprego de honestidade pessoal e da coragem que esse refinamento exige, podemos nos reconectar com as fontes e os sentidos mais profundos existentes em nós e usar essa reconexão para servir a causas e processos muito mais amplos do que nós mesmos. Nesse serviço, poderemos encontrar nossa salvação. Nossa salvação mais autêntica talvez esteja em servir à nossa imaginação mais profunda.

## 2
## A crise do sentido

> A busca de sentido pelo homem é a principal motivação
> de sua vida e não uma "racionalização secundária"
> de impulsos instintivos. Esse sentido é único e específico,
> uma vez que tem de ser, ou só pode ser, tornado real
> por ele; só então o sentido adquire a importância
> que satisfará sua vontade de sentido.
>
> Viktor Frankl, *Em busca de sentido*

Uma das percepções mais novas e profundas da ciência do século XX é que o todo pode ser maior do que a soma de suas partes. O todo contém uma riqueza, uma perspectiva, uma dimensão que não há nas partes. O todo, portanto, não é apenas uma quantidade maior, uma vez que possui também uma qualidade a mais.

Nesse sentido, a ciência nos ajuda a compreender o espiritual. Vivenciar o "espiritual" significa estar em contato com um todo maior, mais profundo, mais rico, que põe em uma nova perspectiva nossa limitada situação presente. Implica o senso de que há "alguma coisa além", "algo mais", que confere sentido e valor à situação em que estamos agora. Esse "algo mais" espiritual talvez seja uma realidade social mais profunda ou uma rede social de sentido. Pode ser, quem sabe, uma percepção ou sintonização com as dimensões mitológica, arquetípica ou religiosa da situação em que nos encontramos. Ou, quem sabe, ser o senso de que há um nível mais profundo de verdade ou beleza. É também a sintonização com um senso de inteireza mais profundo, cósmico, um senso de que nossos atos são partes de algum processo universal mais amplo.

Qualquer que seja nosso senso específico do espiritual, sem ele nossa visão escurece, a vida nos parece monótona e os objetivos que nela temos tornam-se desoladoramente finitos. Ou, como escreveu o poeta William Blake: "Se as portas da percepção fossem purificadas, tudo nos pareceria como é, infinito."

Como diz Viktor Frankl, a busca de sentido é a principal motivação da vida do homem. É essa busca que nos torna as criaturas espirituais que somos. E quando essa necessidade profunda de sentido deixa de ser satisfeita é que a vida nos parece rasa ou vazia. Hoje, no caso de muitos de nós, essa necessidade não é atendida, e por isso a crise fundamental de nosso tempo é de natureza espiritual.

Em data muito recente, recebi um e-mail sinalizado com "urgente" do alto executivo de uma empresa na Suécia, que queria me conhecer pessoalmente em minha próxima visita a Estocolmo. Disse que precisava tomar uma grande decisão sobre o rumo de sua vida e que tinha esperança de poder discuti-la comigo. Quando nos conhecemos, ele se mostrou nervoso e sério, e foi direto ao assunto.

"Anders", como vou chamá-lo, disse-me que estava na faixa dos 30 anos.

– Sou o principal executivo, aqui na Suécia, de uma empresa global – explicou ele. – Tenho dinheiro, saúde, uma família maravilhosa e posição importante na comunidade. Acho que tenho "poder". Mas não tenho certeza do que estou fazendo com minha vida. Não estou convencido de que me encontro no caminho certo, fazendo o que faço. – Continuou dizendo que estava muito preocupado com a situação mundial, especialmente com o meio ambiente e a desagregação da vida em comunidade, e que julgava que o homem evitava reconhecer a verdadeira escala dos problemas com que se defrontava. Grandes empresas como a minha, pensava, eram especialmente culpadas por não enfrentar tais problemas. – Quero fazer alguma coisa a esse respeito – continuou –, quero, por assim dizer, usar minha vida para servir, mas não sei como. Só sei que quero ser parte da solução, e não do problema.

Anders descreveu essa inquietação como um "problema espiritual" e a si mesmo como passando por uma "crise espiritual". Quando, no dia seguinte, contei a história de Anders a um grupo de executivos de empresas, para os quais eu fora convidada a fazer uma palestra, quatro deles me procuraram separadamente e perguntaram: "Como foi que a senhora soube de minha história?" Mais tarde no mesmo dia, alunos de uma escola de ensino médio que me entrevistaram fizeram a mesma pergunta sobre o futuro de cada um deles. "Nós queremos servir. Queremos mudar o mundo. Não queremos repetir o lixo que a geração de vocês despejou sobre nós. O que podemos fazer? Ingressamos no sistema ou permanecemos fora dele?" Sem estarem ligados a qualquer crença ou religião, esses jovens disseram enfrentar um problema espiritual, porque se perguntavam como poderiam levar uma vida que tivesse sentido. Eles ansiavam por viver a vida em algum contexto mais amplo de sentido e valor. Embora sintam o que Viktor Frankl chama de *vontade* de sentido, acham que essa vontade é frustrada no mundo atual.

A busca de sentido é evidente em diversos aspectos de nossa vida. O que significa minha vida? O que significa meu trabalho? Ou essa empresa que fundei ou para a qual trabalho? Este relacionamento? Por que estou estudando para obter esse diploma? O que é que o diploma significa para mim? O que significa saber que vou morrer algum dia? Por que me comprometer com uma ou outra coisa, com uma ou outra pessoa – ou com qualquer coisa? Duas das dez principais causas de morte no mundo ocidental, o suicídio e o alcoolismo, relacionam-se frequentemente com esse tipo de crise de sentido.

Pessoas que viveram em sociedades mais antigas não teriam sequer feito essas perguntas. A vida que levavam era culturalmente inserida em uma estrutura fixa. Tinham tradições vivas, deuses vivos, comunidades vivas, códigos morais operantes, problemas que tinham limites conhecidos e metas fixas. Nos tempos modernos, porém, perdemos o que alguns filósofos denominam "certezas" na vida. Em nosso caso, sobram problemas existenciais ou espirituais e a necessidade de cultivar algum tipo de inteligência que possa lidar com eles. O simples QI, ou inteligência racional, não é mais suficiente. As razões que se procuram para viver a vida não são racionais, tampouco puramente emocionais. Não basta ao homem ter felicidade no contexto existente. Ele quer questionar o próprio contexto, o valor da maneira como vive, e descobrir um novo valor, um efêmero "a mais". Pelo simples fato de fazer tais perguntas, demonstra a necessidade de usar sua inteligência espiritual.

O que é esse "a mais" que o homem procura e por que precisa de inteligência espiritual para encontrá-lo? Por que dizemos que o sentido é a questão fundamental de nosso tempo? Mudaram os tempos, cresceram as necessidades do homem ou a própria inteligência ingressou em um novo estágio de evolução? Essas são algumas das perguntas que precisamos estudar com urgência.

Em minha vida, o sentido sempre foi uma questão primordial, visto que jamais houve para mim qualquer sentido óbvio, *dado*. Meus pais se separaram quando eu tinha 3 anos e se divorciaram quando cheguei aos 5. Jamais conheci meu pai ou sua família de imigrantes poloneses da classe operária. Passei meus primeiros anos com avós cuja vida estava imersa em uma cultura rural antiga e na religião tradicional, embora para minha mãe e suas contemporâneas essas condições fossem formas sem sentido, que só seguiam para "impressionar os vizinhos". Minha mãe ensinou-me regras às quais ela mesma não observava e me deu explicações nas quais não acreditava. Cresci nos Estados Unidos do período do macarthismo, que estava a caminho do Vietnã. Líderes nacionais que falavam em ideais e valores, e que eram meus heróis, foram assassinados: JFK, Martin Luther King e Bobby Kennedy.

Éramos uma família de classe média em situação confortável, embora meu padrasto vivesse trocando de emprego e entrasse e saísse de aventuras extraconjugais, enquanto minha mãe altamente inteligente tomava algumas pílulas "para não ter que pensar muito". Mais tarde, cometeu suicídio para não ter absolutamente que pensar. Nos últimos anos de minha infância, foram poucos os parentes que eram íntimos e a maioria mudou-se para outras cidades ou estados. Os vizinhos faziam a mesma coisa. Estudei em seis escolas diferentes. Inicialmente, procurei raízes na religião de meus avós, em seguida em outras, embora uma vida inteira de investigação jamais me deixasse satisfeita com qualquer religião formal. Tal como Anders, durante toda a vida adulta procurei algum sentido, algum modo de viver ou alguma visão pela qual viver que pudessem pôr meus atos, minhas responsabilidades de mãe e meu trabalho em algum contexto mais amplo.

Minha história nada tem de atípica. A era moderna é definida por situações como a desagregação da família, da comunidade e da religião tradicional, pela perda ou falta de heróis, e povoada por jovens que tentam tirar sentido de tudo isso. Vivemos em uma época em que não há indicadores claros, regras claras, valores claros, nenhuma forma clara de crescer, nenhuma visão clara de responsabilidade.

Carecemos de um contexto global para nossa vida, de um fluxo natural de sentido do qual possamos ser simplesmente uma parte. De muitas maneiras, esse deserto espiritual surgiu como produto de nosso QI alto. Usando de raciocínio, afastamo-nos da natureza e de nosso próximo e, pelo pensamento, ultrapassamos a religião. Em nosso grande salto tecnológico para a frente, deixamos para trás a cultura tradicional, com seus valores enraizados. Nosso QI reduziu o trabalho, aumentou a riqueza e a longevidade, inventou incontáveis engenhocas, algumas das quais ameaçam destruir não só o meio ambiente mas a nós também. E não encontramos um modo de tornar tudo isso digno do esforço.

A cultura moderna é espiritualmente atrofiada não só no Ocidente, mas também, cada vez mais, nos países asiáticos que sucumbem à sua influência. Por "espiritualmente atrofiada" quero dizer que perdemos o senso de valores fundamentais – os valores ligados à terra e às estações, às horas que passam, aos instrumentos e rituais diários de nossa vida, ao corpo e às suas mudanças, ao sexo, ao trabalho e seus frutos, às etapas da vida e à morte como um fim natural. Vemos, usamos e vivenciamos apenas o imediato, o visível, o pragmático. Estamos cegos para os níveis mais profundos de símbolo e sentido que inserem nossos objetos, nossas atividades e nós mesmos em um marco existencial mais amplo. Não somos daltônicos, mas somos cegos para o sentido. Como foi que nos tornamos assim?

## O AUSENTE CAMINHO DO MEIO

Enquanto eu escrevia este livro, nossa família passou um mês, como faz todos os Natais, no Nepal. Esse tempo mágico em uma cultura hindu e budista pré-moderna tão rica em cores, sons, aromas e sentido afetou-nos profundamente. Com certeza, influenciou numerosos pensamentos que manifesto em todo este livro. Sendo jovens e românticos, nossos filhos adolescentes estavam prontos para trocar toda sua riqueza e conforto ocidentais pela pobreza nepalesa. "Vamos ficar aqui para sempre!", imploravam eles ao fim de cada visita. Minha reação e a de meu marido foram as mais complexas.

A sociedade nepalesa abrange aspectos que faltam em nosso país – fortes comunidades locais e famílias numerosas, tradições espirituais vivas compartilhadas por toda cultura, a espontaneidade e o caráter de urgência da vida diária e a riqueza simbólica da maneira de se vestir, comer, viver e morrer no dia a dia, o cuidado e o respeito dedicados à invenção e à fabricação de objetos usados todos os dias, como tigelas para comida e riquixás, o modelo simples, repetitivo, da vida diária, as safras de cada estação e os festivais. Sabemos que esses não são os mesmos aspectos de nossa cultura. O Nepal é profundamente espiritual (pleno de sentido nobre) porque tem uma vida diária inserida em uma riqueza cultural espiritual. Mas não é nossa cultura nem será a cultura de qualquer futuro provável.

As poucas culturas sobreviventes semelhantes à do Nepal pertencem a uma fase mais antiga da consciência humana. Chamo-as de "culturas associativas" porque seus hábitos e valores se baseiam no estilo de pensamento denominado "pensamento associativo" – condicionado pelo hábito e pela tradição. Essa modalidade desenvolve-se pelo reconhecimento e repetição de padrões conhecidos de todos (assunto que discutiremos com mais detalhes no capítulo 3). Chamo também essas culturas de "o caminho sadio do meio", porque seus pontos fortes e fracos são os da camada média do eu, a camada que Freud chamou de "processo primário" ou que Ken Wilber denomina "pré-pessoal", e que situo na camada intermediária do lótus do eu, junto das imagens mitológicas e dos arquétipos no inconsciente de que falava Jung.

Na imagem do lótus, o eu tem uma periferia, o ego (racional), um meio associativo (emocional) e um centro unificador (espiritual). Um eu bem-equilibrado, espiritualmente inteligente, precisa de um pouco de cada camada. Nas sociedades tradicionais, porém – tanto no Ocidente anterior a Descartes e no início da Idade da Razão no século XVII quanto no chamado Terceiro Mundo, como o Nepal – o centro, o nível de existência inspirador, gerador de energia, gerador de sentido, unificador, situa-se na camada do meio. As tradições da comunidade condensam percepções espirituais e valores mais profundos de tal modo que o indivíduo se relaciona com o centro espiritual *por meio* da cultura e de suas tradições. Ele não precisa se relacionar diretamente com o centro por iniciativa própria, como indivíduo.

Poucos dos artesãos que construíram as grandes catedrais europeias da Idade Média, por exemplo, conheciam os princípios da arquitetura sagrada, absorvendo-os à medida que aprendiam seus ofícios. Poucos camponeses medievais tinham de pensar no sentido da vida ou de seu trabalho, porque estavam inseridos nas necessidades e tradições da vida diária. Definindo para mim seus valores pessoais, um jovem representante de uma tribo tradicional da Nigéria disse: "Estas são coisas que me foram transmitidas por meus pais. Eu construo sobre elas, mas o fundamental não muda." Toda a vida nessas sociedades tradicionais era ou é menos consciente, ou, no mínimo, menos autoconsciente do que a nossa. Da mesma forma que ao dirigir um carro ou andar de bicicleta jamais pensamos conscientemente em cada movimento, em sociedades com uma camada intermediária sadia, as pessoas confiam em valores espirituais, redes de sentidos e hábitos de relacionamentos que são dons da sociedade.

Essa comunidade compartilhada simplesmente não existe para a maioria da população urbana do mundo moderno. Somos profundamente subnutridos no que interessa a toda a camada intermediária associativa do eu. São poucas nossas tradições coletivas que apontam para além do nível prosaico, da vida diária, que nos enraízem na origem e no sentido mais profundos de nossas comunidades e da vida que nelas levamos. Temos poucos "deuses", "deusas" ou heróis coletivos cujas vidas sirvam de exemplo de alguma camada mais profunda de possibilidade ou aspiração humanas e toque nossa vida com um senso de graça. O luto global que se seguiu à morte da princesa Diana desnudou a extensão e a profundidade da necessidade que temos dessas figuras. A vida dela exemplificou uma espontaneidade, um calor humano, um aspecto de amor, uma vulnerabilidade, com os quais aspiramos entrar em contato por intermédio de algum símbolo ou ícone coletivo.

Na ausência ou no pouco desenvolvimento dessa sadia camada média associativa, somos deixados à nossa própria conta para descobrir ou criar sentidos ou simplesmente para lhes sentir a falta. Com grande frequência, tentamos compensar a carência dando importância exagerada ao eu individual, à vida, a ambições e ao que consideramos necessidades. Procuramos na camada do ego do eu recursos que ela não tem. Privados de um centro profundo, significativo, mantido e mediado pela camada do meio, ficamos presos na periferia fragmentada da vida, isolados das pétalas externas do lótus. Como resultado, com grande frequência, buscamos sentido em atividades distorcidas ou periféricas, tais como materialismo, sexo promíscuo, rebelião sem causa, violência, abuso de drogas ou o ocultismo da Nova Era.

## O PAPEL DA CIÊNCIA

No Ocidente, a cultura tradicional e todos os significados e valores que ela preservava começaram a desfiar-se como resultado da revolução científica do século XVII e da ascensão paralela do individualismo e do racionalismo. O pensamento de Isaac Newton e seus colegas deu origem não só à tecnologia que culminou na Revolução Industrial, mas também a uma erosão mais profunda de crenças religiosas e paradigmas filosóficos que até então serviam de alicerces à sociedade. Se trouxe numerosas bênçãos, a nova tecnologia tirou também moradores do campo e despejou-os nas cidades, subverteu comunidades e famílias, extinguiu tradições e ofícios e tornou virtualmente impossível confiar no hábito e na repetição. Os sentidos e valores associativos foram erradicados do solo onde haviam crescido. A revolução filosófica que se seguiu arrancou pelas raízes a alma humana.

Os cânones mais fundamentais da filosofia newtoniana podem ser captados nas palavras "atomismo", "determinismo" e "objetividade". Embora pareçam abstratos e remotos, os conceitos representados por essas palavras tocaram-nos no âmago do ser.

O atomismo é a ideia de que o mundo, em última análise, consiste em fragmentos – partículas, todas elas isoladas no espaço e no tempo. Átomos são duros, impenetráveis, com fronteiras claramente delimitadas: não podem interagir. Relacionam-se entre si apenas por meio de ação e reação. Empurram-se uns aos outros e procuram maneiras de se evitar. John Locke, o fundador da democracia liberal no século XVIII, usou átomos como seu modelo de indivíduos, como as unidades básicas da sociedade. O todo social, afirmou ele, é uma ilusão. Em primeiro plano estão os direitos e as necessidades do indivíduo. O atomismo constitui também a pedra fundamental da visão de psicologia de Freud e de sua "Teoria de identificação e escolha objetal".

De acordo com essa teoria, todos nós estamos isolados dentro das fronteiras impenetráveis do ego. Você é um objeto para mim e eu sou simplesmente um objeto para você. Jamais poderemos nos conhecer de qualquer maneira fundamental. Amor e amizade profunda são impossíveis. "O mandamento ama o teu próximo como a ti mesmo", disse Freud, "é o mandamento mais impossível de ser cumprido jamais escrito." Acreditava ele que todo o mundo dos valores era uma mera projeção do superego, as expectativas de pais e da sociedade. Esses valores impunham um fardo intolerável ao ego e tornava o homem doente, ou "neurótico". O indivíduo inteiramente moderno, segundo Freud, se libertaria dessas expectativas absurdas para seguir princípios tais como cada um por si, a sobrevivência do mais apto e do mais rápido, e assim por diante.

O determinismo newtoniano ensinava que o mundo físico é governado por leis de ferro: as três do movimento e a da gravitação. Tudo no mundo físico seria previsível e, portanto, controlável. Nas mesmas circunstâncias, B sempre se seguiria a A. Não poderia haver surpresas. Freud introduziu esse determinismo em sua nova "psicologia científica", afirmando que o ego impotente é empurrado de baixo, de um lado para o outro, pelas forças sombrias do instinto e da agressão residentes no id, e pressionado de cima para baixo pelas expectativas intoleráveis do superego. Nossas experiências e comportamento em toda a vida seriam inteiramente determinados por essas forças conflitantes e pela experiência do homem nos cinco primeiros anos. O homem seria vítima de suas experiências, espectador impotente de um roteiro escrito pelos outros. A sociologia e o moderno sistema judiciário reforçariam tal impressão.

Embora a maioria da população talvez pouco saiba sobre o determinismo newtoniano ou sobre o id e o superego freudiano, é endêmica a ideia de que o homem é vítima isolada, passiva, de forças mais poderosas do que ele, que não tem como mudar a vida, pouco importa o que o mundo pense. O homem se sente preocupado, mas não sabe como assumir responsabilidade por si mesmo. Um homem na faixa dos 20 anos disse-me o seguinte: "Sinto-me massacrado pela confusa fragmentação do mundo e, sendo incapaz de entendê-lo ou de fazer alguma coisa a esse respeito, tornei-me apático e deprimido."

A objetividade newtoniana, ou "objetivismo", como prefiro chamá-la, reforçou o senso de isolamento e impotência do ser humano. Ao criar seu novo método científico, Newton criou uma separação nítida entre o observador (o cientista) e aquilo que ele observa. O mundo é dividido entre sujeitos e objetos: o sujeito está "aqui" e o mundo "ali". O cientista newtoniano é um observador distante que simplesmente olha para esse mundo, pesa-o, mede-o, e com ele realiza experimentos. Manipula e controla a natureza.

O típico homem moderno vivencia a si mesmo como estando simplesmente *no* mundo – e não como sendo *do* mundo. Neste contexto, o "mundo" inclui outras pessoas, até mesmo as pretensas pessoas íntimas, bem como instituições, sociedade, objetos, a natureza, o meio ambiente. A cisão newtoniana observador/objeto observado deixou-nos com a sensação de que estamos simplesmente aqui para fazer por nós mesmos o melhor que pudermos. Mais uma vez, deixa-nos sem saber como assumir responsabilidade, com pouco sentido do por quem e do que poderíamos ser responsáveis. Não somos donos de nossos relacionamentos, não sabemos como ser donos de nossa possível eficácia.

E, finalmente, o cosmo descrito pela ciência newtoniana é frio, morto e mecânico. Na física de Newton, não há lugar para a mente ou a consciência, nem para qualquer aspecto da luta humana. Paradoxalmente, as ciências biológica e social desenvolvidas nos séculos XIX e XX aceitaram esse mecanismo, descrevendo os seres humanos, a mente e o corpo humanos segundo esse mesmo paradigma mecânico. Somos máquinas mentais, máquinas genéticas, nosso corpo é um conjunto de partes, nosso comportamento é condicionado e previsível, nossa alma é uma ilusão da linguagem religiosa arcaica, e nosso pensamento é apenas a atividade das células do cérebro. Nesse quadro, onde poderemos encontrar o sentido de nossa experiência humana?

## "DOENÇAS DO SENTIDO"

Uma das maneiras mais comuns por meio das quais indivíduos carentes de sentido procuram inteireza é a obsessão pela saúde. As duas palavras têm a mesma raiz germânica: ser feliz é ser completo. Em vista disso, apegamo-nos a todas as novas modas sobre saúde, dietas de vitaminas e programas de condicionamento físico que possamos incluir em nossa ocupada vida. Ainda assim, a medicina moderna comum é profundamente newtoniana. Considera o corpo um mecanismo, uma máquina genética bem-azeitada; vê a doença como algo a ser erradicado ou "curado", e o envelhecimento e a morte como "falhas" ou "inimigos" do sistema.

Alguns médicos e terapeutas profissionais, contudo, começam a encarar a doença com novos olhos. Consideram-na agora um grito do corpo e da pessoa, pedindo atenção para alguma coisa em sua vida que, se deixada a si mesma, resultará em dano irreversível ou sofrimento físico, emocional e/ou espiritual duradouro e mesmo na morte. Talvez sejam as atitudes ou estilos de vida que assumimos os causadores do problema, e não quaisquer desequilíbrios químicos. Nas palavras de médicos, pacientes, cientistas e políticos que compareceram, em junho de 1999, a um congresso internacional realizado na Grã-Bretanha para investigar essas ideias, grande parte do sofrimento humano, e mesmo de estados físicos crônicos, consiste em "doenças de sentido".[1] O câncer, as doenças cardíacas, o mal de Alzheimer e outros tipos de distúrbio que possam ser precedidos por depressão, fadiga, alcoolismo ou abuso de drogas seriam provas da crise de falta de sentido que é levada às próprias células do corpo. Em última análise, também, a morte é experimentada com dor e pavor porque o homem não tem um contexto que faça sentido e no qual inserir o fim natural desta vida, nenhuma maneira de morrer entre bênçãos, paz ou graça.

Os conferencistas argumentaram que a comunidade médica e científica eleva a incidência de doenças de sentido ao ignorar as origens mais complexas de grande número delas. Em vez disso, essa comunidade se prende à "medicalização da doença – à descoberta do gene 'certo', do medicamento 'certo' para bloquear ou erradicar a perturbação, ao mesmo tempo que ignora muitas patologias que não são primariamente físicas, mas, sim, espirituais e psicofísicas". Em seu poema, "Healing" [cura], D. H. Lawrence escreveu:[2]

Eu não sou um mecanismo, uma montagem de várias partes.
E não é porque o mecanismo está funcionando mal que estou
[doente.
Estou doente por causa de machucados na alma, no eu
[emocional profundo.
E os machucados na alma precisam de muito, muito tempo, só
[o tempo pode ajudar,
e paciência, e de um certo e difícil arrependimento,
um arrependimento demorado e difícil, a compreensão do
erro na vida e da libertação
da repetição interminável desse erro,
que a humanidade em geral resolveu santificar.

## AMEAÇAS DE EXTINÇÃO

A tecnologia do século XX gerou mais uma crise de sentido. Antes, seres humanos passaram por catástrofes e cataclismos naturais. Como espécie, porém, podiam sempre supor que a vida humana, ou a vida em geral, continuaria durante milhões de anos. O drama pessoal de cada geração era parte de um processo mais amplo e do fluxo do tempo. Desde a década de 1940, porém, vivemos, inicialmente, com a perspectiva de extinção em massa por meio de guerra nuclear e, décadas depois, com a ameaça adicional de um desastre ecológico.

Ficará cada vez mais claro neste livro que, para que o sentido *tenha* sentido, precisará haver um contexto, ou limites. Quando nossas fronteiras são violadas, sentimo-nos ultrajados e reagimos. Quando elas deixam de existir, porém, sentimos puro horror: nossa experiência perde todo sentido e simplesmente não podemos lidar com ela. As máquinas assassinas nazistas na Segunda Guerra Mundial eliminaram todos os limites na escala do mal que seres humanos estão dispostos a perpetrar entre si e, como resultado, jamais pudemos compreender realmente a escala do Holocausto ou aceitá-lo. O que aconteceu situou-se fora do contexto da expectativa e de valores humanos. Muito pior ainda é a possibilidade, bem real, de que *toda* vida cesse em um futuro previsível.

A maioria não pensa muito nesses assuntos porque não pode suportar isso. As ameaças de extinção global, porém, afetam realmente a maneira como pensamos e nos comportamos, lançando-nos de volta a preocupações mais imediatas: "Viva hoje, porque talvez não haja um amanhã." Buscamos o prazer e a satisfação como se estivéssemos bebendo na Taverna da Última Oportunidade, exploramos nossos semelhantes e estupramos a terra com rapidez ainda maior para assegurar o conforto de hoje, o lucro de hoje. Todo nosso marco temporal se encurta e, com ele, o contexto de sentido e valor no qual o homem vive.

# A POBREZA DO HUMANISMO OCIDENTAL

Outra razão por que o homem se atira ao prazer e à satisfação imediatos é que perdemos a capacidade de imaginar muitas outras coisas. Nos últimos duzentos ou trezentos anos, limitamos nossos horizontes ao meramente humano, caindo cada vez mais em um egocentrismo que nos isola de um sentido mais amplo e de uma perspectiva mais grandiosa. Os grandes pensadores do Iluminismo no século XVIII diziam que o homem era a medida de todas as coisas. Em si mesma, essa tese não é estranha à ideia bíblica de que Deus criou todas as coisas para benefício do homem. O egocentrismo humano é um cânone fundamental da tradição ocidental. O pensamento do Iluminismo, porém, levou-nos mais profundamente para um humanismo limitador, porque seu próprio conceito do humano era mais limitado.

Na deixa da filosofia de Aristóteles, os pensadores do Iluminismo definiram o homem como um animal racional. As raízes do autenticamente humano estariam na razão (ou, em termos modernos, em nosso QI) e nos produtos da razão – ciência, tecnologia, o lógico, o pragmático. Filósofos sociais e políticos pegaram carona nessa ideia, enfatizando os *direitos* do homem em detrimento do serviço ou dever. Alienado da natureza pela disseminação geral do pensamento newtoniano e pela imigração para as grandes cidades, alienado da magia e do mistério pelo pensamento científico reducionista, encorajado por Freud e seus seguidores para considerar o ego e suas mesquinhas vaidades como o verdadeiro eu, o humanismo ocidental tornou-se uma mistura de vaidade e desespero. Somos o máximo, estamos no topo da árvore evolutiva. Mas e daí?

No Oriente, o humanismo constitui a base da verdadeira espiritualidade. Budistas e hindus criticam as religiões ocidentais por serem insuficientemente humanistas, por situarem os deuses acima do homem. Quando tento argumentar que o humanismo é a única e exclusiva origem de nosso problema, os asiáticos, incrédulos, sacodem a cabeça. A origem do mal-entendido é que o humanismo deles é mais nobre, o "egoísmo" deles é mais puro, baseado em muito mais do que em poder e racionalidade. No sentido oriental tradicional, o humanista possui um sentido profundo da interligação da vida e de todas as suas manifestações. Possui um sentido profundo de engajamento e de responsabilidade por todo o mundo e por tudo o que ele contém. Está consciente de que toda atividade humana, seja nos negócios, nas artes ou na religião, faz parte da trama mais ampla e mais rica de todo o universo. E os humanistas asiáticos nada têm de arrogantes. A opinião que defendem sobre o verdadeiro eu, e sua origem no solo mais profundo do ser, desperta neles um senso de humildade e gratidão. Estão sempre conscientes da fonte de onde emergem o eu, o sentido e os valores. Na visão deste livro, eu diria que o humanismo ocidental após o século XVIII é espiritualmente burro e que o humanismo asiático é espiritualmente inteligente.

## O CONCEITO DO LÍDER SERVIDOR

A despeito da riqueza material e do avanço tecnológico, a vida do homem carece de alguma coisa fundamental. No caso de algumas pessoas, isso talvez seja a capacidade de transformar um mero emprego em vocação. Esse senso de vocação, porém, não será encontrado na estrutura de valores existente na comunidade empresarial. A maioria não o encontrará na estrutura de valor de *qualquer* profissão, tampouco na cultura mais ampla. Por isso mesmo, temos de inventar, ou descobrir, por nós mesmos, alguma coisa que está, no presente, *além* de qualquer coisa fornecida por nossa cultura, ou que lhe falte. Temos de assumir responsabilidade pessoal pelo sentido, criar para ele novas vias de acesso e usá-lo inteligentemente. De modo geral, temos de fazer isso transformando ou fazendo o melhor uso possível de qualquer que seja a situação em que nos encontramos.

No mundo dos negócios e na maioria das demais esferas da vida, o conceito de líder servidor associa serviço e sentido. Essa ideia foi divulgada na década de 1980 pelo americano Robert Greenleaf. Pensadores americanos a interpretaram como uma referência a um líder dotado de um senso de valores profundos e que conscientemente os servia em seu estilo de liderança. No mundo dos negócios americanos, porém, valores profundos se referem a assuntos tais como excelência, realização do potencial pessoal e criação de oportunidades para que outros também o realizem, sucesso, qualidade de produtos e serviços, e a dedicação ao crescimento incessante. Em contrapartida, de conformidade com o espírito do humanismo oriental, os valores tradicionais do Oriente se concentram em áreas como compaixão, humildade, gratidão, dedicação à família e aos fundamentos do próprio ser.

No sentido oriental, e no sentido em que uso a palavra, o líder servidor atende à fonte última de sentido e do valor. Ele está sintonizado com as forças básicas do universo e, ao servi-las, naturalmente serve a si mesmo e a seus colegas, empresa, sociedade, ou o que quer que seja. Grandes figuras do século XX que são ou foram líderes servidores óbvios incluem Mahatma Gandhi, Madre Teresa e Nelson Mandela. Todos eles foram grandes líderes espirituais, bem como servidores de suas sociedades. O Dalai Lama constitui outro exemplo evidente dessa liderança e é por esse motivo que sua liderança inspira não só tibetanos e budistas, mas também grandes segmentos da humanidade em geral.

## CANTANDO NOSSA CANÇÃO

Há alguns anos, participei de uma conferência da UNESCO em Tbilisi, a capital devastada pela guerra da República da Geórgia, república federada da ex-União Soviética. O conclave realizou-se em um hotel moderno, de estilo ocidental, que contrastava vivamente com a destruição, o desespero e a fome no lado de fora.

Certa noite, fomos levados ao teatro da cidade: o povo georgiano queria exibir sua rica cultura, os remanescentes de um passado orgulhoso e florescente.

No interior do teatro, vimos rachaduras e marcas de fogo no teto. As paredes estavam pintalgadas de marcas, nos lugares onde o reboco fora arrancado por bombas e obuses de morteiros. A única indicação das obras de arte que outrora haviam adornado essas paredes eram cores bolorentas de pinturas descascadas. A luz era fraca porque os geradores danificados só podiam fornecer uma débil corrente elétrica. Não havia ar-condicionado e a temperatura era quente e abafada.

Quando apareceu a orquestra em suas saias brancas mal-ajambradas e calças pretas mal-assentadas, a execução foi fraca e sem vida. Os músicos não conseguiram elevar a maneira como tocavam acima da depressão que sentiam e da tristeza da própria cidade. A plateia entediou-se e muitos, inclusive eu, caíram no sono. Parecia que a tortura de permanecer sentada ali ia durar para sempre, mas, um instante depois, a atmosfera mudou.

Um cantor elegantemente vestido com um smoking preto, Zurab Sotkilava, ocupou o centro do palco. Georgiano muito amado pelo povo, Sotkilava era nesse momento o principal tenor da famosa Ópera Bolshoi, de Moscou. Ele se apresentava como astro convidado em sua cidade natal, em homenagem a seus convidados da UNESCO. Enchendo o peito, ele soltou uma grande torrente de sons, começando com árias de Verdi e, em seguida, passando para canções georgianas tradicionais.

Enquanto cantava, o teatro ganhava vida. A voz parecia vir não da garganta, mas de algum lugar muito distante no passado georgiano – na verdade, de algum lugar no manancial coletivo do inconsciente humano, ligando-a ao sofrimento e à tragédia do presente de sua terra. Ele era um canal que trazia a energia e a esperança de outras dimensões à orquestra sufocada e desanimada e à plateia. A voz, em suma, cantava de dentro da alma. Era a alma em ação, desempenhando seu papel de transmitir das profundezas para pôr o presente em um contexto mais amplo e mais rico – um exemplo impressionante de inteligência espiritual.

O desempenho do tenor georgiano simbolizou para mim o que cada ser humano deve fazer para aumentar a aposta no sentido e no valor. Todos temos de "cantar nossa canção". Todos temos, usando nossos recursos mais profundos e nossa inteligência espiritual, de ganhar acesso à camada mais profunda de nosso verdadeiro eu e trazer dessa fonte a "música" única com a qual cada ser humano tem potencial para contribuir.

O trabalho de usar a inteligência espiritual não será fácil. Esquecemos muitas de nossas capacidades para expressar sentido. A cultura em que vivemos é espiritualmente estúpida até mesmo em sentido literal – não temos uma linguagem adequada para expressar a riqueza da alma humana. Palavras como "alegria", "amor", "compaixão" e "graça" referem-se a muito mais do que podemos expressar. Usar a inteligência espiritual implica forçar a imaginação humana. Significa transformar nossa consciência. Significa descobrir em nós camadas mais profundas do que as que usamos para viver. Exige encontrar algum fundamento no eu para o sentido que transcenda o eu. Não será tarefa fácil para pessoas que se acostumaram com "cinco-passos-fáceis-para-o-automelhoramento".

## UM TEMPO PARA PERGUNTAS

Tenho esperança de haver lançado os alicerces do que é a inteligência espiritual e tornado claro por que tanto precisamos dela nestes dias. Vivemos, porém, numa idade científica e, se queremos apresentar uma argumentação sólida para justificar a inteligência espiritual, temos de nos perguntar por que a temos e como ela funciona no cérebro humano. O que existe em nosso cérebro que nos dá uma inteligência centrada no sentido? Por que e como nosso cérebro tem a capacidade de trabalhar "fora do quadrado" e ampliar suas fronteiras? De que modo recontextualizar ou reemoldurar nossas experiências? O que existe na natureza do cérebro que poderia dar à mente acesso à inteligência ou à consciência situadas além do cérebro individual ou das estruturas neurais? O que poderia significar, quanto à neurologia e à física, o fato de que o eu no nível do ego possa ter acesso a alguma camada mais profunda de conhecimento? Por que, em suma, somos biologicamente equipados por nosso cérebro para sermos criaturas espirituais? Estudaremos esses assuntos nos capítulos 3 a 5, que oferecem ao leitor as pesquisas científicas pertinentes.

# Parte II

# A prova científica da inteligência espiritual

# 3
# Três tipos de pensamento, Três tipos de inteligência[1]

A inteligência humana tem raízes no código genético e em toda a história evolutiva da vida neste planeta. É influenciada por nossas experiências diárias, nossa saúde física e mental, alimentação, quantidade de exercícios que praticamos, tipos de relacionamentos que construímos e vários outros fatores. Do aspecto neurológico, porém, tudo que influencia a inteligência passa pelo cérebro e por seus prolongamentos neurais no corpo, e é por eles controlado. Um tipo de organização neural permite ao homem realizar um pensamento racional, lógico, pautado por regras. Dá ao homem seu QI, ou inteligência intelectual. Outro tipo permite-lhe realizar pensamento associativo, afetado por hábitos, reconhecedor de padrões, emotivo. É o responsável pelo QE, ou inteligência emocional. Um terceiro tipo permite-lhe o pensamento criativo, capaz de *insights*, formulador e revogador de regras. É o pensamento com que reformula e transforma os tipos anteriores de pensamento. É esse tipo que lhe dá o QS, ou inteligência espiritual. Se quisermos realmente entender a inteligência intelectual, a inteligência emocional e a inteligência espiritual, uma parte muito importante da história consiste em compreender os diferentes sistemas de pensamento do cérebro e sua organização neural.

Órgão mais complexo do corpo, o cérebro gera o mistério da mente consciente, a percepção que temos de nós mesmos, do mundo, e nossa capacidade de livre-arbítrio nos contatos com a realidade em volta. Ele produz e estrutura os pensamentos, permite aos homens ter emoções e serve como mediador da vida espiritual – nosso senso de sentido e valor e o contexto apropriado, dentro do qual podemos compreender nossa experiência. O cérebro dá ao homem o tato, a visão, o olfato e a linguagem. É o repositório da memória. Controla os batimentos do coração, a frequência com que transpiramos, o ritmo da respiração e incontáveis outras funções corporais. As fibras neurais que dele partem espalham-se por todas as regiões do corpo. É a ponte entre a vida interior e o mundo externo. E pode fazer tudo isso porque é complexo, flexível, adaptativo e auto-organizador.

## A INFINITA CAPACIDADE DE CRESCIMENTO DO CÉREBRO

Cientistas pensavam que o cérebro tinha uma "fiação permanente". O homem nasce, dizia a teoria, com certo número de neurônios ligados de determinadas maneiras e, quando envelhece, toda a rede para lentamente. Pensava-se que o homem alcançava o máximo de poder mental por volta dos 18 anos, depois do que ocorria uma deterioração gradual, mas constante. Hoje, os neurocientistas sabem que não é bem assim. É verdade que o homem nasce com certo número de neurônios e que perde muitos deles ao longo da vida. Um aposentado tem menos neurônios do que um bebê. No entanto, durante a vida, o homem cria novas *conexões* neurais – ou, pelo menos, tem capacidade de assim o fazer.[2] Reciprocamente, sistemas neurais pouco usados encolhem, desaparecem ou são cooptados para outras finalidades.

E são as conexões neurais que dão inteligência ao homem. O bebê humano nasce com os requisitos básicos para se conservar vivo – conexões neurais que regulam a respiração, a frequência cardíaca, a temperatura corporal etc. Mas não consegue ver rostos e objetos, formular conceitos ou emitir sons coerentes. Essas habilidades surgem com o tempo: pela experiência com o mundo, o cérebro estabelece novas conexões neurais. Quanto mais rica e variada a experiência, maior e mais complexo o labirinto de conexões neurais que forma. Esse é o motivo por que podemos estimular a inteligência da criança, submetendo-a a frequentes e variados estímulos – objetos vivamente coloridos para olhar, diferentes sons e vozes para ouvir, uma série de coisas para cheirar e provar, coçadelas nas costas e calor emocional.

Com o avanço da idade, novas conexões neurais dão à criança a capacidade de formar conceitos e desenvolver a linguagem. Essas conexões armazenam os fatos e as experiências da memória, permitem que a criança leia, escreva e que ocorra a aprendizagem geral. Não há limite definível para o número e a complexidade de conexões neurais que o cérebro da criança pode formar.

Em uma cultura altamente complexa como a nossa, se o cérebro fosse estável, a maioria teria formado conexões neurais suficientes aos 18 anos, para servi-lo pelo resto da vida. O homem, neste caso, teria criado um quadro geral do mundo e de seus costumes. Teria formado hábitos mentais e padrões emocionais e modelos de reação a pessoas e situações. Em suma, teria dado caráter permanente a seu conjunto básico, subjacente e, na maior parte inconsciente, de suposições e valores – que consideraria naturais.

A cultura, porém, nada tem de estável. Há mudanças rápidas, ambiguidades e incertezas em excesso para que o homem possa confiar em diagramas de fiação implantados em seus primeiros 18 anos para guiá-lo pelo resto da vida. Temos de usar aquele terceiro tipo de pensamento, o que envolve a formulação e a revogação criativa de regras, de modo a nos habilitar a reinstalar constantemente nova fiação no cérebro, à medida que continuamos a viver (o mecanismo apropriado para tal será explicado mais adiante neste capítulo). E depender mais das estruturas cerebrais que nos dão a inteligência espiritual que possuímos requer um bocado de energia.

## UMA BREVE HISTÓRIA DO CÉREBRO

Por natureza, o cérebro é muito conservador. Traz registrado em suas complexas estruturas a longa história da evolução da vida no planeta. Sua arquitetura se assemelha à dos becos tortuosos e prédios amontoados de antigas cidades – camadas após camadas de história arqueológica, assentadas uma em cima da outra e, de alguma forma, todas elas sendo ambientes de vida.

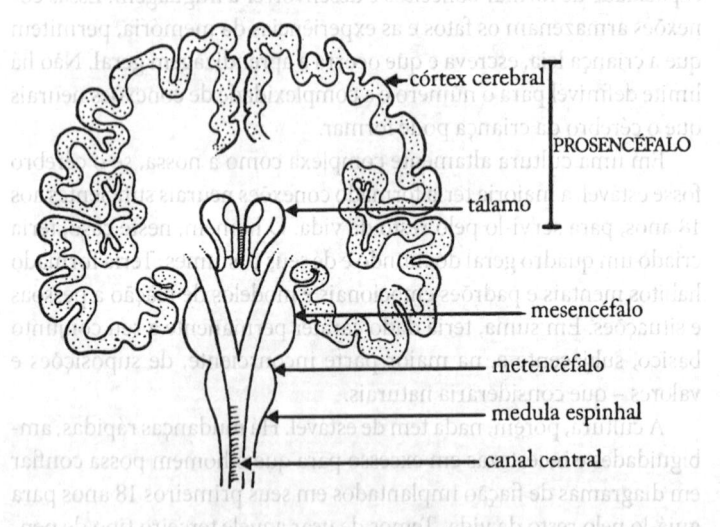

*Anatomia externa do cérebro*

(labels: córtex cerebral; PROSENCÉFALO; tálamo; mesencéfalo; metencéfalo; medula espinhal; canal central)

Na camada mais simples da organização corporal – a parte correspondente ao nível arqueológico mais baixo da cidade antiga –, encontramos estruturas semelhantes às de animais unicelulares, como a ameba. Eles não possuem sistema nervoso. Toda a coordenação sensorial e reflexos motores desses animais existem dentro da célula única. Os próprios glóbulos brancos do sangue do homem, que são células, comportam-se, enquanto catam o lixo dos resíduos e devoram bactérias na corrente sanguínea, de forma muito parecida com o que fazem as amebas em poças-d'água. Animais multicelulares simples, como a medusa [água-viva], tampouco possuem sistema nervoso central, mas de fato têm uma rede de fibras nervosas que permite a comunicação entre as células, de tal modo que o animal pode reagir de forma coordenada. No corpo humano, as células nervosas do intestino formam uma rede semelhante, que coordena o peristaltismo, ou as contrações musculares que empurram o alimento para a frente. Animais mais evoluídos desenvolvem sistemas nervosos cada vez mais complexos.

Com a evolução dos mamíferos surgiu o prosencéfalo – inicialmente o prosencéfalo primitivo dos mamíferos inferiores, governados principalmente pelo instinto e pela emoção, e, em seguida, os hemisférios cerebrais, com toda sua sofisticada capacidade de computação, as "pequenas células cinzentas" que a maioria das pessoas identifica com a mente humana. Os lobos pré-frontais do córtex são as estruturas de aparecimento mais recente e essenciais para as capacidades do ego racional. Ainda assim, a embriaguez, o uso de tranquilizantes, o estresse grave, a emoção violenta ou lesão no prosencéfalo mais desenvolvido provoca regressão aos tipos primitivos, mais espontâneos, menos intencionais de comportamento, do tipo encontrado em animais inferiores. Dessa maneira, a despeito da crescente centralização e complexidade do sistema nervoso à medida que ele evolui, até mesmo nos seres humanos permanecem as redes nervosas mais primitivas, tanto no cérebro expandido quanto em todo o corpo.

O modelo ocidental de pensamento, portanto, é inadequado. Pensar não é um processo inteiramente cerebral, não apenas uma questão de QI. Pensamos não só com a cabeça, mas também com as emoções e com o corpo (QE) e com o espírito, com as visões, esperanças, percepção de sentido e valor (QS). Pensamos com todas as complexas redes nervosas entrelaçadas em todo o nosso organismo. Todas elas fazem parte da inteligência do homem. A linguagem comum reconhece esse fato quando dizemos coisas como "Ele pensa com a barriga" ou "Ela pensa com o coração". Muitas pessoas falam em ter uma "sensação da situação", descrita às vezes como quase tátil.

Examinemos com mais detalhes a fiação neural que serve de base aos nossos três tipos básicos de inteligência. Começaremos com o próprio neurônio, o bloco de construção básico de todos os processos neurais.

# O NEURÔNIO

O cérebro humano possui entre 10 milhões e 100 milhões de células neurais, ou neurônios. Há cerca de cem tipos diferentes delas, e metade se localiza na parte mais evoluída do cérebro, o córtex cerebral. O neurônio típico assemelha-se a uma árvore, com "raízes" (dendritos), um "corpo celular" (soma), um "tronco" (axônio) e "ramos" (os terminais dos axônios). Todos os neurônios recebem informações sensoriais por meio dos dendritos, que podem estimulá-los ou inibi-los. Essas informações viajam para as células corporais, enfraquecendo ao longo do caminho. Se estímulos suficientes chegam ao corpo da célula em um dado momento, ocorre um disparo de potencial de ação ao longo de seu axônio. O potencial de ação viaja como um disjuntor armado até

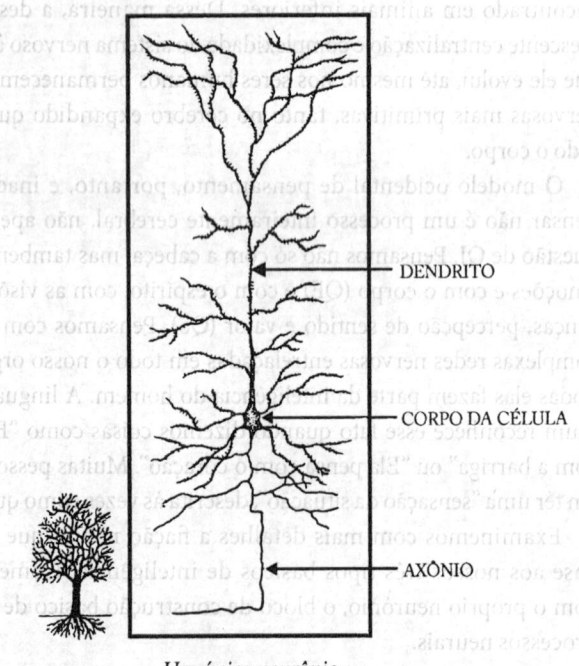

*Um único neurônio*

chegar aos terminais do axônio. Esses terminais, por seu lado, formam sinapses (conexões) com os dendritos de neurônios vizinhos.

Um neurônio cortical piramidal tem entre mil e dez mil sinapses, que se comunicam diretamente com muitos outros neurônios, a maioria situada próximo ao córtex. A maioria das sinapses funciona pela sinalização química. O terminal do axônio de um neurônio secreta uma minúscula gota de um elemento químico conhecido como neurotransmissor, que por seu lado excita ou inibe o dendrito com o qual entra em contato. Sabe-se que mais de uma dezena desses neurotransmissores é usada em diferentes sistemas cerebrais que afetam nossas habilidades ou estados mentais e emocionais.

A noradrenalina, por exemplo, estimula todo o cérebro. Uma acentuada deficiência desse elemento contribui para a depressão e, em excesso, pode gerar manias. A acetilcolina desperta a camada externa do córtex e ocasiona o tipo de oscilações neurais coerentes responsáveis pela consciência. A carência de acetilcolina perturba essas oscilações e está implicada na causa do mal de Alzheimer. A serotonina estimula sistemas específicos no cérebro e sua falta é um dos fatores na depressão. O famoso antidepressivo Prozac® atua para elevar os níveis de serotonina. Se os níveis de serotonina e acetilcolina são excessivamente baixos, os sintomas do mal de Alzheimer tornam-se muito mais graves. Um quarto neurotransmissor de ampla ação, a dopamina, estimula também sistemas específicos no cérebro. Na depressão, frequentemente é muito baixo o nível de dopamina em algumas áreas; na esquizofrenia há excesso desse neurotransmissor em outras áreas. Quase todas as drogas que afetam a função mental – tranquilizantes, estimulantes, opiáceos, antidepressivos etc. – realizam seu trabalho afetando um ou mais neurotransmissores.

Os neurônios funcionam como dispositivos de sinalização, de forma bem parecida com os elementos eletrônicos em uma rede de telefonia ou em um computador. Potenciais de ação fazem a mediação dessa função. Os próprios dendritos, porém, atuam de maneira mais sutil. A maioria, quando estimulada, não gera potenciais de ação. Em vez disso, afeta partes vizinhas do mesmo neurônio, ou neurônios adjacentes, por meio de campos elétricos, e em seguida voltam ao normal. Sistemas de neurônios interatuantes podem produzir campos elétricos oscilantes nos dendritos.

## PENSAMENTO EM SÉRIE – O QI DO CÉREBRO

O modelo simplista de "pensamento" como algo linear, lógico e neutro não está errado – apenas não conta toda a história. Ele deriva da lógica e aritmética formal, aristotélica: "Sendo $x$, então $y$", ou "2 + 2 = 4". Seres humanos são muito competentes nesse tipo de pensamento, superando nisso todos os animais inferiores. Computadores são ainda melhores nesse particular. O cérebro pode realizar essa tarefa devido à existência de um tipo muito característico de fiação, conhecido como tratos neurais.

Esses tratos lembram uma série de cabos telefônicos. O axônio de um neurônio ou grupo de neurônios estimula os dendritos do vizinho ou de um grupo e um sinal eletroquímico passa ao longo da corrente de neurônios encadeados, que estão sendo usados para qualquer pensamento ou série de pensamentos. Cada neurônio na série é ligado ou desligado, e se qualquer parte da cadeia for danificada ou desligada, toda ela deixará de funcionar, como um pisca-pisca de árvore de Natal, cujas luzes são ligadas em série.

Os tratos neurais se organizam de acordo com um programa fixo que determina quais deles são estabelecidos segundo a lógica formal. A aprendizagem envolvida, portanto, ocorre passo a passo e seguindo regras. Quando ensinamos a crianças a gravar na memória seus horários, estamos incentivando-as a preparar o cérebro para o processamento serial. Esse sistema produz o tipo de pensamento útil para solucionar problemas racionais ou realizar tarefas definidas. É o pensamento orientado para o objetivo, do tipo como-fazer, o tipo com que dominamos as regras da gramática ou as de um jogo. É racional e lógico: "Se eu fizer isso, haverá uma consequência." A capacidade de pensamento em série é o tipo de capacidade mental submetida à apuração nos testes padronizados de QI.[3]

Os tratos e circuitos neurais necessários para o pensamento em série são encontrados em outras partes do corpo e nos animais inferiores. A computação em série simples, de programa fixo, no tronco cerebral e na medula espinhal, é responsável pelo reflexo patelar, a regulação da temperatura corporal, a pressão sanguínea e funções simples semelhantes. Nesse nível, a fiação neural em série funciona como o termostato de controle de um sistema central de aquecimento. Os reflexos condicionados são quase tão simples quanto esses.

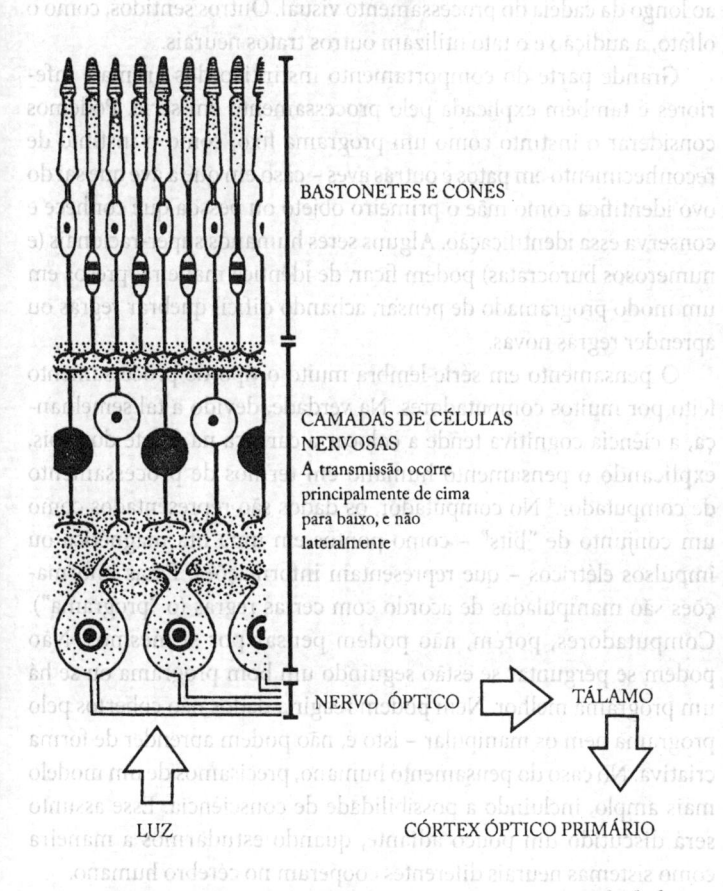

BASTONETES E CONES

CAMADAS DE CÉLULAS NERVOSAS
A transmissão ocorre principalmente de cima para baixo, e não lateralmente

NERVO ÓPTICO ⇒ TÁLAMO
⇓
LUZ         CÓRTEX ÓPTICO PRIMÁRIO

*Tratos neurais na retina e no nervo óptico. A retina está conectada de forma serial, como se fosse um cabo de telefone. O mesmo tipo de fiação ocorre na direção do tálamo e do córtex óptico primário.*

O pensamento ou processamento em série requer fiação precisa ponto a ponto. Há tratos neurais que mapeiam, por exemplo, cada ponto na retina do olho a um ponto associado no tálamo e, em seguida, ponto a ponto no córtex óptico primário, e assim por diante ao longo da cadeia do processamento visual. Outros sentidos, como o olfato, a audição e o tato utilizam outros tratos neurais.

Grande parte do comportamento instintivo dos animais inferiores é também explicada pelo processamento em série. Podemos considerar o instinto como um programa fixo, como o instinto de reconhecimento em patos e outras aves – caso em que a ave que sai do ovo identifica como mãe o primeiro objeto ou pessoa que conhece e conserva essa identificação. Alguns seres humanos super-racionais (e numerosos burocratas) podem ficar, de idêntica maneira, presos em um modo programado de pensar, achando difícil quebrar regras ou aprender regras novas.

O pensamento em série lembra muito o tipo de processamento feito por muitos computadores. Na verdade, devido a tal semelhança, a ciência cognitiva tende a colocar a carroça na frente dos bois, explicando o pensamento humano em termos de processamento de computador.[4] No computador, os dados são representados como um conjunto de "bits" – como pontos em uma fita magnética ou impulsos elétricos – que representam informações. Essas informações são manipuladas de acordo com certas regras (o "programa"). Computadores, porém, não podem pensar por si mesmos. Não podem se perguntar se estão seguindo um bom programa ou se há um programa melhor. Nem podem reagir a dados não cobertos pelo programa nem os manipular – isto é, não podem aprender de forma criativa. No caso do pensamento humano, precisamos de um modelo mais amplo, incluindo a possibilidade de consciência. Esse assunto será discutido um pouco adiante, quando estudarmos a maneira como sistemas neurais diferentes cooperam no cérebro humano.

Grande parte do pensamento usado na vida prática do dia a dia em nossa cultura é do tipo em série, ou de QI. A aritmética mental constitui um exemplo simples neste particular. A fase de análise de qualquer projeto implica decompor um problema ou situação em suas partes lógicas mais simples e, em seguida, prever as relações causais que surgirão. Todo planejamento em longo prazo pressupõe um plano de jogo e procedimentos lógicos graduais para pô-lo em prática. No mundo dos negócios, a "administração por objetivos" supõe que é melhor estabelecer metas claras e, em seguida, elaborar uma série lógica de ações para atingi-las. Computadores em série que jogam xadrez fazem isso analisando todos os resultados possíveis de cada posição e, em seguida, calculando, passo a passo, o movimento mais forte.

As vantagens do pensamento em série e da inteligência intelectual estão no fato de serem exatos, precisos e dignos de confiança. No entanto, da mesma forma que o tipo de pensamento que lastreia a ciência newtoniana, é linear e determinista: B sempre se segue a A, do mesmo modo. Esse tipo de pensamento refuga nuances ou ambiguidade: é estritamente ligado/desligado, isso/aquilo. Fantasticamente eficaz em seu dado conjunto de regras, o processo de pensamento em série fracassa se alguém muda a posição das balizas no jogo. A situação é igual a de um computador solicitado a realizar uma tarefa não prevista no programa.

Na metáfora do filósofo americano James Carse, o pensamento em série é um "jogo finito". Funciona dentro de limites.[5] De nada vale quando temos de vasculhar o horizonte à procura de novas possibilidades ou lidar com o inesperado. Em vista disso, examinemos o primeiro dos dois outros sistemas neurais que funcionam em conjunto com o processamento em série e lhe enriquecem consideravelmente as capacidades.

## PENSAMENTO ASSOCIATIVO – A INTELIGÊNCIA EMOCIONAL DO CÉREBRO (QE)

Esse tipo de pensamento nso ajuda a formar associações entre coisas tais como a fome e o alimento que a saciará, lar e conforto, mãe e amor, latido de cães e perigo, cor vermelha e emoções de excitação ou de perigo. O pensamento associativo está na origem da maior parte da nossa inteligência puramente emocional – o elo entre uma e outra emoção, entre emoções e sensações corporais, emoções e meio ambiente. Permite-nos também reconhecer padrões, como faces ou odores, e aprender habilidades corporais como andar de bicicleta ou dirigir um carro. É "pensamento" com o coração e o corpo. O QE, embora normalmente tido como a "inteligência emocional", é também a inteligência do corpo. É a inteligência usada, com grande efeito, por um atleta talentoso ou por um pianista que ensaiou exaustivamente.

As estruturas no interior do cérebro que se encarregam do pensamento associativo são conhecidas como redes neurais. Cada uma delas contém feixes de até 100 mil neurônios, e cada neurônio em cada um deles pode estar ligado a nada menos que mil outros. Ao contrário da fiação precisa dos tratos neurais, nas redes cada neurônio atua ou sofre simultaneamente a ação de numerosos outros.

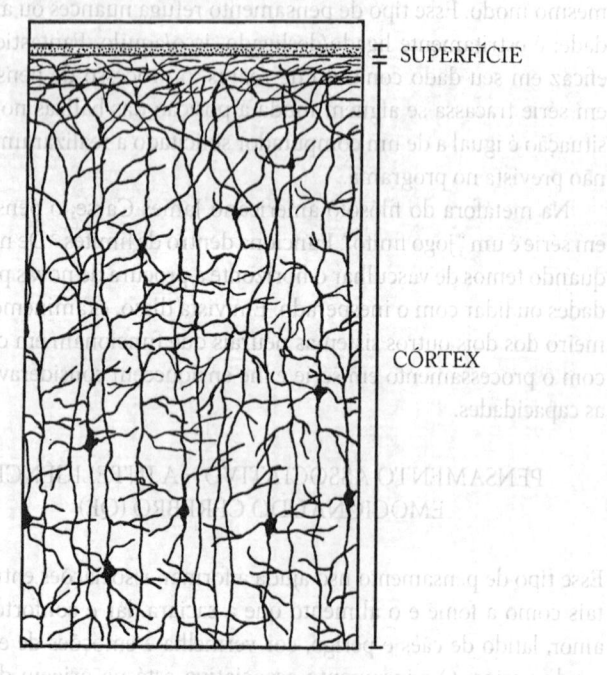

*Malha neural, mostrando, de forma simplificada, as células piramidais no córtex.*

Em seu nível mais simples, o pensamento associativo é realizado por meio de reflexo condicionado, como nos experimentos com cães do cientista russo Pavlov. Os animais aprenderam a salivar ao som de uma sineta, após repetidas apresentações do alimento e da sineta juntos. As redes neurais permitem que padrões associativos muito mais complexos sejam aprendidos. As informações de aprendizagem chegam por alguns dos elementos da rede; e a reação de comportamento, por outros. Ainda assim, outros elementos atuam como mediadores entre os dois. Um único elemento em uma rede é ativado se um número suficientemente grande de suas informações "disparam" simultaneamente. A força das interconexões entre os elementos é modificada pela experiência, o que permite que o sistema "aprenda", como teremos oportunidade de ver.

As redes neurais do cérebro estão conectadas a outras em todo o cérebro e no corpo. As situadas no tronco cerebral, a parte mais antiga do cérebro, conhecidas como formação reticular, processam as informações sensoriais que chegam e os comandos motores associados que saem, por exemplo, quando andamos ou engolimos – movimentos comandados por níveis mais altos do cérebro, mas coordenados nos níveis mais baixos ou na medula espinhal. São igualmente responsáveis pelo ciclo sono/vigília. A mãe, por exemplo, pode dormir em meio ao barulho de tráfego congestionado, mas acordar com um som muito mais fraco emitido por seu bebê. A formação reticular processa essa reação de excitação. Sua parte mais sofisticada, a formação reticular talâmica, pode excitar apenas uma parte do cérebro de cada vez, o que explica por que podemos ser seletivamente atentos.

Ao contrário dos tratos neurais seriais, que são controlados por regras ou programas e, portanto, incapazes de aprender, as redes neurais têm a capacidade de se reorganizar em diálogo com a experiência. Em todas as ocasiões em que vemos um padrão, as conexões da rede neural que o reconhecem tornam-se mais fortes, até o reconhecimento ficar mais ou menos automático. Se o padrão muda, nossa capacidade de reconhecê-lo muda também lentamente, até que o cérebro se reorganize para ver o novo padrão. As conexões entre neurônios na rede podem ter forças diferentes, e qualquer elemento pode tender a excitar ou inibir os outros aos quais está ligado. As mudanças alteram a força entre as conexões: elementos neurais que disparam juntos tendem a se tornar mais fortemente interconectados.[6]

Quando aprendemos a dirigir, por exemplo, cada movimento das mãos e dos pés é pensado e deliberado e o controle do carro é fraco. A cada novo treinamento ao volante, a coordenação entre mãos, pés e cérebro é organizada mais firmemente nas redes neurais até que, finalmente, não temos de pensar (com a cabeça) em como dirigir, a menos que surja uma emergência.

Toda aprendizagem associativa é feita por meio de tentativa e erro. Quando aprende a percorrer um labirinto, um rato não segue regras, ele pratica. Se um treinamento fracassa, nenhuma conexão é estabelecida; se tem sucesso, o cérebro reforça essa conexão. Esse tipo de aprendizagem depende fortemente da experiência: quanto mais realizo bem um movimento, mais inclinado ficarei para fazer a mesma coisa na vez seguinte. A aprendizagem associativa é também aprendizagem tácita – aprendemos a habilidade, mas não podemos dizer por quais regras a aprendemos e, de modo geral, nem mesmo descrever como fizemos isso. Ninguém aprende a andar de bicicleta lendo um manual. As redes neurais não estão conectadas com nossa faculdade de linguagem, nem com a habilidade de formular conceitos. Elas são simplesmente radicadas na experiência. *Sentimos* nossas habilidades, *colocamos* em prática, mas nem pensamos nem falamos nelas. Desenvolvemos habilidades porque elas nos dão um senso de satisfação ou de recompensa, ou porque nos ajudam a evitar a dor.

As redes neurais associativas do cérebro abrangem mais do que aquelas coisas que identificamos prontamente como emoções, mas podemos também facilmente compreender como a vida emocional se encaixa no padrão associativo e como ela se baseia amplamente nessas redes. O sistema límbico, a sede central do controle emocional no cérebro, possui tratos neurais seriais e redes neurais associativas. Algumas emoções, como o medo de cobras, são inatas e se baseiam provavelmente em organização serial no sistema límbico. A maioria das emoções, porém, é aprendida por intermédio de tentativas e erros, mediante um acúmulo associativo lento de reações a certos estímulos. E são muito influenciadas pelos hábitos. Uma vez que tenhamos aprendido a sentir raiva diante de determinado estímulo, será difícil reagirmos de modo diferente frente à repetição do mesmo estímulo. Grande parte da psicoterapia existe para ajudar pessoas a romper o hábito de associações emocionais antigas, mas inadequadas.

Tal como outros aspectos da inteligência associativa, as emoções não são imediatamente verbais. Temos, não raro, dificuldade em falar sobre elas, pelo menos com exatidão, e elas certamente não são sempre "racionais" no sentido de obedecerem a regras ou predições. Elas respondem muitas vezes a dados incompletos e de forma imprevisível.

Analogamente, no reconhecimento de padrões, o cérebro permite que todos os fragmentos de informações de dado padrão interajam entre si. Alguns fragmentos podem estar ausentes, ou ser diferentes, de um padrão inicial aprendido, mas o que emerge é o que "cabe melhor". A inteligência associativa, portanto, é capaz de lidar com situações ambíguas, mas faz também "aproximações". É mais flexível, mas também menos exata do que o pensamento serial.[7] As emoções abrangem uma faixa de experiência mais ampla do que a razão, mas são frequentemente menos precisas.

A memória do tipo liga/desliga é habilitada por uma organização neural precisa em uma parte do cérebro conhecida como hipocampo (ver p. 107). Essa região pode deteriorar-se com a idade. O homem, contudo, possui também um sistema de memória mais lento, de longo prazo, baseado em redes neurais associativas localizadas em todo o cérebro. Esse sistema pode aprender gradualmente coisas novas, tais como habilidades corporais e lembrança de rostos, mesmo que a memória de acontecimentos recentes enfraqueça. É difícil ensinar a uma pessoa idosa novas habilidades serialmente organizadas, mas elas podem aprender novas habilidades motoras em qualquer idade, ainda que muito lentamente. Nadar e aprender de cor uma canção são dois exemplos neste particular. Repetindo, muitas de nossas reações emocionais são mantidas no sistema de memória de longo prazo, uma vez que sua base associativa foi construída ao longo do tempo.

Os dois sistemas de memória têm não só fiação neural diferente, mas também bioquímicas diferentes. O mecanismo de aprendizagem bioquímico encontrado nas sinapses (ligações neurais) na memória associativa muda lenta e gradualmente, tornando-se mais forte com a repetição em todos os casos em que dois neurônios disparam juntos. Em contrapartida, o mecanismo de aprendizagem na memória de curto prazo depende do sinal ligado/desligado.[8]

Da mesma forma que ocorre com a computação serial no cérebro, há computadores analógicos do cômputo associativo, ou paralelo, do cérebro. Eles são conhecidos como redes neurais ou processadores paralelos. Tal como a fiação associativa no cérebro, eles consistem em grandes números de elementos **complexos de computador**, interconectados. Da mesma forma que no cérebro, em cada ocasião em que dispara uma conexão entre esses elementos, a conexão é reforçada, de tal modo que o computador "aprende" lentamente um novo comportamento. Nesse ponto, eles diferem dos processadores seriais, que jamais podem aprender. Podem ser apenas reprogramados. Computadores paralelos aprendem lentamente com o ambiente e alteram sua "fiação" interna.

Enquanto o computador serial falha se um único elo em sua cadeia de comunicação for bloqueado, o computador paralelo é mais resistente. Mesmo se ligeiramente danificado, ele ainda pode ter bom desempenho, porque várias conexões paralelas assumem o trabalho dos vizinhos danificados. Uma vez que células do cérebro humano morrem todos os dias, é uma grande vantagem termos habilidades paralelas!

Enquanto os processadores seriais têm uma "linguagem", um conjunto de símbolos que manipulam seus cálculos, os processadores paralelos são "burros". Eles trabalham mediante o sistema de aprendizagem de tentativa e erro. Esses computadores são usados atualmente para reconhecer a grafia de uma pessoa, ler códigos postais, distinguir entre sabores e aromas e "ver" rostos. Podem ser usados para formar uma imagem, assemelhada a uma foto, por meio de descrições parciais do rosto ou da aparência de uma pessoa.

As vantagens do pensamento associativo é que ele mantém diálogo com a experiência e, enquanto trabalha, pode aprender com a experimentação. Pode tatear o caminho com a experiência ainda não submetida à prova. É também o tipo de pensamento que pode lidar com nuances e ambiguidade, por exemplo, eliminar até 80 por cento de determinado padrão e o cérebro ainda reconhecer o que sobra. Um computador de rede neural pode reconhecer um código postal escrito em milhões de amostras com diferentes grafias. As desvantagens desse tipo de pensamento são a lentidão da aprendizagem, a imprecisão e a tendência de se deixar dominar pelo hábito ou a tradição. *Podemos* reaprender uma habilidade ou uma reação emocional, mas isso exige tempo e grande esforço. E como o pensamento associativo é tácito, temos dificuldade em compartilhá-lo com outra pessoa. Não podemos simplesmente escrever uma fórmula e dizer a alguém que comece a trabalhar. Todos nós temos de aprender uma habilidade à nossa própria maneira. Não existem dois cérebros que tenham o mesmo conjunto de conexões neurais.

Analogamente, não existem duas pessoas que tenham a mesma vida emocional. Posso reconhecer sua emoção, sentir empatia com ela, mas não a *tenho*.

## COOPERAÇÃO ENTRE O QI E O QE

O cérebro humano é muito mais complexo do que qualquer computador. E há também diferenças óbvias, por exemplo, o cérebro é feito de carne e sangue, ao passo que computadores são construídos de *chips* de silício, ou o fato de que o cérebro *evoluiu* de forma complexa ao longo de milhões de anos, enquanto computadores são *projetados* por seres humanos com objetivos específicos em mente. Mas acontece também que o cérebro coopera com seus sistemas de pensamento. Ele não consiste em módulos de "inteligência" isolados, ou em um sistema de processamento serial isolado, ao lado de um sistema associativo também isolado. Os dois sistemas interagem e se reforçam, dando-nos um tipo de inteligência que nenhum dos dois poderia ter sozinho. O QI e o QE se reforçam mutuamente.

Em 1993, Seymour e Norwood descreveram experimentos com jogadores de xadrez, realizados com o objetivo de descobrir que tipo de pensamento havia por trás de suas estratégias.[9] Um conjunto de posições, algumas comuns e outras quase absurdas, foi mostrado a grandes mestres e a jogadores medíocres. Em seguida, pediu-se a ambos os grupos que reproduzissem as posições mostradas. Os mestres eram muito mais competentes do que os jogadores medíocres em reproduzir posições comuns. Ambos os grupos, porém, apresentaram os mesmos resultados na reprodução de posições absurdas. Descobriu-se que a diferença era devida ao emprego do pensamento associativo, combinado com pensamento serial no caso dos mestres que reproduziam as posições comuns, ao passo que os jogadores medíocres usavam apenas o pensamento serial em tudo.

Descobriu-se que um grande mestre de xadrez construiu, ao longo dos anos, padrões associativos relativos a talvez 50 mil tipos comuns de posições no jogo. Quando confrontado com um problema em um jogo real, portanto, ele não calculava serialmente as consequências de cada possível movimento. Ele reconhecia instantaneamente os movimentos promissores e, em seguida, fazia análises seriais (racionais) apenas desses movimentos. O jogador medíocre, em comparação, tentava analisar todos os movimentos possíveis e, dessa maneira, desperdiçava tempo e energia.

No nível mais geral, psicólogos concordam que o cérebro humano tem um conjunto de processadores associativos de grande capacidade, juntamente com um processador serial de pequena capacidade, que atende seletivamente a um ou outro deles. Uma metáfora no particular seria um holofote iluminando seletivamente alguma coisa em um ambiente escuro.[10] O que não é atendido é esquecido dentro de segundos, embora, no entanto, possa ter produzido um efeito subliminar (tal como a propaganda subliminar). A maioria das pessoas, por exemplo, pode se lembrar de um número telefônico de sete dígitos durante alguns segundos. A memória dura mais se continuarmos a repetir o número para nós mesmos, mas ele se perde se nos distrairmos. Essa "memória de trabalho" em curto prazo é confirmada por um grande volume de provas experimentais.

A memória de trabalho é um aspecto essencial do pensamento serial humano. Fornece-nos um aviso mental de onde estamos em qualquer tarefa serial específica, tal como cozinhar, ler ou pensar. Se for apresentada à mente um número grande de alternativas em alguma bifurcação nesse processo de pensamento serial, a memória de trabalho nos permite permanecer conscientes das alternativas por tempo suficiente para decidir entre elas.

Esse tipo de memória, no qual todas as alternativas relevantes são mantidas em plena consciência, enquanto uma reação é selecionada, constitui função do córtex pré-frontal. Indivíduos que sofrem lesão pré-frontal, como no mal de Alzheimer ou em alguns tipos de derrame cerebral ou traumas, apresentam sinais de dano na memória de trabalho e têm dificuldade em manter a atenção, em formar conceitos ou usá-los flexivelmente.

Se há uma única possibilidade presente em nossa consciência, a reação mental torna-se automática. O sistema de atenção torna-se menos ativo e diminui a consciência. Analogamente, uma atividade manual simples, como dirigir carro, pode tornar-se programada, substituindo a maior parte da necessidade de atenção consciente. Daí nossa fome humana intermitente de novas experiências e desafios – algo que requeira novas decisões e, portanto, mais consciência.

O sistema de atenção da forma aqui descrita assemelha-se ao conceito do ego proposto por Freud. Apresenta um grau aguçado de consciência, em comparação com o fundo associativo (o id). Pode lidar com possibilidades, abstrações e argumentos racionais – tudo isso parte importante da civilização.

Outro exemplo notável de cooperação entre o serial e o associativo para reforçar a inteligência é dado pelos estudos do Dr. Antonio Damasio sobre pacientes com lesões cerebrais. Em um caso famoso, discutido por Damasio em seu livro *O erro de Descartes*, e mais uma vez destacado em *Inteligência emocional*, de Daniel Goleman, um paciente chamado Elliot sofre de debilitação da capacidade de pensamento *racional* devido a uma limitada lesão cerebral nos córtices pré-frontais, que resultou em debilitação *emocional*.[11] Nenhuma das áreas do cérebro responsáveis por tomadas de decisões racionais ou pelo QI foi afetada pelo tumor, e ele continuou a obter alta pontuação nos testes de QI. A memória era boa, e permaneceram intactos a capacidade racional e os conhecimentos. A lesão, porém, provocou reações emocionais "mornas", que lhe afetavam a capacidade de tomar decisões racionais. Fora rompida a coordenação entre o QI e o QE, como resultado de ele perder seu "bom-senso".

Tanto os experimentos com o xadrez quanto as observações de Damasio servem de exemplos de uma coordenação de processamento serial e associativo, entre o QI e o QE, que podem ser explicados pelo menos em parte por modelos formais de pensamento em uso. Há, porém, outras capacidades mentais humanas que permanecem misteriosas. O cérebro tem outro tipo de inteligência para o qual a ciência cognitiva não oferece ainda uma explicação. Examinemos em seguida esse assunto e experimentos neurológicos que lançam alguma luz sobre como funciona essa outra inteligência.

## PENSAMENTO UNITIVO – A INTELIGÊNCIA ESPIRITUAL DO CÉREBRO (QS)

Vimos que computadores podem simular o pensamento serial e o associativo. E também realizar algo muito parecido com o pensamento serial com muito mais rapidez e precisão do que seres humanos. Computadores de rede neural podem duplicar algumas das capacidades do pensamento associativo. Essas máquinas certamente se tornarão mais eficientes à medida que se desenvolver a tecnologia. Há, porém, numerosos aspectos da vida mental e da inteligência humana que nenhum computador já construído, ou mesmo imaginado, pode duplicar. Referimo-nos às capacidades que neste livro denominamos "inteligência espiritual" – a inteligência que extrai sentido, contextualiza e transforma.

Ao contrário das máquinas, seres humanos são conscientes. Temos consciência de nossa experiência e consciência de que somos conscientes. Reagimos a essa experiência com sofrimento ou riso, com senso de mágoa ou senso de humor. Rimos com piadas e sentimos dor de dente. Embora tenhamos sido programados pelas regras que aprendemos e pelos hábitos profundos formados por associações de toda a vida, conservamos o livre-arbítrio. Se estivermos dispostos a investir determinação e energia, poderemos mudar as regras e romper os hábitos. Computadores trabalham sempre de acordo com programas, dentro de limites. Eles fazem o que chamamos de um jogo finito. Seres humanos, porém, podem ser jogadores infinitos. Podemos mudar a posição das balizas – podemos jogar *com* os limites.

Podemos fazer tudo isso porque somos dotados de um tipo de pensamento criativo, intuitivo e capaz de insights. *Aprendemos* a linguagem com os sistemas serial e associativo de pensamento e a *inventamos* com um terceiro sistema de pensamento. *Compreendemos* situações, padrões e regras de comportamento comuns ou dadas situações com os nossos dois primeiros tipos de pensamento e *criamos* novos com esse terceiro tipo.

E, como seres humanos, somos criaturas de sentido. Quando recebe um comando programado, o computador jamais pergunta: "Por que devo fazer isso?" ou "O que é que isso significa?". Ele simplesmente obedece à ordem. Seres humanos, por outro lado, frequentemente fazem essas perguntas e funcionam de modo mais eficaz quando recebem boas respostas. Computadores podem manipular a sintaxe da linguagem – podem descobrir e pôr ordem no arranjo gramatical correto das palavras (isto é, pautado por regras). Mas só seres humanos compreendem a semântica, o sentido do arranjo de palavras e, portanto, a capacidade de decodificar algo como uma metáfora.

Uma coisa que todas essas habilidades humanas adicionais têm em comum é um senso de unidade em nossa compreensão de situações e em nossa reação a elas. Compreender, em essência, é uma característica holística – a capacidade de apreender o contexto global que liga as partes componentes. E é essa compreensão contextual que falta aos esquizofrênicos, que não conseguem unificar suas experiências e, por isso mesmo, não podem reagir apropriadamente a elas. Neste livro chamamos essa faculdade de "pensamento unitivo". Essa capacidade unitiva constitui um aspecto essencial da consciência e é fundamental para compreendermos a base neurológica do QS.

Muitos do número imenso de neurônios existentes no cérebro humano são ligados entre si por cadeias e circuitos seriais, enquanto muitos outros são estreitamente conectados a nada menos de dez mil outros nas redes neurais. Nenhum tipo de conexão neural física, porém, liga todos os neurônios do cérebro entre si ou mesmo todas as diferentes cadeias ou módulos de neurônios. No aspecto físico, o cérebro consiste em um grande número de "sistemas especializados" independentes, alguns dos quais processam cores, sons, sensações táteis, e assim por diante. Quando olho para a sala onde estou trabalhando, todos esses sistemas especializados são bombardeados por milhões de fragmentos de dados perceptivos – visuais, auditivos, táteis, térmicos etc. Ainda assim, minha consciência vê a sala como um todo, isto é, tenho um campo perceptivo unificado. O mistério de como isso pode acontecer é conhecido em neurologia, psicologia e filosofia como "problema de aglutinação". De que modo o cérebro aglutina experiências perceptivas díspares?

Além disso, enquanto olho em volta, posso ver muitos objetos diferentes – a mesa, o computador, o aparelho de som, quadros nas paredes, a xícara de café a meu lado. Esta é mais uma parte do problema de aglutinação. Não há no meu cérebro um neurônio central "aparelho de som" nem um modelo neural "xícara de café" que possam explicar essa capacidade discriminadora. Ela, no entanto, foi objeto de numerosas pesquisas e agora pode ser, pelo menos, parcialmente entendida.

Um grupo de pesquisa liderado por Wolf Singer e Charles Gray, trabalhando em Frankfurt, ligou eletrodos a neurônios em diferentes partes do cérebro de mamíferos. Todas as partes do cérebro, em todas as ocasiões, emitem sinais elétricos que podem ser lidos por eletroencefalógrafos e que oscilam em várias frequências. A equipe de Singer descobriu que, quando percebo um objeto como a xícara de café, os neurônios existentes em toda a parte localizada de meu cérebro envolvido nessa percepção oscilam em uníssono, em uma frequência entre 35 Hz e 45 Hz (35-45 ciclos por segundo). As oscilações sincronizadas unem à xícara minhas muitas diferentes reações perceptivas localizadas – o que há a seu redor, sua cor, seu tamanho etc. – e me dão a experiência de um único objeto sólido.[12]

Analogamente, se eletrodos são conectados aos neurônios nas várias áreas localizadas do cérebro que percebem o aparelho de som, estes também oscilam em uníssono – mas a uma frequência ligeiramente diferente (embora ainda na faixa de 35-45 Hz) da dos neurônios que percebem a xícara. E assim por diante no tocante a todos os objetos existentes na sala.

A pesquisa de Singer abrangeu até agora apenas o estudo das oscilações neurais da percepção unificada de objetos isolados. Estudos neurológicos de meditadores, porém, reforçam e ampliam esses insights perceptivos. Fisiologicamente, descobriu-se que práticas como a meditação *vipassana* budista ou a raja yoga (por exemplo, a MT, ou meditação transcendental) reduzem a pressão arterial e retardam o metabolismo, sugerindo que são eficazes para a redução do estresse. Estudos de EEG das ondas cerebrais de meditadores foram também realizados[13] e, por sorte, ao contrário do que acontece com xícaras de café e aparelho de som, meditadores podem descrever suas experiências.

De acordo com a tradição oriental, o praticante de meditação senta-se ereto em um local tranquilo durante pelo menos vinte minutos. Focaliza a atenção na respiração ou em algum som, conhecido como mantra, quando não em um objeto, como uma chama de vela. Não havendo distrações, a mente se aquieta e o praticante fica muito relaxado. Nesse estado é que são notados os efeitos sobre a pressão arterial e o metabolismo. Ondas cerebrais alfa coerentes, características do relaxamento alerta, são notadas nos padrões do EEG.

Em um segundo e mais profundo estágio, o praticante ingressa em um estado de consciência de que está consciente, mas também vazio de pensamentos ou conteúdo específicos. Ele pode tornar-se consciente de insights profundos particulares. Estudos com EEG da mente de praticantes de meditação durante esse estágio da prática detectaram ondas cerebrais cada vez mais coerentes em várias frequências (incluindo 40 Hz) em grandes áreas do cérebro. A experiência que eles descrevem como o conteúdo da consciência entrando em um estado de unidade é acompanhada pela unidade das oscilações neurais.

Até tempos recentes, não houve mais pesquisas sobre a extensão e o papel das oscilações neurais de 40 Hz no pensamento unitivo, além dos trabalhos de Singer e Gray (ou trabalhos semelhantes) e dos estudos sobre meditação. Na década de 1990, porém, novos dados começaram a surgir em revistas sobre pesquisas científicas. Uma nova tecnologia, denominada magnetoencefalografia, permite um estudo mais sensível e em maior escala (em todo o cérebro) dessas oscilações e do papel que desempenham na inteligência humana. Conforme veremos no capítulo 4, que trata exclusivamente dessa nova pesquisa, há agora boa prova de que as oscilações neurais sincronizadas na faixa de 40 Hz:

- realizam a mediação do processamento de informação consciente entre os sistemas serial e paralelo do cérebro, permitindo o tipo de coordenação revelado nos experimentos com o xadrez ou no elo QI-QE exemplificado no trabalho de Damasio;
- constituem a base neural mais provável da própria consciência e de toda a experiência consciente unificada, incluindo a percepção de objetos, a percepção de sentido e da capacidade de formular e reformular nossa experiência;
- formam a base neural da inteligência unitiva de ordem mais alta que neste livro denominamos "inteligência espiritual", ou "QS".

## TRÊS PROCESSOS PSICOLÓGICOS

Na psicologia freudiana, são descritos dois processos básicos para separar e integrar informações psicológicas, a saber:

- O processo primário, ou o id, que é basicamente o inconsciente – o mundo do sono, dos sonhos, das motivações inconscientes, dos atos falhos, das memórias reprimidas etc.
- O processo secundário, o mundo da consciência ou do ego, que, no todo, é lógico, racional e linear. Do ponto de vista neurológico, podemos considerar esses dois processos como baseados em pensamento paralelo ou associativo (o processo primário) e serial (o processo secundário).

- Observamos, ao estudar a estrutura do cérebro, porém, que há um terceiro tipo de pensamento, o pensamento unitivo, que parece ser a base neurológica do que chamarei de "processo terciário".

Vários teólogos, bem como um bom número de psicólogos humanistas e transpessoais, descreveram três processos psicológicos. Ken Wilber, por exemplo, denomina-os pré-pessoal (o instintivo), pessoal (fenômenos no nível do ego) e transpessoal (que transcende o ego limitado do eu e chega ao âmago do seu ser).[14] Parece haver boa razão para ligar esses três processos aos três tipos de estruturas neurais de pensamento do cérebro e, desse modo, aos três tipos de inteligência. Essa conclusão é ilustrada por um diagrama simples de nossa vida mental, derivado das três camadas do eu, em que cada um dos círculos concêntricos é um processo psicológico diferente. Na Parte III deste livro, "Um novo modelo do eu", desenvolveremos com maior profundidade essa ideia.

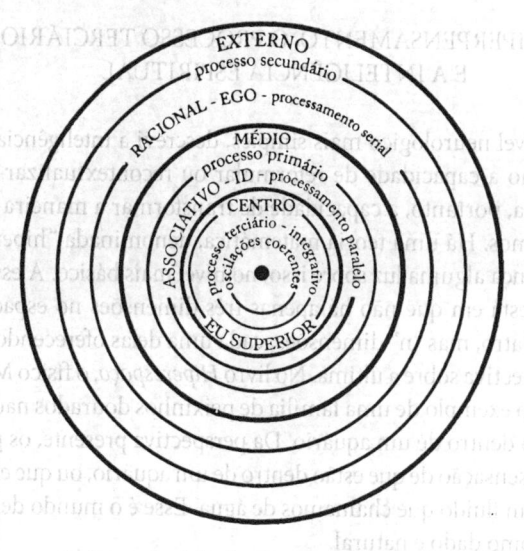

*Cada um dos três círculos concêntricos representa um processo psicológico diferente.*

A camada racional, QI, é usada com grande frequência – talvez grande demais – em nossa cultura ocidental, condicionada pela tecnologia, para interagir eficientemente com o mundo público dos textos escritos, dos horários e programações, e planejamento linear ou orientado para objetivos. Em casa, na vida privada, podemos relaxar e entrar em um modo misto racional-associativo (QI-QE), no qual diferentes partes de nós mesmos podem se expressar. Nossas emoções e sonhos são de natureza mais associativa, ligados à camada intermediária do eu. Além desses, temos os estados de sono profundo, os que são alcançados em meditação intensa, ou um processo a que recorremos quando precisamos ser criativos. E é a partir dessa terceira camada, o centro profundo de inteligência espiritual do eu, que os fenômenos que afloram são postos em um contexto mais amplo e integrados entre si. Este processo terciário está associado à espiritualidade e à inteligência espiritual em seu sentido mais amplo.

## O HIPERPENSAMENTO, O PROCESSO TERCIÁRIO E A INTELIGÊNCIA ESPIRITUAL

Em seu nível neurológico mais simples, descrevi a inteligência espiritual como a capacidade de reformular ou recontextualizar nossa experiência, portanto, a capacidade de transformar a maneira como a entendemos. Há uma teoria matemática, denominada "hiperespaço", que lança alguma luz sobre isso, no nível mais básico. A essência da teoria está em que não há apenas três dimensões no espaço, ou mesmo quatro, mas "n" dimensões, cada uma delas oferecendo mais uma perspectiva sobre a última. No livro *Hiperespaço*, o físico Michio Kaku usa o exemplo de uma família de peixinhos dourados nadando em círculo dentro de um aquário. Da perspectiva presente, os peixes não têm a sensação de que estão dentro de um aquário, ou que ele está cheio de um fluido que chamamos de água. Esse é o mundo deles e o aceitam como dado e natural.

No exemplo de Kaku, um dos peixes dá subitamente um grande salto, que o eleva acima da superfície da água do aquário. "Ah!", exclama ele. "Vejam só de onde eu vim!" Ele vê o aquário, seus colegas peixinhos e a água de uma outra perspectiva e observa que vem de um mundo de aquários e de água. Nesse momento, o peixinho dourado sabe que há um mundo mais amplo fora do aquário, um meio no qual pode mover-se, além da água. Ele recontextualizou sua situação original e transformou sua visão da realidade.

Por meio de pequenas experiências perceptivas como essas, o QS permite que esse poder recontextualizador, transformador, seja exercido em base quase diária. Em todas as ocasiões em que vemos o mundo com novos olhos, enxergamos objetos em novos relacionamentos entre si e seu ambiente. Esta, porém, é apenas a dimensão mais básica de uma inteligência e de seus processos neurais concomitantes que, em forma mais complexa, toca e transforma nossa vida em todos os níveis. O horizonte em expansão do peixinho dourado pode limitar-se a ver o aquário e seus colegas em um contexto mais amplo. Nos seres humanos, porém, variações mais complexas desses mesmos processos neurais alteram o *sentido* e a substância existencial de nossa vida.

Sogyal Rinpoche em *O livro tibetano do viver e do morrer*, por exemplo, descreve o efeito profundo sobre sua consciência e "as vastas implicações para sua vida" que resultaram da compreensão, em um momento de insight, da verdadeira natureza da impermanência. O que ele diz no livro sobre impermanência, contudo, poderia aplicar-se a qualquer insight obtido de nossa inteligência espiritual, ou processo psicológico terciário.

> É como se em toda nossa vida estivéssemos voando em um avião através de nuvens escuras e de turbulência e, de repente, o avião subisse acima delas e entrasse no céu claro e infinito. Somos inspirados e euforizados por essa emergência em uma nova dimensão de liberdade... E à medida que essa nova consciência começa a tornar-se vívida e quase contínua, ocorre o que os Upanishads [os antigos escritos hindus] chamam de "uma meia-volta na sede da consciência", uma revelação

pessoal, inteiramente não conceitual do que somos, por que estamos aqui e como devemos agir, "que, no fim, equivale a nada menos do que a uma nova vida, um novo nascimento, poderíamos dizer, uma ressurreição".[15]

Esse senso de ressurreição é a dimensão vivencial de nossa inteligência espiritual. Não é simplesmente um estado da mente, mas uma forma de saber, um modo de ser, que transforma por completo nosso entendimento e nossa vida.

# 4
# Mais sobre oscilações neurais de 40 Hz, consciência e QS

As teorias atuais sobre a consciência deveriam desenfatizar
o papel de informações sensoriais na determinação
dos eventos cognitivos correntes.
Em vez delas, somos favoráveis à tese de que o sistema
nervoso é essencialmente um sistema fechado que gera
estados oscilatórios baseados nas propriedades
intrínsecas às membranas de seus neurônios
constituintes e sua conectividade.
Esses estados oscilatórios modelam os
eventos computacionais provocados pelos
estímulos sensoriais.

Denis Pare e Rodolfo Llinas, *Neuropsychologia*[1]

Essas poucas frases altamente técnicas e concisas desafiam dois mil anos de filosofia ocidental sobre a natureza da mente e cem anos de formulação de teorias por cientistas cognitivos e neurobiólogos sobre o mesmo assunto. Desde os dias de Platão acreditamos que consciência é "consciência *de* alguma coisa". Disseram-nos que a mente é como um quadro em branco (ou um conjunto de neurônios) posto em uso por meio de estímulos vindos do mundo externo. Nas palavras de John Locke, filósofo do século XVII: "Todas as ideias têm origem em sensação ou reflexão. Vamos supor que a mente seja, por assim dizer, um papel em branco, sem quaisquer letras, sem quaisquer ideias."[2]

Uma ideia correlata levou Francis Crick, prêmio Nobel, a formular em 1994 a "hipótese espantosa" de que "Você, suas alegrias e suas mágoas, suas memórias e ambições, seu senso de identidade pessoal e livre-arbítrio nada mais são, na verdade, do que o comportamento de um vasto conjunto de células nervosas e moléculas associadas."[3] Para neurocientistas como Crick, tudo o que importa é o comportamento – seja o comportamento de células nervosas isoladas, seja de todo o indivíduo. A consciência, considerada mero efeito secundário de tal comportamento, seria algo que o cientista poderia ignorar.

Uma pesquisa de Pare-Llinas sobre oscilações neurais de 40 Hz no cérebro mostra, ao contrário, que consciência é uma propriedade intrínseca do cérebro. A consciência simplesmente *existe*, em si e por si mesma, embora essa consciência intrínseca, de fundo, possa ser modulada (adquirir configuração ou forma) mediante estímulos procedentes do mundo externo e de dentro do próprio corpo. Mais parecida com a opinião sustentada por pensadores budistas sobre a consciência nestes últimos dois mil anos, ou por pensadores idealistas ocidentais como Kant, Hegel e Schopenhauer, a pesquisa de Pare-Llinas demonstra, conforme veremos adiante, que todos os mamíferos compartilham pelo menos a propriedade de possuir essa consciência intrínseca e que a consciência em si é um processo transcendente – isto é, a consciência nos põe em contato com uma realidade muito mais profunda e rica do que a mera conexão e vibração de algumas células nervosas.

## A BASE NEURAL DA TRANSCENDÊNCIA

A transcendência é talvez o aspecto mais fundamental do espiritual. Por "transcendente", teólogos e diversos religiosos entendem geralmente algo que está além do mundo físico. Neste livro proponho algo mais humilde e, ao mesmo tempo, mais essencial. O transcendente, sugiro, é o que nos leva para além – além do momento presente, de nossa alegria e mágoa presentes, de nosso eu presente. Leva-nos aos limites de nosso conhecimento e experiência e põe essas realidades em um contexto mais amplo. O transcendente dá-nos uma prova do sabor do extraordinário, do infinito, dentro de nós mesmos ou no mundo ao redor. Muitos que o experimentam chamam-no de "Deus". Outros dizem que tiveram uma experiência mística; e ainda outros sentem-no na beleza de uma flor, no sorriso de uma criança, em uma peça musical.

São geralmente essas experiências de transcendência – vivenciadas, dizem os psicólogos, por nada menos que 70 por cento das pessoas[4] – que nos tornam relutantes em aceitar algo como a "hipótese espantosa" de Crick. O comportamento de moléculas e células nervosas é por demais finito; seres humanos podem experimentar, e de fato experimentam, o infinito. A capacidade de acessar e usar a experiência de sentido e valor mais altos é a base do que entendemos por inteligência espiritual. Muitos de nós gostaríamos de ter uma compreensão científica dela, mas esta terá de ser uma compreensão que não reduza a importância, ou dissolva com palavras, os próprios aspectos de nós mesmos e de nossa experiência que nos fazem sentir mais profundamente humanos.

Um exemplo muito simples de fenômeno transcendente na natureza, análogo aos estados oscilatórios neurais mencionados por Pare e Llinas, seria um oceano absolutamente imóvel e transparente, no qual surgiriam ondas. A água do oceano está em todas as ondas, é a essência de todas elas, mas, ainda assim, quando olhamos para a cena só vemos ondas. Se *fôssemos* as ondas, veríamos apenas a nós mesmos e não o oceano, embora pudéssemos ter um senso mais profundo do oceano existente em nós. O universo em si pode ser considerado um oceano imóvel e transparente de energia e, todas as coisas e seres, como ondas em sua superfície. Essa situação é descrita na física mais sofisticada do universo que temos até agora – a teoria do campo quântico.

De acordo com essa teoria, o universo e todos os seus elementos formativos consistem em energia em diferentes estados de excitação. Pessoas, mesas, cadeiras, árvores, poeira estelar etc. são padrões de energia dinâmica contra um fundo (o vácuo quântico) de energia imóvel, não excitada, e que, por conseguinte, não possui aspectos que possamos ver, tocar ou medir diretamente. Um aspecto dessa natureza seria uma excitação (onda) do vácuo, e não o vácuo (o oceano) propriamente dito. O vácuo quântico, portanto, é quase transcendente às suas qualidades, transcendente à sua existência. Ainda assim, a existência, igualmente, é ligeiramente sensível a essa dimensão transcendente, conforme demonstrado no que os físicos chamam de "Efeito Casimir": quando duas placas de metal são colocadas muito próximas, elas se atraem devido à pressão sutil exercida pelo vácuo quântico sobre ambas.

O tipo de transcendência exemplificado pelo vácuo quântico é semelhante ao que é descrito como o *Tao*, ou o Vazio (*Sunyata*), em numerosos textos taoístas, hindus e budistas. Ou, nas palavras dos antigos escritos chineses denominados *Tao Te Ching*:

Olha, ele não pode ser visto – está além da forma.
Escuta, ele não pode ser ouvido – está além do som.
Agarra, ele não pode ser agarrado – é intocável.
Esses três são indefiníveis;
Por isso, são ligados em um único.

Visto de cima não é brilhante;
Visto de baixo não é escuro:
Fio intacto além de descrição.
Ele retorna ao nada.
A forma do informe,
A imagem do invisível,
São chamados de indefinível e além da imaginação.

Embora os sábios orientais achassem que nada podiam *dizer* sobre o Vazio, que não podiam *agarrar* o *Tao*, pensavam, na verdade, que praticantes de meditação poderiam vivenciá-lo em um estado de Iluminação ou em experiências menos vívidas que levassem à Iluminação. Essa experiência é, se quisermos, uma versão espiritual do Efeito Casimir, de que falam os físicos.

Excitações do vácuo quântico são como cordas dedilhadas de violão. As cordas vibram ou oscilam. Essa analogia leva-nos para mais perto do cérebro, cujos neurônios oscilam quando estimulados. O trabalho de Wolf Singer e Charles Gray sobre o "problema da aglutinação" (ver pp. 73-76) demonstrou que cachos de neurônios em todo o cérebro, se percebem o mesmo objeto, oscilam simultaneamente em frequências semelhantes de cerca de 40 Hz. Essas oscilações coerentes, eles conseguiram provar, dão unidade às nossas percepções. No nível neural, essa unidade pode ser descrita como uma dimensão que transcende a atividade de neurônios individuais. Sem ela, nosso mundo consistiria em fragmentos sem sentido.

Voltando à analogia do oceano, as oscilações conscientes são o oceano da consciência de fundo, enquanto percepções específicas, pensamentos, emoções etc. formam as ondas – modulações da atividade oscilatória básica. No mínimo, portanto, cada pensamento ou emoção isolados tem sua dimensão transcendente em relação ao fundo oscilante mais amplo.

## DESCRIÇÃO GERAL DAS OSCILAÇÕES NEURAIS

Na verdade, ocorrem no cérebro oscilações e ondas de todos os tipos e frequências, conforme demonstrado por laudos de EEG de padrões de ondas cerebrais. Neurocientistas conseguiram ligar alguns desses diferentes padrões de ondas a níveis específicos de atividade mental ou vigilância.

Sabe-se que todas essas várias oscilações neurais estão associadas a campos elétricos existentes no cérebro, gerados por numerosos dendritos, que oscilam em sincronia, mas que não chegam a disparar. Essas oscilações diferem dos potenciais de ação que se movem em alta velocidade ao longo do axônio neural; são outra maneira de o cérebro comunicar-se consigo mesmo.

## O que significam os diferentes padrões de ondas cerebrais

| Tipo | Frequência | Quando/Onde são observadas | O que significam |
|---|---|---|---|
| Delta | 0,5-3,5 Hz | Sono profundo ou coma. Predominante também no cérebro de bebês | O cérebro nada faz |
| Teta | 3,5-7 Hz | Sono profundo e em crianças de 3-6 anos | Informações episódicas, passando de uma a outra área do cérebro – do hipocampo para o armazenamento permanente no córtex |
| Alfa | 7-13 Hz | Adultos ou crianças de 7-14 anos | Estado relaxado de grande atenção |
| Beta | 13-30 Hz | Adultos | Trabalho mental concentrado |
| Gama | c. 40 Hz | Cérebro consciente, acordado ou durante sono com sonhos | Segundo Singer e Gray, responsável pela aglutinação perceptual |
| | c. 200 Hz | Recentemente descoberta no hipocampo | Função ainda desconhecida |

Até bem pouco tempo, pouca coisa mais podia ser descoberta sobre a natureza, função ou extensão das oscilações neurais, uma vez que o aparelho de EEG era a única tecnologia disponível para observá-las. Os campos elétricos no cérebro são muito fracos e o próprio cérebro e a caixa craniana, eletricamente condutores, atuavam como barreira entre eles e os eletrodos do EEG colocados sobre o couro cabeludo (os eletrodos podem ser colocados sobre ou dentro do cérebro em si apenas durante operações cirúrgicas). As leituras, por isso mesmo, eram grosseiras e limitadas. Até mesmo o trabalho de Singer-Gray foi realizado sobre medição de oscilações em neurônios específicos, com eletrodos separados e, portanto, foi também limitado. Essas medições, no entanto, bastaram para demonstrar a existência de oscilações simultâneas em diferentes pontos do cérebro, em conexão com o ato (visual) perceptivo do indivíduo, mas não podiam fornecer um quadro mais amplo da sua extensão em centenas de pontos. Embora interessantes, os resultados não eram suficientes para explicar uma atividade de todo o cérebro, como a consciência, nem para indicar uma dimensão ampla, transcendente, na vida cognitiva do homem. Em 1994, Francis Crick descartou, com as seguintes palavras, a maior importância que se pretendia dar às oscilações de 40 Hz: "Tudo bem-avaliado, é difícil acreditar que a imagem vívida que formamos do mundo dependa real e inteiramente das atividades de neurônios tão 'barulhentos' e tão difíceis de observar."[5]

## MAGNETOENCEFALOGRAFIA – O MEG

O magnetoencefalógrafo (MEG) é um aperfeiçoamento do EEG, mais antigo. Enquanto o EEG mede a atividade elétrica gerada pelo cérebro, o MEG mede a atividade magnética associada. Não há problemas com barreiras físicas porque o cérebro, caixa craniana e couro cabeludo não interferem nos campos magnéticos. A tecnologia MEG começou a ser desenvolvida na década de 1980. As primeiras máquinas, porém, só podiam medir pequenas áreas do cérebro. Com o desenvolvimento, em fins da década de 1990, de MEGs que podiam abranger todo o couro cabeludo, neurocientistas puderam finalmente obter uma imagem da atividade oscilatória neural em todo o cérebro e em suas profundezas.[6]

Até agora, estudos com o MEG produziram um grande volume de informações sobre os numerosos ritmos oscilatórios complexos do cérebro, sua extensão, função e relação com coisas tais como movimentos corporais, imagens visuais, comandos auditivos e concentração. Para nossas finalidades, buscar informações da atividade neural associada à consciência e ao QS, as informações geradas pelas oscilações de 40 Hz são as mais relevantes.

## OSCILAÇÕES NEURAIS DE 40 HZ

Rodolfo Llinas e colegas da Escola de Medicina da Universidade de Nova York realizaram volumosas pesquisas sobre a natureza e as funções de oscilações de 40 Hz em todo o cérebro. O trabalho de Llinas sempre foi inspirado pelo desejo ardente de compreender o "problema mente-corpo". "Como neurocientista", diz ele, "a questão isolada mais importante que podemos estudar diz respeito à maneira como cérebro e mente se relacionam."[7] Seu trabalho lançou mais luz sobre a pesquisa Singer-Gray acerca de oscilações neurais coerentes e seu papel na solução do "problema da aglutinação".[8]

Estudos com MEG demonstraram que oscilações relativamente rápidas de 40Hz são encontradas em todo o cérebro, em diferentes sistemas e níveis. Em locais cerebrais periféricos, por exemplo, elas ocorrem na retina[9] e no bulbo olfativo.[10] E também no tálamo, no núcleo reticular talâmico e no neocórtex. Na verdade, oscilações de 40 Hz acontecem em todo o córtex, movendo-se em ondas que se deslocam da frente para trás. Neste caso, elas apresentam dois componentes. Na camada mais externa do córtex, ondas coerentes de 40 Hz comportam-se como um regato que flui suavemente. Pensa-se que elas tornem possível a aglutinação espaço/temporal de uma experiência perceptiva ou cognitiva específica. Em regiões mais profundas do córtex, aonde chegam as informações sensoriais, ondas de 40 Hz mais localizadas atuam como "ondinhas" no "tanque" das oscilações que fluem suavemente. Julga-se que essas oscilações localizadas tornem possível o *conteúdo* de determinada experiência perceptiva ou cognitiva.[11]

Tanto as oscilações locais quanto as mais generalizadas transcendem a capacidade de um único neurônio ou grupo localizado de neurônios, uma vez que comunicam e associam processamento perceptivo e intelectual em todo o cérebro. Em outras palavras, elas colocam a atividade de um único neurônio estimulado em um contexto mais amplo e de maior sentido (o início do QS). Tais oscilações são encontradas no cérebro de todos os mamíferos e foram descobertas também em algumas aves e em gafanhotos, embora não tenhamos uma compreensão suficiente do cérebro desses animais para saber se elas significam a mesma coisa que nos mamíferos.

Pesquisas mais recentes de Llinas demonstraram que oscilações de 40 Hz estão presentes no cérebro durante o estado de vigilância completa, em estado de vigília e no sonho, ou no sono REM (em que ocorre um movimento rápido dos olhos que, provavelmente, acompanham a "ação" que ocorre no sonho). As implicações disso são vastas tanto para a natureza da consciência em geral quanto para a compreensão da base neural de nossa inteligência espiritual.

O trabalho de Llinas provou, em primeiro lugar, que a presença da consciência (mente) no cérebro está associada à presença de atividade oscilatória neural de 40 Hz, atividade esta que desaparece se o cérebro está em coma ou anestesiado, e é muito leve no sono profundo, sem sonhos. Em segundo lugar, ele provou que a atividade oscilatória de 40 Hz está presente com toda sua força no estado de sonho, no sono REM, mesmo que este último estado do cérebro não seja sensível a estímulos perceptivos externos. A diferença entre o cérebro alerta, desperto, e o cérebro que sonha, demonstrou Llinas, era simplesmente se o cérebro era ou não sensível a estímulos sensoriais externos.[12] O cérebro que sonha dissocia-se também da maior parte da atividade muscular e do pensamento racional do ego. E foi justamente essa descoberta que levou Llinas e sua equipe a concluir que a consciência, ou mente, é um estado intrínseco ao cérebro, e não simplesmente um subproduto da experiência sensorial.

Quando sonhamos, o cérebro "desliga" o mundo externo e atende a seus próprios processos internos. Llinas sugere que o mesmo acontece com o devaneio, o transe e os estados alucinatórios – a mente se ocupa com seus próprios processos internos e não com o mundo externo.

Neste caso, de onde vem a mente? De que maneira podemos ter ideias e entender o sentido? De que modo as oscilações de 40 Hz surgem no cérebro? O que as provoca? Para responder a essas perguntas, primeiramente, temos de estudar o papel da parte do cérebro denominada tálamo e sua relação com o córtex cerebral.

O tálamo é parte do prosencéfalo primitivo. Lida principalmente com sensações que chegam, embora algumas de suas partes participem também de emoções e movimento. Está presente em vertebrados inferiores, como peixes e répteis. Em seres humanos, o tálamo se situa no alto da medula espinhal, cercado por dobras de córtex cerebral, de evolução mais recente. O tálamo, por conseguinte, está aproximadamente no centro do cérebro e é uma espécie de central de informações. Até fins da década de 1980 supunha-se que a função do tálamo era retransmitir sinais de estímulo sensorial externo para o córtex, no qual eles poderiam ser processados serialmente ou em paralelo. Llinas e sua equipe descobriram que não funcionava bem assim. Segundo eles, as vias específicas do tálamo ao córtex no qual transmitem estímulos sensoriais respondem por apenas 20-28 por cento das sinapses que ligam o tálamo ao córtex. Evidentemente, concluíram eles, a maioria das conexões entre o tálamo e o córtex é reservada a alguma outra finalidade.

E essa outra finalidade, na opinião de Llinas e Pare, é criar um circuito de realimentação entre as áreas não específicas do tálamo e o córtex, pelo qual neurônios intrinsecamente oscilantes podem se organizar na atividade oscilatória de 40 Hz que percorre todo o cérebro. Essa atividade oscilatória de um lado a outro, por sua vez, torna possível a aglutinação temporal e o conteúdo de nossas experiências cognitivas ou, em outras palavras, o funcionamento da mente consciente: "(...) a consciência não é subproduto de informações sensoriais, mas gerada intrinsecamente e modulada (ou contextualizada) por informações sensoriais."[13] O cérebro, em suma, foi *projetado* para ser consciente e *projetado* também para ter uma dimensão transcendente.

Voltando ao nosso tema principal sobre a natureza do QS, essas oscilações de 40 Hz são o que se poderia chamar de substrato neural. Da mesma forma que tratos lineares ou seriais permitem que ocorra o processamento (QI) lógico, racional de dados, e redes neurais paralelas permitem o processamento pré-consciente e inconsciente associativo de dados (QE), as oscilações de 40 Hz de um lado a outro do cérebro proporcionam um meio pelo qual a experiência do ser humano pode ser aglutinada e inserida em um marco de sentido mais amplo (QS).

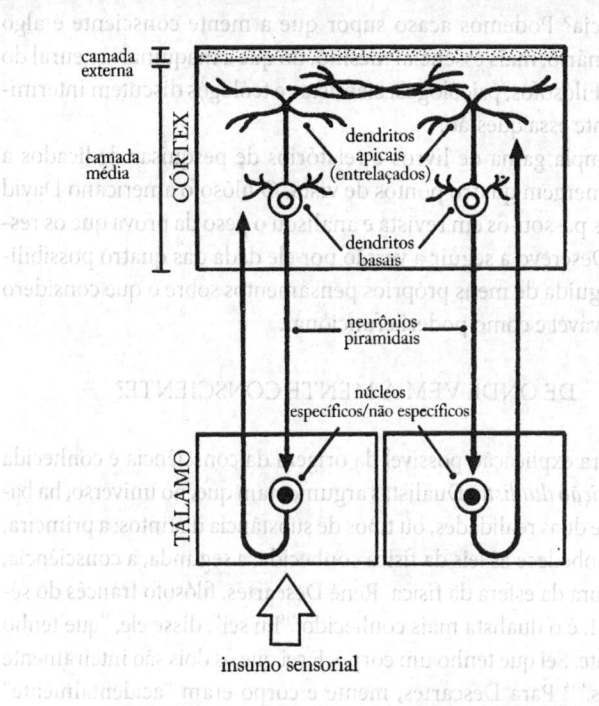

[Diagrama: córtex (camada externa, camada média) com dendritos apicais (entrelaçados), dendritos basais, neurônios piramidais; tálamo com núcleos específicos/não específicos; insumo sensorial.]

*1. O insumo sensorial passando, através do tálamo, de forma localizada, para as camadas intermediárias do córtex.*
*2. A atividade ondulatória na camada 1 do córtex (os dendritos apicais) é mantida por intermédio de loops orientados para os núcleos talâmicos não específicos.*

Tudo bem, mas estamos ainda falando em neurônios em atividade oscilatória. Será essa a origem da mente? Começa a mente realmente com a vibração de neurônios isolados e, em seguida, ela se torna complexa por meio de oscilações coerentes de um lado a outro do cérebro? Se fosse assim, um neurocientista reducionista como Francis Crick teria razão? "Nós" não seríamos apenas a atividade de uns tantos neurônios buliçosos? Ou "nós" somos alguma coisa mais profunda do que isso? O que *provoca* as oscilações neurais que permitem a consciência? Podemos acaso supor que a mente consciente é algo mais primário, mais essencial mesmo, do que a maquinaria neural do cérebro? Filósofos, psicólogos, cientistas e teólogos discutem interminavelmente essa questão.

Na ampla gama de livros e relatórios de pesquisas dedicados à mente, emergem quatro pontos de vista. O filósofo americano David Chalmers passou-os em revista e analisou o peso da prova que os respalda.[14] Descrevo a seguir a versão por ele dada das quatro possibilidades, seguida de meus próprios pensamentos sobre o que considero mais provável e como poderia funcionar.

## DE ONDE VEM A MENTE CONSCIENTE?

A primeira explicação possível da origem da consciência é conhecida como *posição dualista*. Dualistas argumentam que, no universo, há basicamente duas realidades, ou tipos de substância distintos: a primeira, material, obedece às leis da física conhecida; a segunda, a consciência, situa-se fora da esfera da física. René Descartes, filósofo francês do século XVII, é o dualista mais conhecido: "Eu sei", disse ele, "que tenho uma mente. Sei que tenho um corpo. E sei que os dois são inteiramente diferentes."[15] Para Descartes, mente e corpo eram "acidentalmente" ligados no cérebro no local onde se situa a glândula pineal. Se ainda vivesse e conhecesse o trabalho sobre as oscilações neurais de 40 Hz, ele diria sem dúvida que mente e corpo se encontram acidentalmente nas oscilações.

Descartes de modo algum duvidava da existência da alma imortal e de sua inteligência. A origem de ambas era Deus. Na verdade, para ele, *toda* inteligência era "inteligência espiritual", porque acreditava que a inteligência do homem consiste em "ideias claras e distintas" plantadas por Deus na mente.

No século XX havia muitos dualistas, até mesmo em círculos científicos. O neurobiólogo *Sir* John Eccles, agraciado com o prêmio Nobel, escreveu em colaboração com o filósofo Karl Popper a obra *O eu e o cérebro*, na qual sugerem que a matéria foi construída de átomos e, a mente, de "psicons", ou partículas básicas de consciência. A vasta maioria de indivíduos de inclinações científicas, porém, rejeita hoje o dualismo, considerando-o uma patacoada filosófica. O peso da opinião e da prova sugere que, se existir essa tal de consciência, ela terá de originar-se, de alguma forma, das mesmas leis físicas básicas que permitem a existência de tudo mais.

Existe de fato essa tal de consciência? Alguém duvida seriamente de sua existência? Sim, e essa é essencialmente a posição dos indivíduos conhecidos como *materialistas eliminatórios*. O mais conhecido atualmente entre eles é o filósofo Daniel Dennett que, no *Consciousness Explained*, basicamente *elimina* a consciência. Para Dennett e pensadores da mesma escola, só há o cérebro com seus neurônios, a estrutura e a função dos neurônios. No que interessava a behavioristas de décadas anteriores, tais como J. B. Watson, nada mais valia o esforço de uma discussão – ou, na verdade, podia ser discutido. Se há oscilações de 40 Hz de um lado a outro do cérebro, ótimo. Podemos perguntar que papel elas representam na percepção e em outros tipos de processamento de informações. Podemos perguntar que comportamento elas produzem. E podemos também perguntar que neurônios oscilam quando vemos alguma coisa. Ora, esse conceito denominado "consciência", porém, nada mais é do que uma quimera. Os materialistas eliminatórios consideram uma perda de tempo a discussão desse conceito.

Os críticos de Dennett responderam que, embora ele mesmo talvez não seja consciente, deveria admitir a possibilidade de que outros pudessem ser. Numerosos neurocientistas vivenciam a si mesmos como conscientes e desejam compreender o fenômeno. Francis Crick, por exemplo, posiciona-se entre os que aceitam que *há* um fenômeno, mas, ao mesmo tempo, sua "hipótese espantosa" deixa claro que ele e outros da mesma opinião pensam que a mente pode ser inteiramente explicada pela ciência materialista. Esses indivíduos são conhecidos como *materialistas "soft"*. O que quer que seja a consciência, dizem eles, ela será um dia inteiramente explicada como nada mais que um fenômeno que surge da estrutura e da função dos neurônios. Essas oscilações de 40 Hz ou algo como elas explicarão tudo. Não há esse tal de "espírito humano", além do cérebro e do que o cérebro pode fazer.

Alguém da corrente de Crick pode admitir a possibilidade de oscilações neurais coerentes e mesmo conectá-las com "sentido", de forma limitada,[16] mas parece improvável que tolere que se chame esse senso de sentido de algo como "inteligência espiritual".

Em seguida, há aqueles que vão muito além do materialismo corrente e sugerem que a matéria tem, na realidade, um *aspecto duplo* – que mente e matéria são os dois lados da mesma moeda. Esses indivíduos são chamados algumas vezes de *dualistas de propriedades*, uma vez que sustentam que a mesma substância básica do universo, o que quer que ela seja, tem as propriedades duplas de mente e matéria. Considerando a relação entre as oscilações neurais de 40 Hz e a consciência, eles diriam que a matéria que forma os neurônios adquire a propriedade de consciência quando esses neurônios oscilam coerentemente. Nesse caso, a consciência é considerada uma propriedade que emerge das oscilações neurais. Difere da mera oscilação, é um fenômeno por direito próprio, mas, ainda assim, não tem antecedentes. É uma propriedade que surge da maneira como neurônios às vezes se combinam.

Em resposta às perguntas "O que causa as oscilações?" e "De onde vem a consciência?", os teóricos do duplo aspecto diriam que as oscilações simplesmente oscilam, mas, quando fazem isso, adquirimos consciência, como uma nova propriedade ligada a esse sistema. É algo como tirar um coelho da cartola, dizem alguns críticos da ideia.

O que dizer então da transcendência e do "espírito humano"? As explicações de duplo aspecto da consciência, em nossa opinião, admitem um tipo fraco de transcendência e, quanto ao espírito humano, ou alma, seria algo parecido com o "inconsciente coletivo" do psicólogo C. G. Jung: compartilhamos com outras criaturas uma dimensão de nossa vida mental. De acordo com essa opinião, a consciência é uma propriedade que emerge com o cérebro ou, possivelmente, com a vida ou, no mínimo, com o cérebro dos mamíferos, no qual as oscilações de 40 Hz são sempre encontradas. Nós, seres humanos, nesse caso, somos pelo menos filhos da vida neste planeta, ou no mínimo absoluto, da vida mamífera e, portanto, não somos apenas nossos neurônios ou mesmo nossos limitados eus. Nossa consciência, ou pelo menos algum aspecto de nossa inteligência, inclui-se em uma história muito mais importante. A inteligência transcendente que denominamos "inteligência espiritual" é, nesse caso, uma inteligência que nos radica fora de nós mesmos, na corrente mais ampla da vida.

David Chalmers comenta que as teorias do duplo aspecto fazem um bocado de sentido, mas, ainda assim, deixam-no insatisfeito. Muitos outros estudiosos pensam da mesma forma. Ou, nas palavras de Chalmers: "Esperamos que uma lei fundamental seja a respeito de alguma coisa fundamental." Se a consciência é uma propriedade fundamental do "material primevo", por que ela só surge com o cérebro ou com grupos de neurônios oscilantes? "Por que não com telefones?", pergunta ele ironicamente.[17]

Chalmers, seguindo a liderança mais antiga do filósofo Bertrand Russell em 1927, propõe algo mais fundamental. Tal como Russell, sugere que algo denominado *protoconsciência* é uma propriedade fundamental de toda matéria, exatamente como massa, carga, spin e localização. Segundo essa opinião, a protoconsciência é uma parte natural das leis físicas fundamentais do universo e está presente desde o começo dos tempos. Tudo o que existe – partículas fundamentais, como mésons e quarks, átomos, pedras, estrelas, troncos de árvore, e assim por diante – possui protoconsciência.

Outros cientistas sustentam a mesma opinião. O biólogo Julian Huxley escreveu: "(...) toda realidade consiste, como disse Whitehead [o filósofo], em eventos. Eventos, olhados de fora, são eventos; experienciados de dentro, são mente."[18] Alguns anos antes, Jung escrevera: "Desde que a psique e a matéria estão contidas no único e mesmo mundo, e, além disso, em contato ininterrupto entre si (...) não é só possível, mas extremamente provável, que psique e matéria sejam aspectos diferentes da única e mesma coisa."[19] Se assim, algumas estruturas, como o cérebro, têm tudo o que é necessário para combinar todos esses fragmentos de protoconsciência e transformá-los em consciência plenamente desenvolvida. Em harmonia com a pesquisa neural mais recente, eu diria que as oscilações neurais coerentes de 40 Hz têm de apresentar esse aspecto necessário.

A opinião de que a protoconsciência constitui uma propriedade fundamental de toda matéria é uma forma fraca de pampsiquismo, a opinião defendida por filósofos hindus e budistas, e por alguns filósofos ocidentais, como Alfred North Whitehead, de que a consciência permeia o universo e todos os seus elementos constituintes. Qualquer teoria pampsíquica sobre a origem da consciência levaria a uma forma poderosa de transcendência da mente e à inteligência espiritual. Se as oscilações neurais no cérebro fossem uma versão coerente de uma propriedade fundamental que permeia todo o universo, então o QS humano nos inseriria não só na vida, mas no próprio coração do universo. Tornamo-nos filhos não só da vida, mas, ainda mais forte, do cosmo.

Uma forte transcendência como propriedade do QS é naturalmente uma perspectiva muito interessante. Significaria que um aspecto fundamental da inteligência humana nos dá acesso ao fundamento do ser, às leis e aos princípios fundamentais da existência, exatamente como pensadores hindus e budistas sempre alegaram. A mente, neste caso, teria origem no próprio núcleo das coisas. O aspecto de nossa inteligência que é o nosso QS transcende o mero ego, o mero cérebro, as meras "sacudidelas dos neurônios", e torna-se expressão de algo que a maioria dos ocidentais geralmente chama de "Deus".

É importante compreender que essa ideia não é materialista nem reducionista. No materialismo, matéria cria mente. No idealismo, mente cria matéria. Nesta presente versão da teoria do duplo aspecto, mente e matéria emergem de algo ainda mais fundamental, que é ambas as coisas e nenhuma das duas. Para desenvolver inteiramente essa ideia, seria necessário demonstrar que os aspectos material e mental de um sistema têm propriedades causais. Essa possibilidade ficaria fora da intenção deste livro. O argumento pertinente, porém, é desenvolvido em um dos trabalhos mais especializados de Ian Marshall.[20]

Aceito essa ideia de protoconsciência. Não faz sentido para mim que a consciência apareça arbitrariamente, vinda do nada. De igual maneira, parece forte demais sugerir que átomo e pedras são conscientes como nós. A ideia de que a "matéria bruta" possui uma forma fraca de protoconsciência, que se transforma por completo em consciência apenas em certas estruturas, como o cérebro, parece encaixar-se bem entre ambas. Tem um som de credibilidade. Ainda assim, mesmo a uma teoria como essa falta um elo. Temos ainda necessidade de propor a existência de algum fenômeno-ponte no cérebro, de matéria bruta com protoconsciência para um único neurônio e, em seguida, para oscilações neurais plenamente conscientes. Para fazer isso, acredito seriamente que temos de examinar fenômenos quânticos que ocorrem no cérebro. Esses fenômenos talvez forneçam a ponte necessária e mostrem que o cérebro tem o que precisa para transformar-se em consciência plenamente desenvolvida.

## TERÁ O CÉREBRO UMA DIMENSÃO QUÂNTICA?

A teoria quântica é uma das quatro novas ciências do século XX. Foi proposta inicialmente para descrever o comportamento do minúsculo micromundo no interior do átomo. Hoje, porém, sabemos que o comportamento físico muito diferente que ela descreve aplica-se a estruturas muito maiores. Feixes de laser e estrelas de nêutrons são entidades quânticas. Chips de silício funcionam de acordo com princípios quânticos. Na verdade, grande parte da tecnologia que iniciou o novo milênio é quântica. Há até mesmo pesquisas promissoras sobre computadores quânticos, que serão supervelozes e capazes de "pensar" de forma diferente dos computadores existentes.

A teoria quântica descreve comportamento físico indeterminado e "holístico". E o que nos interessa aqui é o holismo quântico. Holismo, neste contexto, significa que as muitas partes individuais de um sistema quântico estão tão profundamente integradas que se comportam como uma única parte unificada. As fronteiras dos fótons (partículas de luz) individuais em um feixe de laser, por exemplo, são tão superpostas que o feixe se comporta como se fosse um único fóton gigantesco. É por esse motivo que a luz laser é tão concentrada.

Há uma classe especial de estruturas quânticas que apresentam essa propriedade de holismo extremo. São conhecidas como condensados Bose-Einstein, em homenagem a Einstein e ao conhecido físico indiano. Feixes de laser, superfluidos e supercondutores são condensados Bose-Einstein quase perfeitos. Se uma estrutura quântica desse tipo fosse encontrada no cérebro, ela permitiria que todos os neurônios individuais, ou um grande número deles, se comportassem de forma tão sincronizada que se transformariam em um único. Essa atividade quântica explicaria a unidade especial da consciência.[21] E também como muitos bits protoconscientes separados poderiam combinar-se e transformar-se em um campo de experiência consciente.

Teorias quânticas de consciência surgiram na década de 1930 com o biólogo J. B. S. Haldane.[22] Na década de 1950, o físico David Bohm observou que "há uma estreita analogia entre os processos quânticos e nossas próprias experiências interiores e processos do pensamento".[23] A maioria das interessantes teorias modernas concentra-se em procurar unidade quântica (ou coerência quântica) em algum lugar nas estruturas neurais – na água existente no interior de células neurais,[24] nos microtúbulos neurais,[25] ou em atividade especial no interior da membrana neural.[26, 27, 28] Todas essas teorias, porém, concentram-se em microatividade no interior de um único neurônio. Tanto o problema da aglutinação quanto os estudos recentes com MEG das oscilações de 40 Hz deixam claro que a coerência relevante para a consciência ocorre entre muitos neurônios diferentes. A questão, portanto, passa a ser a seguinte: poderia haver uma coerência quântica em maior escala no nível de todo o cérebro?

Comecemos com o que faz com que um único neurônio oscile. Sabe-se que a atividade elétrica rítmica na membrana neural é a responsável por isso, como se fossem as molas de uma porta de vaivém. Toda a membrana neural é permeada por canais que, quando química ou eletricamente estimulados, permitem que passem por ela partículas atômicas carregadas (ou íons). Uma vez que são eletricamente carregados, íons geram campos elétricos enquanto passam pelos canais, atividade esta que ocasiona oscilações elétricas no próprio neurônio. O campo elétrico em todo o cérebro, onde são encontradas oscilações coerentes de 40 Hz, é um fenômeno coletivo das oscilações de neurônios individuais. A pergunta interessante aqui é se o campo elétrico de um lado ao outro do cérebro é um campo elétrico *quântico*, no qual as oscilações de 40 Hz são oscilações quânticas coerentes.

Michael Green, da City University, em Nova York, sugeriu recentemente que a atividade nos canais neurais de íons é iniciada pelos fenômenos conhecidos como "efeito túnel" dos neurônios.[29] (A abertura quântica de túnel é um processo no qual a partícula "perfura" uma barreira de energia, transformando-se em onda antes de sair como partícula no outro lado.) Essa explicação é a que melhor se ajusta aos resultados do experimento. Há, portanto, com toda probabilidade, uma atividade quântica no canal do íon individual. Canais adjacentes no mesmo dendrito estarão possivelmente bastante próximos para que os campos elétricos do cérebro transformem essa atividade em coerência quântica.

No nível imediatamente superior, os neurônios corticais piramidais – 60-70 por cento de todos os neurônios corticais – constituem um caso especial e enigmático.[30] Eles têm não um, mas dois conjuntos de dendritos. Os dendritos basais, situados nas camadas intermediárias do córtex, recebem, da forma usual, informações sensoriais localizadas. No entanto, há também dendritos apicais na superfície cortical, embora longe demais do corpo da célula para fazer com que o neurônio dispare, a menos que todos sejam simultaneamente estimulados. Os dendritos apicais são estreitamente entrelaçados, de modo que seus campos elétricos interagem entre si. Aparentemente, esse arranjo anatômico destina-se a criar um comportamento em forma de onda nas camadas mais externas do córtex, de modo que as "muitas vozes" de oscilações neurais separadas sejam transformadas na voz única de um "coro". Foi justamente isso o que Llinas e seus colegas observaram e ninguém conseguiu sugerir qualquer outra boa razão para a existência dos dendritos apicais. Além do mais, qualquer droga que elimine essa atividade ondulatória elimina também a consciência.

Há fortes argumentos em favor da conclusão de que oscilações coerentes na camada externa do córtex são necessárias para haver consciência. Seriam quânticas as oscilações – isto é, a abertura de túneis individuais pela miríade de canais de íons combina-se de fato e se transforma em um único evento quântico? (Uma analogia no particular é que os elétrons nas Junções Josephson, utilizadas em alguns dispositivos eletrônicos muito avançados, são responsáveis, em pares, pelo efeito túnel através da barreira, e não individualmente.) Provar esse fato requer cálculos complexos e experimentos que ainda não foram realizados. Para que o campo elétrico de um lado ao outro do cérebro tenha a propriedade do holismo quântico, ou unidade quântica, só um por cento de toda a atividade elétrica teria de ser coerente. Os supercondutores exibem características quânticas, embora, em um supercondutor, apenas um em dez mil elétrons seja coerente.[31]

## O QUE SIGNIFICA TUDO ISSO?

A ideia de que o cérebro é capaz de um terceiro tipo de pensamento e, daí, possa existir uma terceira inteligência ligada inerentemente a sentido, é radicalmente nova. Desmente a ciência cognitiva do século XX, que basicamente considerou a mente como uma calculadora. Não há descrições não acadêmicas anteriores de dados de pesquisa, que deem respaldo à alegação deste livro, da existência do QS. Na verdade, tampouco há relatórios técnicos que abranjam toda a pesquisa relevante. Quais, em palavras simples, serão as implicações mais amplas de toda essa neurologia e física quântica? O que podem elas nos dizer sobre as origens do QS, sobre a extensão da dimensão transcendente que ele acrescenta à experiência do homem?

A pesquisa experimental aqui apresentada mostra que:

- há oscilações de 40 Hz em todo o cérebro;
- as oscilações parecem estar necessariamente associadas à possibilidade de consciência no cérebro;
- as oscilações "aglutinam" eventos perceptivos e cognitivos individuais no cérebro e os transformam em um todo maior e de maior sentido; e
- talvez haja uma dimensão quântica na atividade dos canais de íons que geram as oscilações, bem como coerência quântica entre as oscilações no nível de multineurônios.

De tudo isso, concluo que as oscilações de 40 Hz constituem a base neural do QS, uma terceira inteligência que situa nossos atos e experiência em um contexto mais amplo de sentido e valor, tornando-os, dessa maneira, mais efetivos. Tudo o que foi discutido neste capítulo se reduz a duas perguntas: de onde vem a consciência? E, seguindo-se à primeira, de onde vem o sentido? As duas perguntas relacionam-se estreitamente com mais duas outras: qual o lugar, no universo, de seres humanos conscientes? Que profundidade têm nossas raízes?

A primeira resposta possível quanto à origem da consciência é que ela nasce no cérebro, ou pelo menos no cérebro dos mamíferos, uma vez que todos eles apresentam oscilações de 40 Hz. Rejeito essa possibilidade limitada porque ela não explica realmente muita coisa. Ela diz que a consciência apenas surgiu de repente nos mamíferos, como uma nova propriedade do universo.

A segunda possibilidade é que tenha origem no cérebro, pois os neurônios teriam protoconsciência (pré-consciência que, em algumas combinações, pode transformar-se em consciência). Nesse caso, estou supondo que as oscilações de 40 Hz são o fator necessário para combinar fragmentos protoconscientes e transformá-los em consciência. Se for esse o caso, já que neurônios são células individuais, nós, seres humanos, poderemos estar enraizados em todas as demais formas de vida unicelular neste planeta. Nossa inteligência espiritual teria raízes na própria vida e, portanto, teria origem biológica e evolutiva, embora a vida em si possa ainda ser apenas um acidente no universo e, dessa forma, sem sentido ou finalidade. Acho que essa ideia é possivelmente verdadeira, mas improvável. Cria o mesmo problema de supor que a consciência começa simplesmente com o cérebro, apenas em um nível mais primário, celular. *Por que* deveria a protoconsciência começar apenas com os neurônios? Será que ela não tem realmente raízes na física fundamental?

Após examinar todos os principais argumentos, optei pela ideia mais forte de que a protoconsciência é uma propriedade fundamental do universo material, exatamente como massa, carga, spin e localização. Além disso, aceito o argumento de que tudo tem algum grau de protoconsciência, mas apenas certas estruturas especiais, como o cérebro, têm o que é necessário para gerar consciência plenamente desenvolvida. Nesse caso, nós, seres humanos conscientes, temos raízes na origem do próprio universo. A inteligência espiritual nos planta no cosmo mais amplo, e a vida tem finalidade e sentido no contexto mais vasto de processos evolutivos cósmicos.

Se é assim, onde a física quântica entra no quadro? Haverá outras implicações, se o QS for uma faculdade ligada a fenômenos quânticos no cérebro?

A física quântica torna-se necessária quando perguntamos por que é o cérebro que tem a capacidade especial de transformar fragmentos protoconscientes em consciência plenamente desenvolvida. Nossa consciência é um fenômeno particularmente unificado. Todos os neurônios individuais implicados em uma experiência consciente oscilam coerentemente a 40 Hz. Isto é, comportam-se como outras tantas vozes individuais que se transformaram na voz única do coro. Nenhum fenômeno clássico conhecido pode gerar esse tipo de coerência, mas ela é a regra em processos quânticos. Se o efeito túnel quântico postulado na atividade dos canais de íons pode tornar-se coerente, devido à estreita proximidade entre si, nos fortes campos elétricos do cérebro (bem próximos), então existe um mecanismo para a aglutinação coerente de fragmentos protoconscientes de neurônios isolados e sua transformação em consciência plenamente desenvolvida de multineurônios, de um lado ao outro do cérebro.

Quase tudo o que tenho a dizer sobre inteligência espiritual no restante deste livro permanece o mesmo, comece ou não a protoconsciência com neurônios ou com partículas elementares – isto é, se a mente tem ou não dimensão quântica. Em ambos os casos, o QS confere à mente um aspecto transcendente que nos radica, no mínimo, no resto da vida neste planeta. O "centro" do eu está enraizado pelo menos em alguma coisa tão profunda quanto o inconsciente coletivo de Jung. Não estamos sós. A inteligência não nos isola na esfera estreita da experiência do ego, nem mesmo na experiência da espécie humana. Há um contexto mais amplo de sentido e valor dentro do qual podemos inserir a experiência humana. A perspectiva, no entanto, torna-se muito mais vasta e interessante se *houver* uma dimensão quântica no QS.

No início deste capítulo falei no vácuo quântico – o estado de energia de fundo do universo, a origem de tudo o que existe. Observei que o vácuo é a realidade transcendente final que a física pode descrever. É um "oceano" parado, silencioso, no qual a existência surge como "ondas" (oscilações de energia). A primeira coisa a emergir desse vácuo é o campo de energia conhecido como Campo Higgs.[32] Esse campo é preenchido por oscilações muito rápidas de energia coerente, que constituem a origem de todos os campos e das partículas fundamentais no universo. Esse campo é em si um imenso condensado Bose-Einstein. Se a protoconsciência é uma propriedade fundamental do universo, então há uma protoconsciência no Campo Higgs, e o vácuo quântico se transforma em algo muito parecido com o que os místicos denominaram "Deus imanente", ou o Deus dentro de tudo. Nesse caso, as oscilações neurais de 40 Hz que culminam em nossa consciência humana e inteligência espiritual têm suas raízes em nada menos do que "Deus". "Deus" é o verdadeiro centro do eu. E o sentido tem origem no sentido final de toda existência.

# 5
## O "Ponto Deus" no cérebro

Em uma rua humilde de um bairro pobre de Porto Alegre, no Brasil, cerca de setenta pessoas se apertavam em uma pequena e arruinada casa de madeira com telhado de zinco. Crianças e idosos; negros, brancos, pardos; a maioria pobre. Muitos homens usavam casacos ou capas de cores vivas e traziam colares de contas em volta do pescoço; as mulheres estavam arrumadas como se fossem para um casamento, com vestidos brancos longos de tafetá ou seda. Entrando na sala principal da casa, as pessoas se prostravam diante de um altar arrumado com um complexo panteão de totens africanos e indígenas, figuras do Menino Jesus, estatuetas da Virgem Maria em cores variadas, quadros e imagens de santos e alimentos frescos de todos os tipos imagináveis. O altar era iluminado com velas e pisca-piscas de árvore de Natal. Algumas mulheres caíam em convulsões e precisavam ser atendidas.

As pessoas se reuniam ali em uma cerimônia de umbanda, semelhante a um ritual "branco" de vodu. Tinham vindo para entrar em contato com espíritos, ser incorporados por eles. Um homem entrou trazendo um atabaque e iniciou um ritmo monótono, incessante, hipnótico. As pessoas formaram um círculo móvel, cabeça e corpo balançando ao ritmo do atabaque. Durante toda a noite, dançaram e cantaram, enquanto um após outro era incorporado por espíritos. Esse momento é acompanhado de tremores violentos, aparente perda de consciência, articulação de sons estranhos e, às vezes, quedas e ataques tão fortes quanto os provocados pela epilepsia.

Em um subúrbio de Minneapolis, cerca de setenta jovens americanos, na maioria de classe média, reuniam-se no que parecia ser um clube de rock. Era uma cerimônia do cristianismo carismático. Estrugiu música alta e lâmpadas estroboscópicas varreram a sala com uma luz piscante sobrenatural. "Jesus vive! Jesus vive!", repetiam os alto-falantes enormes. Várias pessoas balançaram-se para a frente e para trás, o rosto voltado em êxtase para o teto, falando em línguas desconhecidas. Um homem gritou "Estou possuído por maus espíritos!" e caiu no chão, contorcendo-se como uma serpente. Outros, em volta dele, gritaram: "Saia! Ninguém quer você aqui!" Estavam tentando exorcizar o espírito incorporado no homem.

No remoto norte do Nepal, monges tibetanos se reuniam em um mosteiro para realizar o festival anual Mani Rimdu. Vieram para invocar o espírito de Tanchi Panchan, o Senhor da Dança. Os monges queimaram efígies de divindades malignas que lhes bloqueavam o caminho e construíram uma mandala, um círculo mágico, no qual o Senhor da Dança poderia pousar. Os monges entraram também na mandala e se tornaram unos com o deus. "Senhor", cantaram, "afeta meu corpo, minha fala e minha mente. Deixa-me residir por muito tempo na mandala mágica do Deus... Meu coração, o coração deste corpo, tornou-se o Senhor da Dança."

Em todas as culturas, desde o início da história documentada, seres humanos comunicam-se diretamente com seu Deus ou deuses, e com espíritos malignos e benignos. No início da década de 1990, o neuropsicólogo canadense Michael Persinger experimentou Deus diretamente, pela primeira vez. O Dr. Persinger não é homem religioso e na ocasião em que teve a experiência trabalhava em seu laboratório na Laurentian University. Forças excepcionais, porém, estavam em ação. O Dr. Persinger havia colocado em volta da cabeça um estimulador magnético transcraniano, um dispositivo que dirige um campo magnético poderoso e em rápida flutuação para pequenas áreas selecionadas de tecido cerebral. Se o aparelho é usado para estimular várias áreas do córtex motor do cérebro, certos músculos se contraem e membros se movem involuntariamente. Se áreas do córtex visual são estimuladas, até pessoas cegas de nascença podem experimentar o equivalente a "ver". No caso do Dr. Persinger, o aparelho foi ajustado para estimular tecido nos lobos temporais, a parte do cérebro situada imediatamente sob as têmporas. E ele viu "Deus".[1]

## O "MÓDULO DEUS"

Sabe-se há muitas décadas que indivíduos propensos a ataques epilépticos nos lobos temporais do cérebro relatam uma tendência muito maior do que a habitual para ter experiências espirituais profundas. O professor V. S. Ramachandran, diretor do Center for Brain and Cognition, da Universidade da Califórnia, em San Diego, trabalhou durante toda a vida com pacientes epilépticos. Após os ataques, eles lhe diziam habitualmente coisas como: "Há uma luz divina que ilumina todas as coisas", "Há uma verdade última que se situa inteiramente além do alcance da mente comum, que vive imersa demais na agitação da vida diária para notar a beleza e a grandeza de tudo isso" ou, "Doutor, subitamente, tudo ficou claro como cristal. Não havia mais a menor dúvida". O paciente que teve esta última sensação disse ainda que "experimentei êxtase, em comparação com o qual tudo empalidece. No êxtase havia uma claridade, um reconhecimento do divino – nada de categorias, nada de fronteiras, apenas Unicidade com o Criador".[2]

É fato bem conhecido que a epilepsia está ligada a descargas de atividade elétrica mais altas do que o habitual nas áreas relevantes do cérebro e, por isso, experiências espirituais intensas de pacientes com epilepsia dos lobos temporais são há muito associadas ao aumento de atividade nesse local. O que a pesquisa de Persinger fez foi acrescentar um tipo de controle a essa condição mórbida. Tendo descoberto que podia estimular artificialmente os lobos temporais com atividade de campo magnético, ele pôde isolar e investigar ligações associadas a diferentes tipos de experiência mística, viagens fora do corpo, regressão a vidas passadas, OVNIs (objetos voadores não identificados), e assim por diante – tudo isso em condições de controle de laboratório. Na vasta maioria dos casos, o estímulo dos lobos temporais desencadeia uma ou mais dessas experiências.[3,4]

Uma colega de Persinger, Peggy Ann Wright, estudou no Lesley College, em Cambridge, no estado americano de Massachusetts, uma ligação semelhante entre o aumento de atividade nos lobos temporais e as chamadas experiências xamânicas.[5] Essas experiências são viagens da alma a esferas distantes de experiência, com vistas a comunicar-se com o espírito de vivos e mortos e trazer conselhos sobre cura. O trabalho de Wright demonstrou também que toques rítmicos de tambor, do tipo usado em uma enorme variedade de rituais espiritualistas, excitam os lobos temporais e áreas associadas do sistema límbico.

O trabalho de Persinger, como tivemos oportunidade de ver, concentrou-se em experiências "criadas" por estímulo artificial dos lobos temporais. Em 1997, V. S. Ramachandran e seus colegas deram mais um passo ao ligar o aumento da atividade nos lobos temporais a experiências espirituais – desta vez em pessoas "normais", em condições normais. Eletrodos de EEG foram fixados nas têmporas de pessoas normais e em pacientes epilépticos. Descobriram os pesquisadores que, quando indivíduos normais são expostos a palavras ou tópicos de conversas evocativamente religiosos ou espirituais, a atividade em seus lobos temporais aumenta até um nível parecido com o dos epilépticos durante uma crise.[6] Concluíram eles: "Talvez haja nos lobos temporais [de pessoas inteiramente normais] maquinaria neural especializada ligada à religião. O fenômeno da crença religiosa talvez seja uma 'fiação permanente' no cérebro."

Os lobos temporais estão estreitamente ligados ao sistema límbico, ao centro de emoções e à memória do cérebro. Nesse sistema, há duas partes de importância crucial, a amídala, uma estrutura pequena em forma de noz no centro da área límbica, e o hipocampo, que é essencial para registrar experiências na memória. O trabalho de Persinger[7] demonstrou que, quando esses centros são estimulados, ocorre o aumento de atividade nos lobos temporais. Reciprocamente, o aumento de atividade nos lobos produz fortes efeitos emocionais. O envolvimento do hipocampo, crucial para a memória, significa que, mesmo que a maioria das experiências espirituais dos lobos leve apenas alguns segundos, elas podem produzir uma forte e duradoura influência emocional por toda a vida da pessoa – não raro descrita como "transformadora da vida". O envolvimento do sistema límbico demonstra também a importância do fator emocional na *experiência* religiosa ou espiritual, em contraste com a mera *crença*, que pode ser inteiramente intelectual.

Neurobiólogos como Persinger e Ramachandran batizaram a área dos lobos temporais ligada à experiência religiosa ou espiritual como "o ponto Deus", ou o "módulo Deus". A maioria dos estudiosos sugere que esse ponto Deus surgiu no cérebro para atender a alguma finalidade evolutiva, mas se apressa também a acrescentar que ele não prova, de nenhuma forma, se Deus existe realmente ou não, ou se seres humanos comunicam-se de fato com Ele. Assim, o que é que isso prova?

Será o "ponto Deus" apenas um truque neurológico feito conosco pela natureza, porque a crença humana em Deus é, de alguma maneira, útil à natureza ou à sociedade? Teriam surgido rituais e símbolos, seriam vidas dedicadas a causas, guerras travadas e catedrais construídas durante milhares de anos apenas por causa de uma atividade elétrica aberrante em algumas partes do corpo? Terá sido a força da conversão de São Paulo na estrada de Damasco nada mais do que efeito colateral de um ataque epiléptico? Ou será o "ponto Deus" um componente fundamental de nossa inteligência espiritual mais vasta, e a atividade dos lobos temporais apenas a maneira de a natureza permitir que o cérebro desempenhe um papel em nosso conhecimento mais profundo de nós mesmos e no universo ao redor?

Quando William James, psicólogo de Harvard, escreveu seu clássico, *As variedades da experiência religiosa*, no início do século XX, ele, claro, nada sabia da pesquisa futura sobre o "ponto Deus". No entanto, ele sabia que ataques epilépticos e propensão para certos tipos de loucura produziam experiências muito semelhantes a outras experiências espirituais conhecidas, e achava que "certos médicos materialistas", como os chamava, poderiam usar esse conhecimento para ignorar, considerando como irrelevantes, tais experiências. James, porém, pensava que os materialistas estivessem sendo "simplórios", não conseguindo fazer a distinção entre duas questões muito importantes, mas também muito diferentes. Qual a natureza e a origem biológica da experiência espiritual? E qual seu sentido ou importância? O cérebro, acreditava ele, era um ator de importância crucial na maioria das experiências psicológicas, mas dizer isso era muito diferente de dizer que todas essas experiências podiam ser ignoradas como "nada mais sendo do que neurologia".[8] Cientistas podem, por exemplo, provocar "experiências visuais" simuladas ao estimular o córtex óptico, mas isso não prova que a visão em si é alucinatória.

Parece claro, à luz de trabalhos neurológicos recentes, que o "ponto Deus" desempenha, de fato, um papel biológico essencial na experiência espiritual. O trabalho de Persinger e Ramachandran, bem como de outros neurologistas e psicólogos que estudaram a atividade do "ponto Deus" em relação à loucura e à criatividade, confirma a correlação entre estímulo dos lobos temporais e da área límbica e experiências "anormais" e "extraordinárias" de vários tipos. No entanto, para julgar por completo o papel do "ponto Deus" e as experiências por ele geradas ou mediadas, temos de estudar com maior atenção algumas dessas experiências, a loucura e as doenças com que são frequentemente associadas, e seu papel positivo na solução de problemas, na imaginação moral e na criatividade.

## AS VARIEDADES DA EXPERIÊNCIA ESPIRITUAL

Em seu livro clássico, *Mysticism*, F. C. Happold conta que Cristo lhe apareceu certa noite, enquanto se encontrava sozinho em seu quarto em Peterhouse, em Cambridge. Happold não é epiléptico nem jamais sofreu colapso nervoso. Sua experiência, portanto, é a de um homem sadio.

> Só havia ali o quarto, com a mobília barata, o fogo queimando na lareira e um abajur de cúpula vermelha em cima da mesa. O quarto, porém, foi tomado por uma Presença que, de maneira estranha, estava tanto dentro quanto fora de mim, como se fosse luz ou calor. Fui inteiramente possuído por Alguém que

não era eu, mas, ainda assim, senti-me mais eu mesmo do que nunca. Senti-me inundado por intensa felicidade e alegria quase insuportável, como jamais conhecera antes e não conheci desde então. E, coroando tudo isso, uma sensação de profunda paz, segurança e certeza (...) Compreendi que não somos átomos solitários em um universo frio, hostil, indiferente, mas que todos estamos ligados a um ritmo do qual talvez sejamos inconscientes e que nunca poderemos conhecer, mas ao qual podemos nos submeter confiantemente e sem reservas.[9]

Em *As variedades da experiência religiosa*, William James descreve uma experiência mais tempestuosa de um colega psicólogo, embora com consequências também tranquilizadoras. Essa pessoa passara a noite jantando, lendo e discutindo poesia e filosofia com amigos íntimos. E, repetimos, era absolutamente sadio.

Despedimo-nos à meia-noite. Eu tinha de fazer uma longa viagem de carro até minha residência. Minha mente, profundamente influenciada pelas ideias que havíamos discutido, as imagens e emoções evocadas pela leitura e pela conversa, estava calma e pacífica. Eu me encontrava em um estado de quietação, até mesmo de prazer passivo de espectador, sem pensar realmente, mas deixando apenas que ideias, imagens e emoções fluíssem por si mesmas na minha mente. De repente, sem nenhum aviso, vi-me envolvido por uma nuvem da cor de chamas. Durante um momento, pensei em fogo, um incêndio imenso em algum local próximo. No momento seguinte, tive certeza de que o fogo estava em mim mesmo. Imediatamente depois, fui tomado por um senso de exaltação, de imensa alegria, acompanhado por uma iluminação intelectual impossível de descrever. Entre outras coisas, não tratei meramente de acreditar, eu *vi* que o universo não é composto de matéria morta, mas, ao contrário, é uma Presença viva. Em mim mesmo tornei-me consciente da vida eterna.[10]

As experiências relatadas por Happold e James são de natureza religiosa, envolvendo o senso da existência de Alguém ou de uma Presença. Experiências espirituais pessoais, porém, ocorrem frequentemente dissociadas de religião, baseando-se, em vez disso, em amor, algum comprometimento ou introvisão profundos. No caso do poeta alemão Rainer Maria Rilke (1872-1926), autor de *Sonetos a Orfeu* e *Elegias de Duíno*, esse sentido e a paz profunda que ele lhe trouxe foram vivenciados enquanto ele lia as palavras de um poeta desconhecido. Como veremos a seguir, durante toda a vida adulta Rilke temeu por sua sanidade mental.

> [Eu] me encontrava em um estado de concentração profunda e pleno domínio mental de mim mesmo. Do lado de fora havia um parque. Tudo estava sintonizado comigo... era uma dessas horas que não são horas absolutamente, mas que são, por assim dizer, mantidas em reserva, como se coisas houvessem se reunido e deixado o espaço, um espaço tão imóvel quanto o interior de uma rosa, um espaço angelical, no qual ficamos absolutamente quietos (...) [O momento] estava agora presente em mim, como se constituído de um grau mais alto do Ser. Posso recordar dois, três desses momentos nos últimos anos (...) foram como que suficientes para encher minha vida interior com um esplendor claro, sereno, havia tantas lâmpadas nele, lâmpadas suaves – e quanto mais penso nelas, em recordação e atenta rememoração posterior, mais essas experiências, destituídas de conteúdo, segundo nossas atuais concepções, me parecem pertencer a alguma unidade mais alta de eventos.[11]

Rilke inspirou-se nessas experiências nos anos seguintes quando escreveu sobre o Todo subjacente à existência diária e enquanto desenvolvia a visão de que a morte é simplesmente outro estado de ser.

Experiências dessa ordem, sejam elas de conteúdo religioso ou mais difusas, são por demais comuns. Nas culturas ocidentais, descobriu-se que de 30 a 40 por cento da população passou por pelo menos uma ocasião em que experimentou sensações de grande euforia e bem-estar, acompanhadas de introvisões profundas que lhe trouxeram novas perspectivas sobre a vida, a sensação de que tudo em volta era vivo e consciente, a sensação de uma presença orientadora ou confortadora, quando não a sensação de serem uno com toda a existência. Quando técnicas de mensuração mais sensíveis foram usadas, os números em algumas pesquisas subiram para 60 ou 70 por cento.[12]

Em 1990, o Alastair Hardy Research Centre, da Universidade de Oxford, realizou um levantamento exaustivo sobre experiência espiritual.[13] A equipe analisou as respostas de cerca de cinco mil entrevistados, que responderam a uma pergunta encartada em jornais: "Você já sentiu uma presença ou poder, chame-o de Deus ou não, diferente de seu eu habitual?" Em outro questionário, o grupo pediu às pessoas que descrevessem as experiências em suas próprias palavras. As respostas incluíram descrições como as seguintes:

> Sensação de um leve júbilo, sem relação com qualquer fato particular. Sensação que problemas são coisas minúsculas, sem nenhuma importância, absolutamente – um diferente senso de perspectiva. Sinto que tenho mais compreensão – que sou mais capaz de enfrentar as dificuldades da vida. Revitaliza, rejuvenesce e põe as coisas em perspectiva.

> Sensação de ser tão pequeno que, em comparação, tudo o que experimento e penso é realmente muito trivial. Sensação de estar justamente na circunferência de alguma harmonia profunda e não saber como ir além. Uma sensação de paz e calma, mas uma emoção pura dificilmente contida. Emoção extrema.

> Em várias ocasiões vi, e também tive consciência da presença de meu avô, falecido em 1977. Ele me passa uma grande sensação de conforto, segurança e confiança, especialmente porque só aparece quando estou mal, ansioso ou preocupado.

Algumas das respostas descreviam experiências de um tipo mais especificamente religioso, como a de Happold. Por exemplo:

> Experimentei em muitas ocasiões um senso da presença de Deus. Quando a senti pela primeira vez (em um evento religioso aos 15 anos), tive a impressão de me encontrar fisicamente embriagado (não estava!) e mal podia andar. Em outras ocasiões, senti apenas uma profunda sensação de paz e amor e frequentemente me esqueci da passagem do tempo.[14]

Nesse estudo, quase 70 por cento das respostas foram afirmativas. À vista das descrições detalhadas das experiências dessas pessoas, a equipe de pesquisa pôde discernir dois tipos básicos de experiência espiritual, a "mística" e a "numinosa".

As que tiveram experiências numinosas falavam em um senso de presença sobrenatural orientadora, tais como Jesus ou a Virgem Maria, chamando-os e aconselhando-os a seguir algum caminho particular na vida. A maioria desses indivíduos fora formada em ambientes religiosos. As de origem agnóstica ou ateia tendiam a relatar experiências de percepção extrassensorial, tais como telepatia, precognição ou experiências de ter passado por estados alterados de consciência, como flutuar acima do próprio corpo durante uma operação cirúrgica ou após um acidente – as denominadas experiências extracorpóreas.

As experiências místicas se assemelhavam mais às de Rilke: os entrevistados relataram percepção de sentido e introvisões profundos, sensação de grande bem-estar, euforia ou um senso dominante da unidade de todas as coisas. Embora esse tipo de experiência raramente tenha conteúdo religioso específico, numerosos estudos ligam-no a uma capacidade maior de criatividade. Ambos os tipos são fenômenos conhecidos de aumento da atividade nos lobos temporais ou "ponto Deus" no cérebro, ao passo que as experiências numinosas apresentavam correlação mais alta com a loucura.[15]

## A LOUCURA E O "PONTO DEUS"

Pacientes esquizofrênicos e maníaco-depressivos têm visões, ouvem vozes, sentem presenças e recebem instruções sobre trabalhos que teriam de realizar. Aumento da atividade nos lobos temporais ou "ponto Deus", é uma das características desse tipo de doença.

Alguns céticos sugerem que todas essas experiências são sinais de loucura confirmada ou incipiente. Discordam dessa conclusão, porém, os psicólogos que se especializam no estudo dos elos entre experiência espiritual e doença mental. Ramachandran, por exemplo, demonstrou que indivíduos mentalmente sadios apresentam aumento de atividade nos lobos temporais quando expostos a palavras ou tópicos espirituais.

Outros pesquisadores, contudo, afirmam que há importantes diferenças entre as experiências de pessoas normais e as dos mentalmente doentes. Michael Jackson, que escreveu sua tese de doutorado de pesquisa na Universidade de Oxford sobre esse assunto,[16] embora conclua que há semelhanças entre as experiências de pacientes psicóticos e indivíduos normais, observa também que, "de modo geral, nas descrições fornecidas pelo grupo clínico, as dos pacientes psicóticos eram mais perturbadoras, negativas e extravagantes tanto na maneira como eram expressadas quanto em seu conteúdo".[17] E dá um exemplo convincente de uma experiência esquizofrênica tipicamente negativa. O paciente contou o seguinte:

> Acordei certa noite e as cortinas estavam parcialmente abertas. Vi a luz da lua entrando e tornei-me consciente de uma presença sobrenatural. Fechei rapidamente as cortinas, mas a presença impressionante continuou ali. Era como se houvesse um ser vivo pulsando por toda parte em volta de mim. Ele me pressionava. Rapidamente, peguei uma tela e pintei a experiência. No dia seguinte, fui seriamente aconselhado a proteger o quarto contra esses raios e influência, forrando as paredes com papel laminado.[18]

Em muitos casos semelhantes, a experiência de pacientes psicóticos foi mais perturbadora do que tranquilizadora e inspiradora. Diz Jackson que os psicóticos tendem também a ficar mais impressionados com as experiências do que pessoas normais "e que eles haviam efetivamente perdido contato com a realidade consensual durante períodos mais longos de tempo, durante os quais punham em prática suas ilusões, sob a forma de comportamento extravagante".[19] Ao contrário de pessoas mentalmente sadias, os psicóticos têm dificuldade em integrar as experiências espirituais na vida diária e, por conseguinte, para eles era difícil fazer uso delas de modo duradouro e positivo.

Havia também uma distinção entre os tipos de experiências mais comuns a pacientes psicóticos e pessoas normais. Era muito maior a propensão dos primeiros de ter o tipo numinoso, enquanto as experiências místicas ocorriam com mais ou menos a mesma frequência nos dois grupos. Quando interrogados sobre os seguintes tipos de experiência:

- sensação de estar sendo controlado por algo externo
- sensação de entrar em outro nível de realidade
- sensação de estar na presença de um ser sobrenatural
- sensação de perder o sentido de tempo,

quase duas vezes mais psicóticos do que indivíduos sadios responderam afirmativamente.

Em contrapartida, quando perguntados sobre sensações de natureza mais mística, tais como:

- ser surpreendido pela intensidade das emoções
- ter a impressão de que tudo em volta está vivo e é consciente
- sentir que está em algum tipo de harmonia com o ambiente ao redor
- sensação de amar ou de ser amado
- estar em um estado de mente inusitadamente pacífico ou sereno,

ambos os grupos responderam de forma afirmativa com igual frequência – entre 56 e 70 por cento dos dois grupos tiveram tais experiências. Um estudo com 115 estudantes universitários na Austrália tampouco encontrou correlação entre experiência mística e introversão, neurose ou psicose.[20]

Ainda assim, Jackson e diversos outros estudiosos observaram um número suficiente de semelhanças e correlações entre experiências de loucura e de natureza espiritual para aprofundar mais as pesquisas. Já em 1902, William James relatava que "pessoas de vida espiritual profunda" têm acesso mais fácil ao conteúdo da mente inconsciente do que outras pessoas: "A porta para essa região parece estar incomumente escancarada."[21] Outro estudioso do misticismo notou, em princípios do século XX, que os místicos possuem "patamares de extraordinária mobilidade. Isto é, um esforço muito leve, um afastamento muito pequeno das condições normais, permite que seus poderes latentes ou subliminares surjam e ocupem o campo mental. Um 'patamar móvel' pode tornar o homem um gênio, um lunático, ou um santo. Tudo depende do caráter dos poderes que emergem".[22]

Uma pesquisa psicológica da década de 1970 revelou muito mais dados sobre esse "patamar móvel" e explicou por que numerosos indivíduos não psicóticos compartilham algumas das experiências comuns a esquizofrênicos e maníaco-depressivos. Essa pesquisa dizia respeito à personalidade "esquizoide" ou do "tipo esquizofrênico": indivíduos que demonstram certos tipos de desvios da personalidade normal ou mostram sinais de doença mental incipiente. O reconhecimento da "tipologia esquizofrênica", como é geralmente chamada, refinou a compreensão da mente humana e de seus desvios, até então impossível.

Desde fins do século XIX, época em que a psiquiatria se firmou como disciplina, a maioria dos principais pensadores nesse campo aceitava a ideia de que a doença mental era radicalmente diferente da saúde mental e que os loucos eram indivíduos com os quais o restante de nós pouco tinha em comum. Em contrapartida, pesquisa recente sobre tipos esquizofrênicos demonstra que há uma escala de saúde mental, do inteiramente normal, passando pelo esquizofrênico e chegando finalmente à loucura clínica. De acordo com o professor Gordon Claridge, da Universidade de Oxford, 60 a 70 por cento da população adulta dos países ocidentais exibem alguns aspectos esquizofrênicos.[23]

Apenas um por cento deles, porém, foi diagnosticado como esquizofrênico e uma percentagem analogamente diminuta como clinicamente maníaco-depressiva. A maior parte do restante apresenta algumas esquisitices.

Uma vez que vários importantes estudos de pesquisas provam a existência de uma clara correlação entre a personalidade do tipo esquizofrênico e a propensão para certos tipos de experiência religiosa, e uma vez que, conforme veremos, ser um pouco esquizofrênica parece conferir uma certa vantagem clara à humanidade, é importante reconhecer os aspectos que definem esse tipo de mente. O grau de cada um depende do ponto, na escala entre o normal e o psicótico, em que se situa o indivíduo.

De acordo com a maioria das análises, o indivíduo do tipo esquizofrênico exibe em graus variados os nove traços de personalidade seguintes:

- *Ideação mágica*, ou a tendência do indivíduo de achar que seus pensamentos possuem o poder de atuar no mundo físico ou que podem tornar-se realidade (se eu desejar azar para alguma pessoa e isso acontecer, pensar que fui eu que tornei possível); e também a tendência para ver importância na correlação de eventos supostamente sem relação entre si (como gato preto e azar) ou em objetos mundanos, como cristais, ossos ou qualquer coisa que possa servir como talismã. Se a ideação mágica é considerada ou não do tipo esquizofrênico ou normal depende, claro, da cultura. Em numerosas sociedades, essas associações são consideradas regra.
- *Delírio fácil*. O poeta Rilke, de tipo altamente esquizofrênico, descreveu sua propensão para o delírio fácil dizendo: "Se ouço um barulho, deixo de ser eu mesmo e me transformo no barulho."[24] Um paciente mais gravemente esquizofrênico comentou:

"Presto atenção a tudo ao mesmo tempo e, assim, não presto atenção a coisa alguma."[25]
- *Tendência para fantasiar ou devanear* e, às vezes, não saber a diferença entre fantasia e realidade.
- *Desmazelo mental*, ou "indisciplina mental". Os pensamentos do indivíduo não obedecem a restrições e limites lógicos, de modo que ele faz conexões entre coisas que outros talvez não fariam.
- *Não conformidade impulsiva* ou, em outras palavras, simplesmente agir por impulso, às vezes sob a forma de uso de palavras estranhas, comportamento estranho ou maneira excêntrica de vestir-se.
- *Experiências inusitadas*, tais como os tipos visual e auditivo associado a experiências espirituais do tipo descrito neste capítulo.
- *Introversão*: gostar da própria companhia e preferir atividades solitárias.
- *Anedonia social*, conhecida também como "deficiência em prazer integrador", ou capacidade reduzida de apreciar encontros sociais, geralmente acompanhada da tendência de os evitar. A anedonia física é a redução do prazer na experiência sensorial.
- *Ambivalência*: não ser capaz de chegar a uma decisão, porque o indivíduo pode perceber o valor ou a possibilidade de ambas ou de muitas alternativas.

Quase todos esses estados constituem aspectos da vida mental de crianças. Em adultos, porém, eles estão em geral ligados à excentricidade e podem ser sinais de loucura incipiente. Há prova concreta de que estão associados a estados tais como epilepsia e dislexia.[26] Mas também a níveis mais altos do que os habituais na atividade nos lobos temporais ou "ponto Deus" e, dessa maneira, parecem ser parte permanente do cérebro humano. Por quê? Por que a atividade do cérebro, que pode em muitos casos causar sofrimento e disfunção, é uma parte normal de nossa herança neurobiológica? Essa questão precisa ser examinada antes de podermos avaliar se a atividade dos lobos temporais comumente vinculada à *experiência* espiritual desempenha um papel útil em nossa *inteligência* espiritual total.

## POR QUE TEMOS O "PONTO DEUS"?

Em 1994, Felix Post publicou no *The British Journal of Psychiatry* um levantamento da personalidade de 291 homens que haviam conquistado fama mundial nos últimos 150 anos. Entre eles foram incluídos estadistas, intelectuais, cientistas, pintores, escritores e compositores, a maioria nomes que todos conhecem: Einstein, Faraday, Darwin; Lenin, Roosevelt, Hitler, Ben-Gurion, Woodrow Wilson; Ravel, Dvorak, Gershwin, Wagner; Klee, Monet, Matisse, Van Gogh; Freud, Jung, Emerson, Buber, Heidegger; Tchekov, Dickens, Faulkner, Dostoievski, Tolstoi; e por aí seguia. O objetivo do levantamento era descobrir que correlações porventura existiam entre grandeza criativa e instabilidade mental.[27] E foram notáveis os resultados apurados por Post.

Usando fontes seguras, que incluíam até fichas médicas e depoimentos de primeira e segunda mãos, Post chegou às seguintes estatísticas:

| *Ocupação* | *Percentagem dos que sofriam de instabilidade mental* |
|---|---|
| Cientista | 42,2% |
| Compositor | 61,6% |
| Estadista | 63% |
| Intelectual | 74% |
| Pintor | 75% |
| Escritor | 90% |

Os graus de instabilidade variavam de episódios ocasionais, isolados, a grandes e contínuos problemas que podiam perturbar o trabalho e incidentes graves que exigiram tratamento especializado em hospital. Os problemas incluíam alcoolismo, depressão, psicose maníaco-depressiva, problemas psicossexuais, comportamento obsessivo-compulsivo, conduta antissocial ou histriônica, e casos limítrofes à esquizofrenia.

A psiquiatra americana Kay Redfield Jamison, ela mesma paciente há muito tempo de psicose maníaco-depressiva, realizou uma pesquisa semelhante de ligações entre esse tipo de psicose e a personalidade artística.[28] A extensa lista que preparou de indivíduos afetados em algum grau incluía William Blake, Lord Byron, Rupert Brooke, Dylan Thomas, Gerard Manley Hopkins, Sylvia Plath, Virginia Woolf, Joseph Conrad, F. Scott Fitzgerald, Ernest Hemingway e Hermann Hesse, entre outros. Muitos deles passaram longos períodos em asilos de alienados ou hospitais psiquiátricos e, muitos, especialmente entre os poetas, cometeram suicídio.[29] Jamison inicia seu livro com uma saudação a seus tempestuosos colegas, feita por Stephen Spender, que não figura na lista:

> Penso sempre naqueles que foram realmente grandes.
> Que, desde o útero, lembravam-se da história da alma
> Através de corredores de luz, onde as horas são sóis,
> Sem fim e cantantes, e cuja linda ambição
> Era que seus lábios, ainda tocados pelo fogo,
> Falassem do Espírito, vestido da cabeça aos pés em canção.
> E que entesouravam dos ramos na Primavera
> Os desejos que caíam sobre seus corpos como flores.
>
> Perto da neve, perto do sol, nos mais altos campos,
> Notem como esses nomes são festejados pela relva ondulante
> E por riachos de nuvens brancas
> E sussurros do vento no céu à escuta.
> Os nomes dos que em vida lutaram pela vida
> Que tinham no coração o centro do fogo.
> Nascidos do sol, eles viajaram por um curto período na
> [direção do sol
> E deixaram o vívido ar assinado com sua honra.

Essa "bela loucura", como deixa claro o poema de Spender, teve como resultado não só grande sofrimento como grande criatividade. Muitos desses tipos criativos, artísticos, contudo, jamais lamentaram o preço que pagaram e alguns até mesmo se sentiram gratos por possuírem temperamento tão estranho. No começo da carreira, pouco depois de ter rompido com Freud, Jung sofreu algo parecido com uma crise de esquizofrenia, que o perturbou durante sete anos. Não obstante, décadas depois, escreveu: "Hoje posso dizer que jamais perdi contato com minhas experiências iniciais. Todas as minhas obras, toda a minha capacidade criativa, tiveram origem nessas fantasias e sonhos que começaram em 1912, há quase cinquenta anos. Tudo que realizei mais tarde na vida já estava neles contido."[30]

Na mesma veia, Rilke escreveu sobre seus episódios de quase esquizofrenia: "Talvez seja necessário que cada sentido se dissolva como uma nuvem e caia como chuva, necessário, isto é, passar por algo como desintegração mental ou morrer para poder ver tudo de forma diferente."[31]

Grande parte do trabalho de R. D. Laing na década de 1960 foi dedicada a enfatizar os efeitos colaterais positivos das crises de esquizofrenia de seus pacientes. No entanto, como deixa claro o estudo de Post, é muito pequena a correlação entre criatividade e alta realização pessoal e loucura plenamente confirmada e de longo prazo. Muitos dos que estavam no limiar da loucura, ou eram simplesmente tipos esquizoides quando realizaram seu melhor trabalho, ou perderam toda a capacidade de produzir algo de útil quando a loucura os dominou por completo. A loucura em si pode ser estéril, constritora e sufocante, e sua experiência, um pesadelo. E embora a maioria das pessoas criativas possa ser considerada como um tanto biruta, não é reciprocamente verdade que a maioria dos loucos seja criativa.

O psicólogo britânico J. H. Brod estudou em detalhe os aspectos particulares de tipos esquizoides que, em comparação com os puramente psicóticos, tinham probabilidade de ser úteis no que interessava à criatividade.[32] O desmazelo mental do tipo esquizoide, por exemplo, correlaciona-se com alta pontuação em testes de alto desempenho em fluência, flexibilidade mental e originalidade no estabelecimento de elos associativos ou referenciais entre ideias ou entre fatos. Essa "superinclusividade" dá ao esquizoide uma faixa mais ampla e mais original de pensamento. Analogamente, a tendência para a ideação mágica, fantasia e devaneio correlaciona-se de perto com a capacidade de imaginar coisas que não existem, criar personagens que jamais viveram, ter imagens visuais que resultam em novos conceitos ou ver coisas de um novo ângulo. Ser propenso a experiências inusitadas pode expor o indivíduo a cores e emoções mais vívidas ou a aspectos da realidade incomuns na experiência diária. Em suas carreiras, São Paulo e Santa Teresa fizeram pleno uso de suas visões espirituais. A tendência de distrair-se facilmente pode ser debilitante, mas pode também levar o indivíduo a prestar atenção a uma faixa mais vasta de coisas. E a ambivalência, embora tivesse prejudicado Hamlet, está relacionada com a alta capacidade de perceber simultaneamente os benefícios de muitas opções ou possibilidades.

## TIPOS ESQUIZOIDES E A CAPACIDADE DE RESOLVER PROBLEMAS

Vimos que um dos critérios característicos da inteligência é que ela nos ajuda a resolver problemas. Essa capacidade é também um dos aspectos da criatividade, particularmente das variedades científica e política, de modo que não deve surpreender que alguns pesquisadores vinculem a posse de traços de personalidade esquizoide a uma capacidade especial de resolver problemas. Michael Jackson observa que experiências desse tipo podem desempenhar um papel muito criativo na solução de problemas existenciais – "problemas da vida", tais como perda ou privação profunda, ou doença grave, nos quais o que se torna necessário é menos uma mudança nos fatos do que uma mudança em perspectiva ou atitude:

> Uma experiência espiritual comum no contexto da perda profunda é um período de percepção da presença da pessoa falecida por meio da percepção sensorial direta ou, menos tangivelmente, apenas a sensação de que ela está presente. Graças a essas experiências, indivíduos recebem conforto em um sentido emocionalmente mais direto do que seria possível pelo processamento cognitivo relativamente "frio".[33]

Jackson cita o caso de Sean, um chefe de família ainda jovem que foi informado pelo médico de que poderia ter esclerose múltipla. O diagnóstico provisório lançou-o em desespero e desorganizou de modo geral sua vida e relacionamentos. Membro de uma família estável, classe média, agnóstica, ele se considerava um ateu militante. Ainda assim, algumas semanas depois do início da crise, ouviu, quando passeava por um campo, uma voz lhe chamando o nome. "Sean", disse a voz, "nada disso tem importância. Você sempre terá o que precisar." A voz "instruiu-o" em seguida sobre a natureza efêmera da existência e sobre a maneira de cultivar uma atitude pacífica de aceitação dos fatos, em vez de combatê-los. Ao chegar à estrada, minutos depois, diz ele: "Meus próprios pensamentos começaram a voltar e toda preocupação desapareceu." A voz lhe falou várias vezes nos nove meses seguintes, transformando-lhe a perspectiva e permitindo-lhe enfrentar os problemas de modo eficaz e tranquilo.[34]

Essas mudanças de perspectiva, contudo, não se limitam à solução de problemas existenciais. Vejam o caso da história do sonho do químico Kekulé sobre uma serpente que mordia a própria cauda, o que o levou à descoberta do anel do benzeno. E há também a observação famosa de Einstein, de que, para começar, não podemos solucionar problemas com o estado de mente que os cria. A teoria da relatividade que formulou foi uma das maiores mudanças de perspectiva do século XX. Alguns comentaristas pensam que associações solucionadoras de problemas feitas por tipos esquizoides podem conferir uma vantagem evolutiva à espécie humana, tornando-a mais flexível, adaptativa e criativa. Se é assim, a própria baixa incidência de esquizofrenia ou doenças maníaco-depressivas pode ser justamente o preço que a humanidade paga pela maior incidência do tipo esquizoide.

## EXPERIÊNCIAS DO "PONTO DEUS" E QS

A grande questão levantada até agora neste livro é se a atividade no "ponto Deus" contribui para nossa inteligência espiritual. A resposta tem de ser Sim e Não. O "ponto Deus" certamente contribui para nossa *experiência* espiritual e para as experiências associadas à formação de mitos e de expansão mental. Tal como os sonhos e a mente das crianças, ele nos dá acesso à mente pré-consciente ou inconsciente e a correntes de pensamento associativo ricas em simbolismo. De 60 a 70 por cento das pessoas, porém, experimentam alguma atividade visivelmente elevada no "ponto Deus" (todos nós temos traços de personalidade esquizoide), embora muitos poucos entre nós criem, por exemplo, grandes obras de arte ou literatura, ou solucionem problemas que rompem paradigmas.

A simples presença do sentido do espiritual não garante que possamos usá-lo criativamente na vida. Ter um QS alto implica ter capacidade de usar o espiritual para trazer um contexto e um sentido mais amplos, que nos permitam uma vida mais rica e mais cheia de sentido, adquirir senso de inteireza, finalidade e direção pessoal. O mero senso ou experiência do espiritual talvez deem origem a nada mais do que confusão, desorientação ou alguma ânsia indefinível. Podem resultar em loucura ou desejo ardente que nos levem a um comportamento autodestrutivo, como o abuso de drogas, alcoolismo ou consumismo insensato. Em outras palavras, uma experiência meramente efêmera do espiritual pode nos levar a uma perda concreta de perspectiva. Sua riqueza súbita pode, em comparação, fazer com que nossa vida comum pareça tão monótona que recuemos em vez de evoluir.

O "ponto Deus" é um módulo isolado nas redes neurais dos lobos temporais. Tal como outros lobos isolados do cérebro – o centro da fala, o centro de ritmo etc. –, ele confere uma capacidade especial, mas que precisa ser integrada. Podemos "ver" Deus, mas não podemos trazê-Lo para nossa vida. A inteligência espiritual, ao contrário, depende dos fenômenos integradores de nossas oscilações de 40 Hz.

Do exposto, temos de concluir que o "ponto Deus" talvez seja uma condição necessária para o QS, mas não poderá ser suficiente. Seria de esperar que os que obtêm alta pontuação no QS tenham também alta pontuação na atividade do "ponto Deus", ou em traços esquizoides, mas isso não garante que uma alta atividade no "ponto Deus" assegure um QS alto. Para que isso seja conseguido, como veremos nos capítulos seguintes, todo o cérebro, todo o eu, toda a vida terá de ser integrada. As percepções e habilidades especiais conferidas pelo "ponto Deus" têm de ser costuradas no tecido geral de nossas emoções, motivações e potencial, e postas em diálogo com o centro do eu e sua maneira especial de conhecer.

# Parte III

# Um novo modelo do eu

# Interlúdio: uma breve história da humanidade

De onde viemos? Qual nossa origem no tempo? Que extensão tem a história da qual somos parte? Quais são nossas raízes? Por quanto tempo duramos? Onde se situam as fronteiras finais da existência humana? Qual a origem de nossa inteligência? De nossa propensão para fazer perguntas como essas? É de todo impossível pensar com profundeza em inteligência espiritual sem pensar também nessas questões. Nos capítulos 6 a 9 proponho um modelo do eu com a intenção de torná-lo mais amplo e mais profundo do que qualquer outro postulado antes. É impossível, porém, fazer isso sem levar em conta o lugar do eu na história em desenvolvimento da criação. O que apresento aqui consiste em algumas curtas vinhetas mitológicas e científicas que inserem o ser humano e a inteligência humana em um contexto mais vasto.

Todas as civilizações na história documentada tinham uma versão própria da história da criação, uma história que procura responder perguntas como as formuladas no parágrafo anterior. Tais histórias constituem parte implícita da maneira como nos conhecemos e conhecemos o propósito de nossa existência. Numerosos antropólogos observaram a repetição de temas importantes nas histórias contadas por povos diferentes, como se a consciência em si tivesse contado sua história por intermédio da voz de muitas civilizações. Ian Marshall reuniu quatro dessas vozes em uma narrativa que foi representada em público e é transcrita aqui como prelúdio ao lótus do eu.

# NO INÍCIO
## UMA NARRATIVA EM QUATRO VOZES

*As Vozes*

J.C. Judaico-cristã/Esotérica
F. De um físico
G. De um grego antigo
O. De um oriental: taoista, hinduísta, budista

*1. Caos*

J.C.: "No princípio, a terra era sem forma e vazia. Havia trevas sobre a face do abismo." Assim diz o livro sagrado do Gênesis.

*Gênesis, 1:1-2*

G.: "No início havia caos, vasto e escuro...", o vazio do qual surgiram todas as formas e ao qual elas retornarão. Assim dizíamos na antiga Grécia.

*Hesíodo, Teogonia*

O.: Nas terras budistas, chamamos a isso Sunyata, o Vazio. "Dizer que ele existe é errado. Dizer que não existe é também errado. Melhor é nada dizer sobre ele."

F.: Antes de haver qualquer coisa tangível, havia o vácuo quântico... um mar de potencial, mas nada de concreto. Não havia nem matéria, nem espaço, nem tempo, mas algo que não podemos descrever. Mundos possíveis tremeluziam às margens da existência. Mas nenhum deles tinha a energia necessária para sobreviver. Assim é a história que nós, cientistas, contamos.

O.: "O Tao que pode ser expresso em palavras não é o Tao eterno. O nome que pode ser nomeado não é o nome eterno. O sem nome foi o início do Céu e da Terra."

*Tao Te Ching, 1*

## 2. Gaia

F.: Então, aconteceu algo irreversível. Um mundo possível, uma massa aleatória de energia tomada de empréstimo, aproveitou esse curto momento e criou uma estrutura. Num piscar de olhos, ela escapou de suas origens. Antes do espaço e do tempo, a estrutura ainda era circular, fechada, sem começo nem fim. Em nossa maneira desajeitada chamamos a estrutura de "superfio".

G.: Você está falando da seiuda Gaia, a mãe de todas as coisas. Ela era completa em si mesma, um uróboro, a serpente que morde a própria cauda, alfa e ômega.

J.C.: "Deus disse, 'Haja luz', e houve luz. E Ele fez a separação entre a luz e as trevas."

*Gênesis,* 1:2-3

O.: "Algo misterioso se formou. Nascido antes do Céu e da Terra, no silêncio e no vazio, só e imutável... Talvez seja a mãe das dez mil coisas."

*Tao Te Ching,* 25

## 3. Polaridade

G.: Gaia foi a mãe de Urano, o grande arco do céu, "do qual ela fez seu igual em grandiosidade, de modo que ele a cobriu inteiramente".

*Hesíodo, Teogonia*

J.C.: "E disse Deus: Haja firmamento no meio das águas e separação entre águas e águas. Fez, pois, Deus o firmamento, e separação entre as águas debaixo do firmamento. (...) E chamou Deus ao firmamento Céus. Houve tarde e manhã, o segundo dia."

*Gênesis,* 1:6-8

F.: O universo primordial dividiu a si mesmo em dois. Um permaneceu como massa e energia. O outro tornou-se espaço/tempo e gravidade, como nos demonstrou Einstein. As duas entidades estavam equilibradas, reunidas, e nesse momento além do alcance do Caos. O universo começou a crescer.

O.: "O Tao gerou um. Um gerou dois. Dois geraram três. E os três geraram as dez mil coisas."

*Tao Te Ching*, 42

## 4. Matéria e forças

G.: Urano e Gaia tiveram muitos filhos e filhas. Urano, porém, era um tirano que mantinha os filhos em servidão. Crono, o mais jovem, castrou o pai e governou em seu lugar. Sua irmã, Reia, tornou-se sua consorte e eles tiveram filhos.

F.: O poder esmagador da gravidade era forte demais. Nada podia escapar de seu poder. O universo teria logo entrado em colapso, voltado para o Caos e terminaria. Primeira manifestação do vácuo quântico, o Campo Higgs, porém, tinha um poder sutil. Em um relâmpago, o mundo inflou imensamente e a força da gravidade tornou-se muito, muito mais fraca. O Campo Higgs, Crono, como vocês o chamaram, foi a origem de tudo o que nesse momento surgiu.

G.: Nós nos lembramos especialmente de Zeus e de Afrodite, os senhores das forças e de Ares e Hermes, os senhores das formas.

F.: Demos a essas formas e forças nomes de membros de nossa confraria, Bose e Fermi. Os princípios eram os mesmos.

J.C.: Mais tarde, vimos seus símbolos nos sete planetas visíveis: Júpiter e Vênus, Marte e Mercúrio, Sol e Lua, e Saturno. Em nossa tradição ocultista, nós os posicionamos na Árvore da Vida.

O.: Vimos as mesmas energias refletidas no corpo humano, nos sete chakras.

## 5. Estrelas

G.: Tornando-se o mundo mais velho, os filhos de Crono, por sua vez, derrubaram-no. Zeus, com seus raios, nesse momento era o senhor do Céu.

F.: O Universo era dominado pelo trovão da radiação cósmica. Nenhuma matéria sólida podia formar-se. Tudo o que havia era plasma abrasador, como acontece agora nas estrelas.

O.: Na Índia antiga, demos a essa época o nome de Agni, o deus do fogo. Lembrem-se de que a matéria tem quatro estados: terra sólida, água líquida, ar gasoso e plasma abrasador. Agni é o mais antigo dos deuses elementais.

F.: Esfriando mais o mundo, a matéria, após trezentos mil anos, não era mais bombardeada pela radiação cósmica. Outros princípios tiveram seu dia. Galáxias e estrelas podiam formar-se em paz. Mas, ainda hoje, um leve murmúrio daquele tempo antigo e abrasador pode ser escutado.

J.C.: Surgiram as constelações, padrões de fogo ardente contra o arco escuro do céu. Da maneira como as vemos agora, há um círculo de doze: Áries, Touro e as outras indo em direção a Peixes. O rei Sol visita sucessivamente seus domínios. O ciclo do ano é semelhante a qualquer ciclo de vida. Estrelas, como nós, nascem, vivem e morrem. O tempo havia começado.

O.: Na Índia, reverenciávamos o ciclo de nascimento, vida e morte com três deuses: Brahma, Vishnu e Shiva. Tudo o que vive está sujeito ao governo dos três.

## 6. Elementos

F.: As primeiras estrelas eram constituídas inteiramente de fogo; as nuvens mais frias de gás entre elas, de ar. No interior das estrelas, porém, elementos mais pesados eram incubados.

Quando uma estrela morria, esses elementos eram espalhados pelo espaço. Dessas cinzas eram feitas novas estrelas, que, nesse momento, podiam ter planetas sólidos feitos com os quatro elementos antigos.

Todos: Terra, meu corpo
Água, meu sangue
Ar, meu hálito e
Fogo, meu espírito.

Hino da comunidade de Findhorn

J.C.: Todos os sete planos de existência entre Urano e Gaia, espírito e matéria, haviam, nesse momento, sido criados. Uma fase diferente da evolução podia começar.

## 7. Vida

F.: Esse foi o momento decisivo. A terra sólida havia surgido. Até esse momento, o Universo se tornara progressivamente mais sólido, inerte, e dividido em partes. Dessa matéria mais fria e mais densa, porém, estruturas mais complexas e delicadas podiam ser formadas, as primeiras rochas, água, cristais e compostos químicos. Em seguida, surgiram criaturas vivas e, finalmente, criaturas dotadas de alma. Começara a longa e lenta ascensão da existência para sua Fonte.

Todos: Cada nova vida é uma nova estrela, um Sol em seu próprio reino. Os elementos fluem em volta e através dela. Seguem seus caminhos como planetas e cometas. Criam novas substâncias, alimento para futuras gerações. Por isso mesmo, respeitamos a vida e todos os seus ritmos.

## 8. Alma

G.: Em nossa revolução mental e cultural, começamos a compreender e a expressar não só o mundo visível em volta, mas também os estágios do passado. Isso porque todos os estágios passados ainda vivem. Os princípios que chamamos de Urano e Gaia, Saturno e Júpiter, ainda estão aqui. Ainda somos massa e energias no espaço e no tempo. A evolução não substituiu, simplesmente construiu sobre o que havia antes. Em nossas artes e ciências, em nossas religiões e mitologias, em nosso esforço para levar uma vida justa, o espírito ainda ativo do rei do céu está encarnado, de uma nova forma, na deusa da terra.

O.: Entre o Tao do Céu e o Tao da Terra, surgiu outra ponte: o Tao da Humanidade, um modo de viver em harmonia com ambos. "O espaço entre o Céu e a Terra é como um fole. A forma muda, mas não a estrutura."

*Tao Te Ching*, 5

J.C.: No sexto dia, Deus criou o Homem e o fez à Sua imagem. O trabalho do céu começou a ser feito na Terra por seres conscientes. Assim como em cima, assim como embaixo. Encontramos analogias em toda parte. Urano e Gaia, nossas energias masculina e feminina. Os sete planetas errantes em nosso céu, os sete chakras em nosso corpo, as sete formas e forças do tempo de Crono.

F.: As forças e partículas que formaram as estrelas, e, em seguida, os planetas, fizeram também nosso corpo. Pensam alguns que nossa mente e alma seguem os mesmos ritmos. Nós somos microcosmo.

Todos: Somos feitos de poeira estelar. Os que compreendem e têm boas intenções podem evocar essas energias transformadoras em nossa vida diária. Em nosso fim está nosso princípio.

Nesse modelo simples, desdobrado, da evolução cósmica, que é a verdadeira história da humanidade, vemos os primeiros esboços emergentes do lótus do eu.

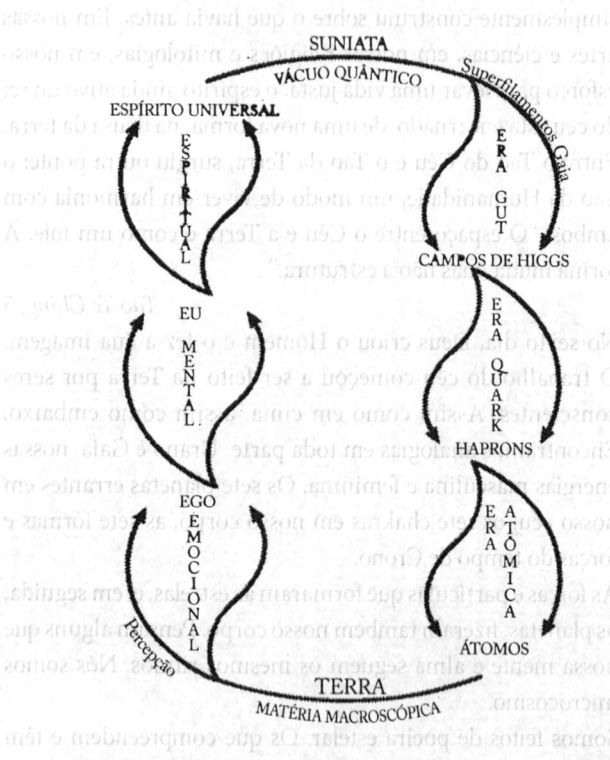

```
                        SUNIATA
                  VÁCUO QUÂNTICO
                                    Superfilamentos
        ESPÍRITO UNIVERSAL                         Gaia
              E                        E
              S                        R
              P                        A
              I                        G
              R                        U
              I                        T
              T
              U
              A                   CAMPOS DE HIGGS
              L
                                       E
                EU                     R
                                       A
                                       Q
                                       U
                                       A
                                       R
                                       K
                                  HAPRONS
                E
                G                      E
                O                      R
                                       A
                E                      A
                M                      T
                O                      Ô
                C                      M
                I                      I
                O                      C
                N                      A
                A
                L                 ÁTOMOS
                    Percepção
                          TERRA
                   MATÉRIA MACROSCÓPICA
```

*A espiral cósmica: representação da história completa do universo desde o Big Bang até a evolução da consciência humana superior. Os estágios de evolução da consciência são interpretados como análogos aos estágios da matéria e força que evoluíam.*

# 6
# O lótus do eu I: a camada do ego

> O lótus pode ser chamado de a primeira de
> todas as flores, florescendo em geral em
> água estagnada e lamacenta com uma perfeição
> tão sensual e soberba que podemos
> imaginá-lo como o primeiro sinal de vida
> na vastidão indiferenciada das águas primevas.
>
> Jean Chevalier e Alain Gheerbrant (orgs.),
> *Dicionário de símbolos*

Nascendo na escuridão e na lama e florindo na direção do sol, o lótus abarca céu e terra. Para os filósofos hindus, o lótus constitui o símbolo máximo de realização espiritual, reeditando a jornada do eu, das trevas para a luz. Para os budistas, é o símbolo da natureza de Buda, que está no coração de todos os seres humanos. O lótus representa a pureza e a perfeição que formam a essência do projeto humano, a origem de toda manifestação que jaz espiralada no interior do ser humano. Em algumas antigas sociedades secretas taoístas, o lótus simbolizava uma "alquimia voltada para o íntimo",[1] o caminho para a transformação interior. Representava o Tao do Homem, sentado entre o Tao do Céu e o Tao da Terra. Neste livro, uso o lótus como símbolo do eu que poderia ser espiritualmente inteligente.

Descrever a inteligência espiritual leva a um modelo mais profundo e mais detalhado do eu do que pode ser encontrado em sistemas anteriores de pensamento. Em essência, a inteligência espiritual representa um todo dinâmico do eu, no qual o eu é uno consigo mesmo e com o todo da criação. Acredito que esse modelo mais completo do eu pode ser descrito apenas combinando as introvisões da psicologia ocidental moderna, dos filósofos do Oriente e muito da ciência do século XX.

O lótus é em si um símbolo poderoso dessa integração. Nas filosofias asiáticas, constitui o símbolo final da totalidade. O objetivo de toda grande espiritualidade ocidental tem sido a obtenção desse tipo de totalidade. A psicologia denomina-a "integridade". A melhor ciência do século XX concentra-se na totalidade ("holismo"), seja a totalidade profundamente inter-relacionada da realidade física, a integração mais estreita entre mente e corpo, ou a natureza holística das oscilações neurais que ocorrem no substrato da consciência humana. Usar o lótus como símbolo final do eu espiritualmente inteligente parece ser a maneira óbvia de combinar as grandes tradições ocidental e oriental do eu com as introvisões mais recentes da ciência.

O lótus, além do mais, por sua estrutura física, é um símbolo apropriado do eu espiritualmente inteligente. Nos capítulos anteriores, vimos que há três inteligências humanas básicas (racional, emocional e espiritual), três tipos de pensamento (serial, associativo e unitivo), três maneiras básicas de conhecer (primária, secundária e terciária) e três níveis do eu (um centro – transpessoal; um meio – associativo e interpessoal; e a periferia – o ego pessoal). O eu espiritualmente inteligente integra os três. O lótus tem um centro, o botão. As filosofias orientais chamam-no de "A joia no coração do lótus" (*Om mani padme hum*). As pétalas do lótus em si têm centros bem-desenvolvidos, redondos e uma periferia mais pontuda. E todos têm um número de pétalas distinguíveis, sejam quatro, seis, oito ou "mil", como no chakra coronário do hinduísmo.

O eu tem também, supomos, uma fonte, uma origem, na história e no desenvolvimento do universo, e um ponto inicial em sua própria história. Do ponto de vista físico, começamos como poeira estelar que em si mesma evoluiu do vácuo quântico. No aperto espiritual, também, podemos começar como protoconsciência associada a essa poeira. Na infância, começamos com uma consciência indiferenciada. A haste do lótus teve origem na lama primeva, indiferenciada do ser inicial, refletindo a origem do ser humano em alguma totalidade primeva, também indiferenciada. O eu é também uma fonte – a fonte do desenvolvimento ulterior de sentido e valor e até mesmo, de acordo com a física quântica, a coorigem da realidade física manifesta. Na mitologia espiritual asiática, o lótus é a fonte de toda manifestação.

No lótus do eu, como o descrevo aqui, passamos do externo para o interno, do último para o primeiro, já que essa é a maneira de autoconhecimento da cultura ocidental moderna. Hoje nos conhecemos da perspectiva do ego consciente, partindo da periferia do eu. Esse ego/eu é essencialmente racional em sua maneira de encarar a experiência e está ligado aos tratos neurais seriais e programas existentes no cérebro. Situo a personalidade do ego na borda mais externa das pétalas do lótus.

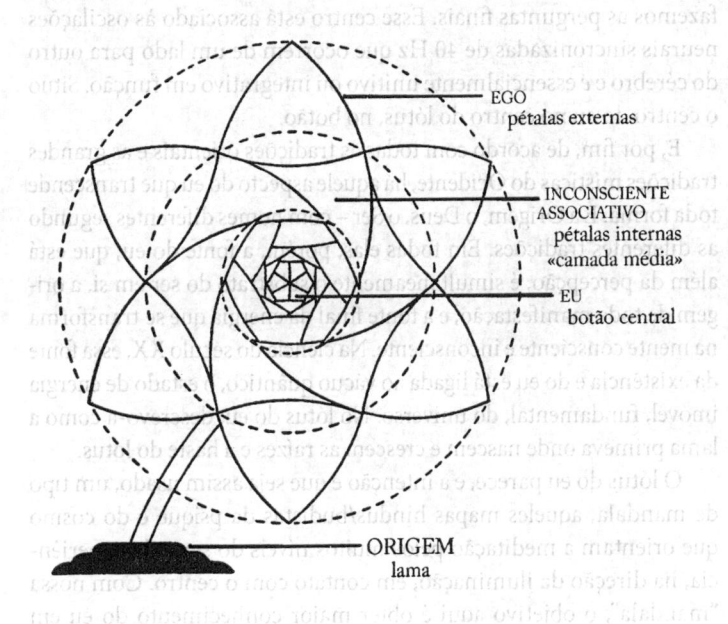

EGO
pétalas externas

INCONSCIENTE
ASSOCIATIVO
pétalas internas
«camada média»

EU
botão central

ORIGEM
lama

*O lótus básico do eu.*

Em seguida, tornamo-nos conscientes do inconsciente pessoal e coletivo, aquele vastíssimo manancial de motivos, energias, imagens, associações e arquétipos que influenciam o pensamento, a personalidade e o comportamento, a partir "de dentro". Este é o "meio" associativo do eu, a parte da mente humana associada às redes neurais paralelas existentes no cérebro. Esse meio funciona principalmente por meio do corpo e da emoção. Situo o inconsciente associativo na borda interna das pétalas do lótus.

Os 50 por cento dos ocidentais, mais ou menos, que tiveram uma experiência mística de unificação – um senso profundo de ser uno com a realidade – podem ter experimentado um curto vislumbre do centro do eu. Na verdade, todos nós, conscientemente ou não, estamos em contato com o centro do eu quando temos uma nova introvisão, quando vemos a vida em algum contexto mais vasto ou fazemos as perguntas finais. Esse centro está associado às oscilações neurais sincronizadas de 40 Hz que ocorrem de um lado para outro do cérebro e é essencialmente unitivo ou integrativo em função. Situo o centro do eu no centro do lótus, no botão.

E, por fim, de acordo com todas as tradições orientais e as grandes tradições místicas do Ocidente, há aquele aspecto do eu que transcende toda forma. É a Origem, o Deus, o Ser – com nomes diferentes segundo as diferentes tradições. Em todas elas, porém, a fonte do eu, que está além da percepção, é simultaneamente o substrato do ser em si, a origem de toda manifestação, e a fonte final da energia que se transforma na mente consciente e inconsciente. Na ciência do século XX, essa fonte da existência e do eu está ligada ao vácuo quântico, o estado de energia imóvel, fundamental, do universo. No lótus do eu, descrevo-a como a lama primeva onde nascem e crescem as raízes e a haste do lótus.

O lótus do eu parece, e a intenção é que seja assim usado, um tipo de mandala, aqueles mapas hindus/budistas da psique e do cosmo que orientam a meditação pelos muitos níveis do ser e da experiência, na direção da iluminação, em contato com o centro. Com nossa "mandala", o objetivo aqui é obter maior conhecimento do eu em todos os três níveis e integrá-los em uma totalidade psíquica que chamo de inteligência espiritual. Nos capítulos 7-9 apresentarei o próprio mapa, posicionando nele os principais tipos de personalidade no nível do ego, alguns dos principais motivos inconscientes, as energias e arquétipos do eu médio e, em seguida, o centro.

O lótus aqui descrito pode acomodar grande volume de detalhes provenientes de uma ampla gama de tradições – das muitas escolas da psicologia ocidental, de material da Árvore da Vida cabalista, das divindades da mitologia grega, das tradições astrológica e alquímica, dos bardos tibetanos, dos chakras hindus, dos sacramentos do cristianismo, e assim por diante. Os leitores interessados nessas correlações devem examinar o Apêndice ao final deste livro.

## AS SEIS PÉTALAS

O ego é a camada de desenvolvimento mais recente, mais racional do eu. Está ligado a tratos neurais seriais e a programas no cérebro, isto é, ao sistema neural responsável pelo pensamento lógico, racional e consciente, orientado para metas, ou pensamento em longo prazo. Na verdade, é um conjunto de mecanismos e modos de pensar com os quais o eu conhece seu mundo. Se tive experiências emocionais traumáticas na infância, o ego me protege de danos ulteriores ao formular estratégias para relacionamentos adultos que evitem a dor da infância. Se muito era esperado de mim na infância, meu ego elaborará estratégias para corresponder a essas expectativas ou, alternativamente, rebelar-se contra tais exigências. O ego é a máscara que apresento ao mundo (e, com grande frequência, a mim mesma), o papel que represento no palco da vida, a parte de mim que mais fácil e prontamente identifico com a pessoa que acredito ser.

A cultura ocidental é dominada pelo ego. Põe ênfase na persona pública, em relacionamentos formais e dá o realce máximo ao indivíduo isolado que tem constantemente de tomar decisões racionais. Esse é o motivo por que a maioria dos homens no Ocidente vive a partir da periferia de si mesma, acreditando erroneamente que esta é toda a história do eu.

Todos nós somos únicos. Não há dois cérebros nem dois conjuntos de impressões digitais iguais. Todos construímos nosso destino em diálogo com nossa experiência única. Ainda assim, é costume quase universal na psicologia ocidental dividir, no nível do ego, o ser humano como pertencendo a uma faixa de 4 a 16 tipos de personalidade. Esses tipos – introvertido, extrovertido, realista, neurótico, artístico, empreendedor, e assim por diante – podem ser identificados por meio de testes e, por isso mesmo, agrada aos preconceitos objetivos, científicos, da psicologia ocidental.

No tocante à periferia do ego das pétalas de nosso lótus, resolvi usar os seis tipos de personalidade identificados por J. L. Holland, psicólogo americano. Publicado inicialmente em 1958, e descrito longamente em seu texto clássico, *Making Vocational Choices: A Theory of Vocational Personalities and Work Environments*, o teste de orientação vocacional Holland é o mais usado em todo o mundo. Seu princípio básico é de que existem seis tipos de personalidade, cada um dos quais pode ser ligado a uma série de empregos ou cargos aos quais se adapta melhor. Os tipos de Holland baseiam-se em interesses e habilidades individuais. Ao longo dos anos, milhões de indivíduos, em uma infinidade de culturas, submeteram-se ao teste Holland como estudantes ou candidatos a empregos. O teste foi também objeto de centenas de trabalhos de pesquisa. Embora se diferencie ligeiramente, na descrição dos seis tipos de personalidade, de outros testes muito conhecidos, como o de Myers-Briggs, baseado na obra de Jung, as categorias de Holland podem ser facilmente recombinadas para se correlacionar com quase todas as outras.

Holland faz perguntas como: "Você gostaria de ser enfermeiro, professor, mecânico etc.?" Pesquisa ampla produziu repetidamente os seis tipos de personalidade seguintes:

- o convencional,
- o social,
- o investigativo,
- o artístico,
- o realista,
- o empreendedor.

Os tipos de personalidade são organizados em pares de opostos, de modo que uma pessoa artística revela possuir interesses, preferências e habilidades muito diferentes dos de um indivíduo de natureza convencional; o realista possui qualidades diferentes das exibidas pelo tipo social; e assim por diante. Mas, ao contrário de outros testes de personalidade, o Holland é suficientemente flexível para permitir que qualquer indivíduo obtenha alta pontuação em dois, três ou quatro diferentes traços de caráter, alguns deles inteiramente contrários entre si. Como artista, posso ser uma pessoa sem senso prático, impulsiva, mas, em meu papel mais convencional como palestrante profissional sobre assuntos de negócios, posso ser eficiente e metódica. O cientista pode ser cauteloso e preciso (um traço da personalidade investigativa), mas gostar de escalar montanhas (um traço do empreendedor) e apreciar festas (um traço social).

Na verdade, veremos que uma tendência para exibir traços de categorias diferentes (identificadas com pétalas diferentes do lótus) é um sinal de maturidade pessoal e QS alto. Uma pessoa muito imatura talvez tenha desenvolvido um único estilo de ego (uma pétala do lótus), ao passo que um indivíduo plenamente esclarecido (de alta inteligência espiritual) exibiria características mais equilibradas de todos os seis. O lótus em si, aqui apresentado, é um "mapa" com o qual podemos encontrar o caminho em volta dos diferentes traços do ego, o caminho de uma personalidade mais harmoniosa. E é especialmente nesse particular que o lótus do eu lembra uma mandala oriental.

No capítulo 12, os leitores poderão fazer um teste para verificar com qual ou quais tipos de personalidade mais se identificam. Apresento a seguir um sumário de características importantes ligadas a cada tipo (a cada pétala externa do lótus). As pétalas e seus equivalentes em tipos de personalidade são descritos em uma ordem que corresponde à ordem ascendente dos chakras hindus, ou seja, os padrões de energia encontrados na camada média inconsciente do eu que, se usados corretamente, podem ajudar a mudar traços de personalidade do ego. Os chakras serão discutidos no capítulo 8.

## PRIMEIRA PÉTALA: A PERSONALIDADE CONVENCIONAL

Apenas 10 a 15 por cento das pessoas[2] satisfazem o critério de Holland que identifica o tipo predominantemente convencional, embora, no caso de muitos outros, seja sua segunda ou terceira característica. Há indivíduos cuidadosos, seguidores de normas e metódicos. São eficientes e conscienciosos, mas podem ser também defensivos e inflexíveis. Pessoas convencionais tendem a ser inibidas, e jamais querem chocar ou destacar-se no grupo. São também obedientes, organizadas, persistentes, práticas e econômicas, mas podem ser também pudicas e destituídas de imaginação. Os que gostam de seguir a convenção são o oposto exato do tipo de personalidade mais artística. Algumas das ocupações que, segundo Holland, se adaptariam ao tipo de personalidade convencional são as de recepcionistas, secretários, escriturários e contadores.

## SEGUNDA PÉTALA: A PERSONALIDADE SOCIAL

Personalidades sociais formam o maior desses grupos: 30 por cento se enquadram nesse tipo, composto mais de mulheres do que de homens. Tipos sociais, como seria de esperar, gostam de pessoas e sentem prazer convivendo com elas. São cordiais, generosos, prestativos, bondosos. Eles acham fácil experimentar empatia pelos outros e podem ser também muito convincentes. São pacientes e consideram natural cooperar. Holland os descreve também como idealistas, responsáveis, diplomáticos e calorosos. São bons professores em todos os níveis. Terapeutas e conselheiros geralmente possuem este tipo de personalidade, como também alguns consultores de empresas. São também pessoas que constroem lares carinhosos.

## TERCEIRA PÉTALA: A PERSONALIDADE INVESTIGATIVA

Os tipos investigativos constituem de 10 a 15 por cento da população. São indivíduos apaixonados por ideias e, como o nome sugere, adoram esmiuçá las. Figuram entre os mais racionais dos tipos de personalidade, são o modelo do intelectual arquetípico. Analíticos, complexos, curiosos e precisos, podem ser críticos tão ferrenhos de pessoas quanto de ideias. Enquanto a personalidade social ama o grupo, a confraternização, a multidão, os investigativos geralmente precisam de períodos de solidão. São introspectivos, discretos e modestos. Cautelosos e reservados, esforçam-se para não ser dominados pela emoção. Muito independentes, podem ser tidos como antissociais. As ocupações que os reúnem incluem cientistas, médicos, tradutores, agrimensores e pesquisadores. A maioria dos intelectuais inclui uma parte substancial do tipo investigativo na personalidade. Professores universitários, particularmente os especializados em pesquisas, são bons representantes desse tipo.

QUARTA PÉTALA: A PERSONALIDADE ARTÍSTICA

Opostos exatos dos tipos convencionais e, não raro, em choque com o tipo investigativo (às vezes, na mesma personalidade), eles compõem outros 10-15 por cento da população. Esses indivíduos complicados são muitas vezes desleixados, emocionais, impulsivos e nada práticos. O idealismo dos tipos artísticos pode dominá-los por completo, como aconteceu com Dom Quixote e os moinhos de vento. Tal como o tipo investigativo, o artístico é independente e introspectivo. Não conformistas profundos, criativos, são intuitivos, sensíveis e abertos e, por isso mesmo, altamente populares. Evidentemente, podem ser encontrados entre escritores, músicos e artistas, mas são também bons jornalistas, projetistas, críticos de arte e atores.

QUINTA PÉTALA: A PERSONALIDADE REALISTA

A personalidade realista é pé no chão, não gosta de absurdos e não desperdiça palavras. Esses tipos obstinados, materialistas, extremamente práticos, constituem cerca de 20 por cento da população, com muito mais homens do que mulheres. Não gostam de relacionamentos íntimos, evitam grupos sociais e se dão ares importantes. São pessoas naturais e autênticas. Quando abrem a boca falam com franqueza, mas tendem a ser conformistas e podem ser inflexíveis. Não se destacam por percepções originais, mas são persistentes e econômicos. Formam o único tipo de personalidade que Holland descreve como "normal". As personalidades realistas preferem trabalhar em coisas práticas, palpáveis, frequentemente em locais em que têm homens como companheiros de trabalho. Figuram em grande número entre motoristas, pilotos, mecânicos, cozinheiros, fazendeiros e engenheiros. Embora sejam o oposto exato do tipo social, fazem frequentemente bons casamentos com representantes desse outro tipo – complementando-se, por assim dizer.

## SEXTA PÉTALA: A PERSONALIDADE EMPREENDEDORA

Esses tipos, dotados de forte autoconfiança, extrovertidos, constituem os restantes 10-15 por cento da população. São gananciosos, agradáveis e ambiciosos, e podem ser também dominadores. Aventureiros e cheios de energia, vivem à procura de emoções. Gostam de flertar e podem chegar a limites que beiram o exibicionismo. São em geral grandes otimistas, prontos para experimentar de tudo e, não raro, inspiram tanta confiança quanto sentem. Sociais, adoram um bom papo. No que não é de surpreender, um alto percentual de políticos inclui-se nesse tipo. O mesmo acontece com vendedores, executivos, gerentes e pequenos empreendores. São também encontrados na polícia e nas forças armadas.

## CRESCER E EQUILIBRAR A PERSONALIDADE

Na maior parte, a tipologia de personalidade de Holland se enquadra bem no esquema que sugiro para o lótus do eu. É importante enfatizar, no entanto, que, como reconheceu o próprio Holland, o indivíduo típico é uma mistura de dois ou mais desses tipos.

Idealmente, no curso de uma vida espiritualmente inteligente, a personalidade humana cresce para incluir uma média de todas as seis. Quando o indivíduo comum faz pela primeira vez o teste de Holland como um adulto jovem, e mais tarde quando inteiramente maduro, os resultados costumam ser os mesmos. Em outras palavras, a maioria das pessoas não muda muito no nível do ego durante a fase adulta. Neste livro, porém, quero me concentrar nos poucos que *de fato* mudam e na ideia de que, se a inteligência espiritual da população geral fosse elevada, mais indivíduos poderiam mudar. A maioria dos traços da personalidade adulta foi mais ou menos meio a meio herdada sendo a outra metade adquirida. Não podemos nos transformar naquilo que desejamos, mas há muita coisa que podemos mudar se realmente quisermos.

No início da idade adulta, a maioria de nós se preocupa em formular estratégias que compatibilizem o ambiente e os relacionamentos com a personalidade existente do ego. Mais tarde, porém, em geral durante a crise de meia-idade, muitos procuram alcançar maior crescimento e introduzir maior equilíbrio na personalidade. Jung denominou esse processo posterior de crescimento de "individuação" e ligou-o à dimensão espiritual da vida. É, claro, o objeto do QS.

## O SISTEMA MYERS-BRIGGS

Podemos comparar o grupo de seis tipos de personalidade proposto por Holland com outro sistema muito popular. Em 1921, Jung descreveu seis estilos de atividade do ego como três pares de opostos: introversão *vs.* extroversão, pensamento *vs.* sentimento e sensação produzida por estímulo *vs.* intuição. Algumas combinações deles ocorrem geralmente, de modo que eu, por exemplo, poderia ser um tipo emocional extrovertido, com uma intuição introvertida como minha segunda característica. O trabalho de Jung tornou-se a base do Teste Indicador de Tipo de Myers-Briggs, muito popular, atualmente aplicado a mais de um milhão de pessoas todos os anos, frequentemente no contexto empresarial ou educacional.

*O lótus do eu I.*

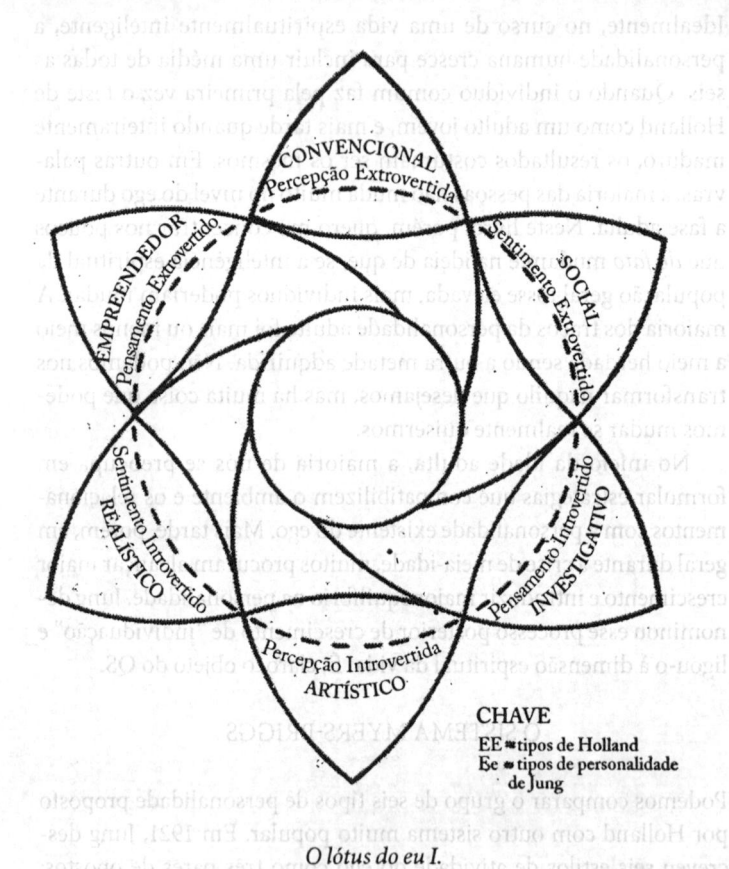

**CHAVE**
EE = tipos de Holland
Ee = tipos de personalidade de Jung

As relações gerais entre os tipos, sugeridas por Jung, porém, foram contestadas. Há indivíduos, por exemplo, capazes de pensamento ou sentimento de ambos, ou de nenhum – dependendo do contexto. Os conceitos básicos, no entanto, permanecem úteis. Certas combinações ajustam-se muito bem ao lótus do eu. O sentimento extrovertido de Jung, por exemplo, corresponde ao tipo social de Holland. O tipo artístico de Holland, por sua vez, corresponde à percepção introvertida (sensação introvertida mais intuição introvertida).

7

## O lótus do eu II: o meio associativo

A grande camada intermediária do lótus é o inconsciente associativo, o vasto repositório de imagens, relações, padrões, símbolos e arquétipos que nos influenciam o comportamento e a linguagem corporal, modelam os sonhos, ligam entre si famílias e comunidades e conferem sentido à nossa vida, sem referência ao pensamento racional. É a parte do eu onde dons e padrões estão inseridos no corpo e nas redes neurais do cérebro. Como Freud percebeu corretamente ao descrever o id, o inconsciente fervilha de energia dotada de uma lógica própria. O ego consciente, ao contrário, é formado com mais precisão.

De que maneira consciente e inconsciente se encontram? De que modo trocam informações e negociam estratégias? O que acontece na fronteira entre os dois e de que forma isso tem importância para a inteligência espiritual?

### MOTIVAÇÃO – A FRONTEIRA ENTRE CONSCIENTE E INCONSCIENTE

A motivação é o elo crucial entre consciente e inconsciente. No lótus do eu I posiciono os motivos, e as atitudes que lhes dão origem, entre a periferia do ego, nas pétalas do lótus, e o meio associativo, projetando-se em ambos os territórios. A periferia do ego diz respeito ao QI e à maneira como percebemos situações. O meio associativo trata do QE, do modo como sentimos e do que sentimos sobre situações. Os motivos se situam no ponto onde os dois se encontram – o que queremos *fazer* a respeito de situações. Uma vez que um aspecto importante do QS consiste em perguntar se queremos mudar situações e, nesse caso, de que modo, os motivos para agir podem estar ligados ao exercício do QS. Com efeito, a existência de uma meia dúzia de motivos separados constitui a principal razão por que o ego dispõe de uma meia dúzia de maneiras de relacionar-se com o mundo (as seis pétalas do lótus).

Por que quer o artista criar algo inexistente? Por que o tipo empreendedor quer escalar a alta montanha ou comunicar uma ideia ousada? Por que o tipo investigativo precisa tanto *saber*? Motivos são aquilo que nos move, que envia a energia latente nas emoções para os canais da personalidade do ego e as consequentes ações. Motivos, emoções, movimento – todas essas palavras derivam da mesma raiz linguística e todas falam em canalizar para algum lugar a energia psíquica mais profunda, ou libido, como a denominou Freud. Compreender que motivos existem e como funcionam é fundamental para compreendermos como podemos mudar e ampliar a maneira como canalizamos a energia básica, profunda, do eu – em outras palavras, compreender motivos é crucial para exercer nosso QS.

A maioria dos psicólogos ocidentais acredita que motivos constituem uma mistura do consciente e do inconsciente. O artista está parcialmente consciente do motivo pelo qual quer pintar determinado quadro, mas não conhece plenamente as forças profundas em seu inconsciente que o impelem a pôr na tela uma visão jamais vista antes. O político está parcialmente consciente do motivo por que promove uma certa causa, mas não sabe bem de onde vem a força de seu compromisso com ela. Somos sempre parcialmente estranhos a nós mesmos porque sempre somos mais do que nosso eu consciente.

Repetindo, psicólogos separam motivos de impulsos – considerando estes últimos como forças que nos impelem principalmente pelo instinto. A procriação é um instinto compartilhado com todos os animais inferiores. Já a amizade calorosa é um motivo que exige faculdades evolutivas mais altas. A defesa do território é outro instinto encontrado na maioria dos animais, ao passo que a autoafirmação é um motivo identificado principalmente entre seres humanos e os símios mais evoluídos. Os motivos são mais *psicológicos*, mais abrangentes, implicam certo exercício do livre-arbítrio, têm mais a ver com escolha autêntica, porque podem ser satisfeitos de uma grande variedade de maneiras. Posso defender meu território apenas expulsando invasores, mas posso satisfazer meu motivo de autoafirmação falando grosso, acotovelando outros que atravessam meu caminho, dando ordens a subordinados, e assim por diante. Em seres humanos, motivos provavelmente substituem instintos perdidos.

De acordo com os teóricos da personalidade, alguns motivos são característicos de certos tipos de personalidade. Diferem as opiniões sobre o número de motivos básicos e quais os que se correlacionam com os tipos de personalidade. O psicólogo motivacional americano R. B. Cattell é um dos grandes nomes na psicologia do Ocidente e um pilar na tradição de testes de personalidade. Seu trabalho é talvez o mais abrangente, o de base empírica mais ampla e o que foi mais submetido à prova. Tal como o trabalho de Holland sobre orientação vocacional, o de Cattell[1] sobre motivação é usado em todo o mundo. Ele chegou às suas conclusões por intermédio de uma grande variedade de meios para submeter a teste motivos conscientes e inconscientes – declarações de preferência consciente, reações tipo "detector de mentiras", medições do volume de tempo e energia investidos em determinadas atividades etc.

Enquanto Freud pensava que só havia dois motivos humanos básicos, sexo e agressão, Cattell cita cerca de doze. Acho, porém, que alguns deles, como a fome, seriam mais apropriadamente considerados como impulsos, ou instintos; outros, como o narcisismo, constituem formas negativas de um motivo mais positivo; e ainda outros, como lealdade à profissão escolhida, poderiam ser descritos como comportamento aprendido. Por tudo isso, escolhi como básicos apenas seis das categorias motivacionais de Cattell, renomeando-as, ou recategorizando-as, em alguns casos. Elas se correlacionam com cinco dos seis tipos de personalidade de Holland e, dessa maneira, com cinco das seis pétalas do lótus e seu centro. Os motivos restantes são os seguintes:

- gregarismo (o que induz o homem a viver em bando ou comunidades)
- intimidade (parental)
- curiosidade
- criatividade
- estruturação
- autoafirmação

Indico adiante os aspectos mencionados por Cattell como outros motivos separados.

O gregarismo está associado ao tipo convencional de personalidade e à primeira pétala do lótus. Significa ser movido pelo interesse em conviver com outras pessoas, ajustar-se ao grupo, participar ou assistir a provas esportivas e apreciar atividades coletivas de quase todos os tipos. Aqueles cujo principal motivo é o gregarismo pouco interesse sentem em rebelar-se ou viver sozinhos. Formas negativas ou ocultas desse motivo incluem, entre outras, retraimento e narcisismo – preocupação com o eu e incapacidade de relacionar-se (Cattell).

A intimidade do tipo parental está ligada ao tipo social de personalidade e à segunda pétala do lótus. Um motivo para procurar amizade calorosa implica ser influenciado pela necessidade de dar amor ou sentir que é amado. No esquema de Cattell, esse motivo está associado a sentimentos de proteção parental. Em sua forma mais desenvolvida, está vinculado também à ajuda aos aflitos e à prática de boas obras em uma escala mais ampla. Formas negativas ou ocultas de intimidade incluem raiva (Cattell) e ódio.

A curiosidade está associada ao tipo investigativo de personalidade e à terceira pétala do lótus. Implica ser motivado a explorar (Cattell), interessar-se por literatura, música, artes em geral, ciências, ideias, viagens, estudo da natureza etc. Expressões negativas ou ocultas incluem medo (Cattell), retraimento e apatia.

A criatividade está evidentemente ligada ao tipo artístico de personalidade e à quarta pétala do lótus. Implica ser o indivíduo condicionado a fazer algo que jamais existiu, a dizer algo de maneira inteiramente nova, a viver à margem da norma, ansiar pelo oculto ou pelo inexpressado, sonhar o impossível. As formas negativas ou ocultas da criatividade são destrutividade ou niilismo. O motivo criatividade comparece no esquema de Cattell apenas como "sexo", mas é encontrado em seu estudo e em muitos outros como criatividade, instinto de vida ou sentimentos românticos. É o motivo dominante em 10-15 por cento da população e está presente em todos os seres humanos devido à natureza de nossa consciência e à maneira como desenvolvemos o cérebro.

A estruturação está ligada ao tipo realista de personalidade e à quinta pétala do lótus. Implica ter prazer em brincar com dispositivos mecânicos, construir ou consertar coisas. Pessoas condicionadas por esse motivo têm muitas vezes uma vida interior rica em sentimentos, mas dificuldade em expressá-los em palavras. Antes dos dias da produção em massa, elas podiam manifestar tais sentimentos sob a forma de peças de cerâmica, fabricação de móveis e outras formas de artesanato. Quando mais desenvolvidos, os tipos realistas seguem o padrão aprendido de motivação que Cattell chama de "sentimento do eu", com ênfase em autocontrole, autorrespeito, exercício consciente de cidadania e interesse pela comunidade.

A autoafirmação está associada à personalidade empreendedora e à sexta pétala do lótus. Implica ser condicionado por interesse em alta renda, reputação, competitividade, conforto material para a família, sucesso no trabalho e política (para melhorar sua própria situação de vida). Quando mais desenvolvido, esse tipo continua a apreciar independência e liderança, embora seja mais motivado pelo desejo de servir à comunidade ou mesmo por interesses transpessoais. As formas negativas de autoafirmação implicam abdicar de responsabilidade, adotar postura humilde ou abusar do poder por motivos pessoais.

Cattell aborda ainda outro motivo, que chama de "religioso". Aceito esse motivo como fundamental, mas prefiro chamá-lo de "unificação", devido às experiências com as quais está ligado. Cattell associou-o "à sensação de estar em contato com Deus ou com algum princípio que confira sentido e ajuda às minhas lutas" e com interesse pela religião organizada. Esse motivo, contudo, aparentemente não está ligado a um único tipo de personalidade ou atividade, mas, em vez disso, vem a ser a força motriz na vida de todos os tipos de personalidade, motivo esse evidentemente associado à busca de sentido em tudo que fazemos. Em vista disso, posiciono-o não em uma das pétalas do lótus, mas no centro.

## O INCONSCIENTE ASSOCIATIVO:
## A CAMADA INTERMEDIÁRIA DO LÓTUS

Na parte média do eu situam-se os hábitos, as associações e as tradições da vida diária, o inconsciente pessoal, o id de Freud. Ficam aí também as narrativas e imagens das religiões e mitologias e a dinâmica interna da cultura. Os dramas vividos em nossos sonhos à noite e os modelos psíquicos que seguimos em nosso comportamento no dia a dia são encontrados aqui. Este é o local onde cada um de nós mergulha na sabedoria e loucura da dimensão além do ego, onde cada um de nós conhece o mundo fantasmagórico do esquizofrênico e o êxtase sublime do vidente. Este é o local onde conversamos com os deuses, deusas e heróis da raça, com todos os demônios do inferno, e onde as energias que se transformam em motivação lançam inicialmente raízes nos processos profundos e em desenvolvimento do eu.

O meio foi a área do eu desnudada inicialmente por Freud em seu estudo de neuroses e sonhos e mais tarde muito expandida por Jung e outros que, com o objetivo de descrever o inconsciente, reuniram em um todo o estudo de pacientes mentais psicóticos e povos primitivos, as narrativas das grandes mitologias e as imagens e símbolos da humanidade durante toda a história documentada. Em meio a essa massa de material reaparecem padrões, imagens e símbolos que sugerem uma estrutura universal para a psique inconsciente que Jung denominou "inconsciente coletivo".

O que são esses padrões e arquétipos profundos que reaparecem em civilizações diferentes? De que maneira se relacionam com as camadas do ego em nossa personalidade? Que arquétipos correspondem aos tipos de personalidade? Que energias profundas estão ligadas ao conjunto de motivos pessoais básicos esboçados no parágrafo anterior? Qual a estrutura dessas energias psíquicas profundas? E por que são tão universais?

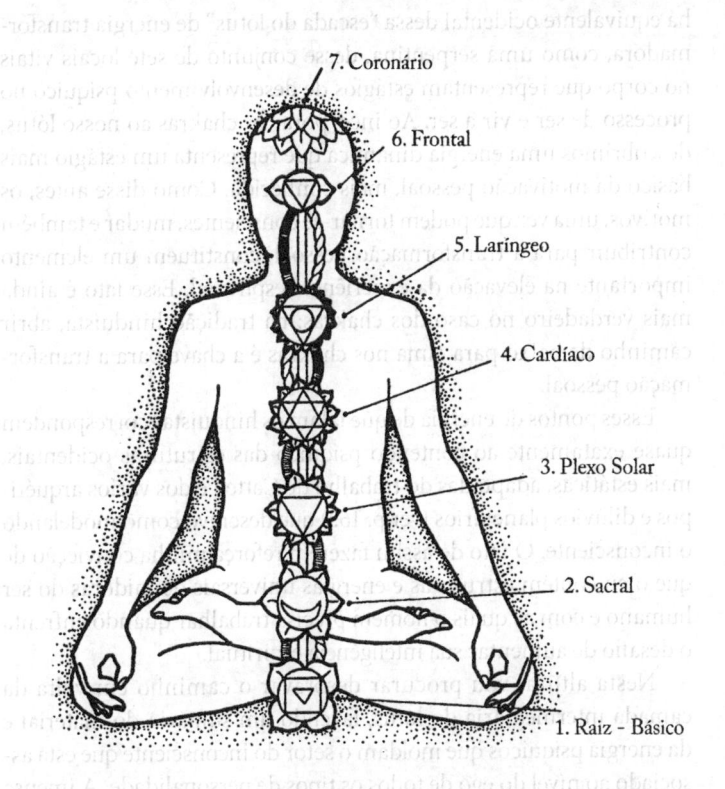

*Os chakras.*

- 7. Coronário
- 6. Frontal
- 5. Laríngeo
- 4. Cardíaco
- 3. Plexo Solar
- 2. Sacral
- 1. Raiz - Básico

Na camada externa do ego do eu, fico em apuros. O ego não pode consertar ou transformar a si mesmo: estes são recursos das camadas mais profundas do inconsciente. Mas mesmo aqui, no inconsciente profundo, os símbolos e imagens da tradição ocidental têm um aspecto estático. O que os condiciona? De que maneira o contato com eles fornece energia ao eu? Como, em suma, acontece a transformação?

Essas questões levam-nos ao ponto no lótus em que precisamos introduzir o conceito de chakras, da yoga Kundalini hinduísta. Não há equivalente ocidental dessa "escada do lótus" de energia transformadora, como uma serpentina, desse conjunto de sete locais vitais no corpo que representam estágios de desenvolvimento psíquico no processo de ser e vir a ser. Ao incorporar os chakras ao nosso lótus, descobrimos uma energia dinâmica que representa um estágio mais básico da motivação pessoal, mais conhecida. Como disse antes, os motivos, uma vez que podem tornar-se conscientes, mudar e também contribuir para a transformação pessoal, constituem um elemento importante na elevação da experiência espiritual. Esse fato é ainda mais verdadeiro no caso dos chakras: na tradição hinduísta, abrir caminho de baixo para cima nos chakras é a chave para a transformação pessoal.

Esses pontos de energia de que falam os hinduístas correspondem quase exatamente ao conteúdo psíquico das estruturas ocidentais, mais estáticas, adaptadas do trabalho de Cattell e dos vários arquétipos e dilúvios planetários (ver p. 162) que descrevo como modelando o inconsciente. O fato de assim fazerem reforça minha convicção de que o eu contém estruturas e energias universais definidoras do ser humano e com as quais o homem precisa trabalhar quando enfrenta o desafio de aumentar sua inteligência espiritual.

Nesta altura, vou procurar desbravar o caminho em volta da camada intermediária do lótus, fazendo um sumário do material e da energia psíquicos que moldam o setor do inconsciente que está associado ao nível do ego de todos os tipos de personalidade. A imensa riqueza de imagens e símbolos de tantas culturas pode ser destilada e transformada em certos padrões que se repetem, embora sob nomes e formas diferentes. Uma ampliação da repetição desses padrões em diferentes sistemas de símbolos pode ser encontrada na tabela do Apêndice, no fim deste livro.

## AS RAÍZES MAIS PROFUNDAS DA PERSONALIDADE CONVENCIONAL

A ciência ocidental antiga, a mitologia grega e romana e a mitologia anterior da Babilônia e do Egito utilizavam uma estrutura psicológica em sete estágios, derivada dos sete "planetas" que podiam ser observados nessa época. Uma vez que, segundo os físicos antigos, corpos físicos entrariam finalmente em repouso, a menos que empurrados por um ser vivo, julgavam eles que esses sete "viajantes" eram deuses, ou lares de deuses. Na mente antiga e clássica, os deuses eram associados a traços psicológicos e tipos de personalidade humanos. Essa associação persiste ainda hoje no fascínio pela astrologia e em expressões estranhas no linguajar, como amantes lunáticos (Lua), música marcial (referência a Marte, o deus da guerra) e doença venérea (alusão a Vênus). Analogamente, os arquétipos do inconsciente coletivo de Jung correlacionam-se quase exatamente com os traços dos deuses planetários. Uma correlação adicional é encontrada, embora não buscada intencionalmente, pelos criadores de sistemas de categorias psicológicas, entre esses deuses planetários, o esquema de motivação de Cattell e os chakras do hinduísmo.

O tipo convencional de personalidade e sua motivação associada de gregarismo têm suas raízes inconscientes nas qualidades atribuídas a Saturno. Mais velho do que os demais deuses do Olimpo e planeta que se move com grande lentidão, Saturno representa a firmeza, a forma, a estrutura, o equilíbrio – enfim, tudo o que é sadio, normal e previsível. Esse tipo de personalidade é o amálgama da sociedade. Para Jung, o arquétipo associado do inconsciente coletivo é a tribo, enfeixada pelo que ele chamou de "mística da participação", uma identificação e fusão primitivas com o grupo. Parte dessa característica é a necessidade sentida até pelos adultos mais independentes. De outra maneira, não poderíamos sentir que pertencemos a um grupo.

No que interessa à sua fonte mais profunda de energia, o tipo convencional está ligado ao primeiro dos chakras do hinduísmo, o chakra-raiz, localizado entre o ânus e os órgãos genitais. Parecendo um lótus de quatro pétalas, esse chakra está ligado ao elefante, que simboliza a força, a firmeza e a solidez da terra. Entretanto, como diz Joseph Campbell, autoridade do século XX em mito e mitologia, o elefante "é também uma nuvem condensada a andar sobre a terra, de tal modo que, se pudesse ser libertado dessa situação, ele subiria pelos ares".² O chakra-raiz representa a energia espiritual em sua forma mais baixa, destituída de inspiração, reativa, sem nenhum impulso inerente para expandir-se. A consciência nesse nível tem de ser despertada a fim de subir para níveis mais altos. Alguns autores associam o chakra-raiz à infância e à sua necessidade de segurança e apoio, os quais constituem a base de desenvolvimento ulterior estável. Caroline Myss³ liga-o ao sacramento cristão do batismo, ou ao ingresso da criança na comunidade humana.

## AS RAÍZES MAIS PROFUNDAS DA PERSONALIDADE SOCIAL

A personalidade do tipo social, e sua motivação principal de busca de amizade carinhosa, está associada a Vênus, a deusa romana do amor, equivalente à grega Afrodite, embora derivem de deusas do tipo Grande Mãe, como Astarté, deusa fenícia da fecundidade e do amor sexual. Vênus alimenta e protege além de despertar paixões entre casais. O arquétipo jungiano da Grande Mãe representa também esses aspectos de cuidado e proteção.

No que interessa à sua fonte mais profunda de energia, o tipo social está ligado ao segundo chakra, situado pouco acima dos órgãos genitais. Um lótus vermelho-alaranjado de seis pétalas, esse chakra está ligado à água. A energia fundamental aqui é a ligada ao sexo e à paternidade, seja expressa diretamente em relação sexual, fecundidade, ritos de casamento ou sublimada em atividades mais extensas de ajuda. Alguns autores ligam esse chakra a todos os sentimentos profundos em relação aos parceiros sexuais ou membros muito chegados da família, incluindo empatia e cuidados com outras pessoas. Distorções da energia desse chakra podem resultar em obsessão patológica com o sexo. A psicanálise freudiana tende a tratar toda a psique como se tivesse ficado presa nesse nível de evolução da energia psíquica.

## AS RAÍZES MAIS PROFUNDAS DA PERSONALIDADE INVESTIGATIVA

A personalidade investigativa, e seu principal motivo, a curiosidade, está ligada a Mercúrio, o deus romano (o Hermes grego), o jovem arauto que trazia aos homens as mensagens de Júpiter (Zeus). Mercúrio guiava também almas até o Inferno (fonte do conhecimento mais profundo) e, às vezes, trazia-as de volta. Era um deus infantil e de temperamento mutável, que com a maior facilidade podemos ligar ao arquétipo jungiano da Criança Eterna, que é também um guia da alma.

No que interessa à fonte profunda de energia psíquica, a personalidade investigativa recorre ao terceiro chakra, ou chakra do plexo solar. Descrito como um lótus de dez pétalas, está associado a calor abrasador e luz, ao objetivo de dominar e transformar o mundo em algo seu, e a poder. Seu símbolo é um triângulo branco, contendo fogo e símbolos da suástica nos lados. A energia neste caso está ligada às nossas tentativas de tornarmo-nos independentes e autoconfiantes. Tal como no período de latência de Freud, as questões emocionais e sexuais cedem lugar aqui a atividades mais intelectuais e afirmativas, à realização pessoal e à conquista.

## AS RAÍZES MAIS PROFUNDAS DA PERSONALIDADE ARTÍSTICA

O tipo de personalidade artística, que tem seu motivo mais profundo na criatividade e necessidade de transformar a realidade, está associado à Lua sempre mutável (Diana, na mitologia romana, Ártemis, na grega). A Lua, brilhando na escuridão, simboliza a intuição e o conhecimento residentes nas profundezas do inconsciente. Representa os poderes das trevas, estes sempre associados à criatividade, aos tesouros encontrados no inferno, à magia e à transformação. O tipo artístico extrai criatividade de dentro de si mesmo, de algum lugar além do ego consciente, de uma fonte de conhecimentos além da racionalidade e da lógica. Na Grécia antiga, a Lua estava associada aos ritos de criatividade e êxtase, à dança livre e a percepções da livre expressão de emoções. O arquétipo jungiano associado é a Sacerdotisa, ou mulher sábia, parte adivinha, parte feiticeira, a guardiã da morte e do renascimento (as fases da Lua), e daí da transformação. Jung e outros estudiosos ligaram também esse arquétipo ao xamã, o feiticeiro ou feiticeira que viaja por diferentes mundos da consciência para trazer de volta cura e transformação a almas perturbadas.

A fonte profunda de energia da personalidade artística está ligada ao quarto chakra, ou o chakra do coração. De acordo com Joseph Campbell e suas fontes hinduístas, os três primeiros chakras são responsáveis pela vida no dia a dia – integração na comunidade, sexo e paternidade, e aquisição de conhecimentos e poder pessoal. Com a energia do chakra cardíaco, porém, fazemos a transição para o interesse por algo mais elevado. Descrito como um lótus de 12 pétalas vermelhas e ligado ao elemento ar, é nele que se encontram o pensamento e o sentimento, em que experimentamos abertura para com o próximo e para novas experiências, um senso cada vez maior de beleza e idealismo profundo. A escritora Caroline Myss vincula o sacramento cristão do matrimônio a esse chakra.

## AS RAÍZES MAIS PROFUNDAS DA PERSONALIDADE REALISTA

A personalidade realista, atraída sobretudo pela luta e realização material, pode ser associada ao Marte romano (Áries, na mitologia grega), o deus da guerra. Tal como o tipo realista, Marte não é especialmente intelectual ou dotado de muita empatia. Demonstra, porém, grande perseverança e coragem. O arquétipo jungiano paralelo é o herói, que luta contra as forças das trevas (a sombra, ou repressão) para conquistar um tesouro para si e para os outros.

A energia mais profunda do tipo realista é encontrada no quinto chakra, ou chakra laríngeo. Esse chakra encarrega-se da luta para reunir as forças e energias dos primeiros quatro chakras com a finalidade mais alta da iluminação contemplativa. Descrito como um lótus de 16 pétalas de cor púrpura-esfumaçada, o chakra da garganta é ligado ao deus hindu Shiva, em sua forma hermafrodita, e aparece vestido com uma pele de tigre e brandindo seu tridente, machado de guerra, espada e raio. Alguns autores associam o quinto chakra às realidades mais duras da vida adulta e à vontade de perseverar na luta, a despeito das dificuldades.

## AS RAÍZES MAIS PROFUNDAS DA PERSONALIDADE EMPREENDEDORA

A personalidade empreendedora, que tem como principal motivo a autoafirmação e o amor por grandes esquemas e maquinações políticas, pode ser associada ao Júpiter romano (o Zeus grego), o grande rei-pai dos deuses e da humanidade. Júpiter era o rei do céu, das tempestades e da chuva fecundante. Poderoso e fértil em recursos, tinha também temperamento irascível e às vezes tirânico. Tal como todos os políticos, adorava incubar planos grandiosos, muitas vezes com consequências desastrosas. O equivalente jungiano é o Pai poderoso, o símbolo da liderança e da autoridade.

O tipo empreendedor retira sua energia psíquica básica do sexto chakra, ou chakra da testa. Situado acima e entre as sobrancelhas, é descrito como um lótus de duas pétalas de branco puro. No centro dessa flor senta-se a deusa Hakini de seis cabeças, cujos sinais expulsam o medo e conferem bênçãos. Joseph Campbell cita estudiosos hinduístas que julgam que os que estão no estágio desse chakra são inteiramente absorvidos por visões do divino. Outros estudiosos, porém, ligam-no à sabedoria e à maturidade, cujos desafios se tornam visíveis durante a crise de meia-idade. Nesse estágio, o indivíduo, tendo obtido sucesso mundano, procura, cultuando os símbolos e sentidos mais profundos da cultura, descobrir e expressar o sentido da vida. Caroline Myss associa esse chakra ao sacramento cristão de ordenação no sacerdócio.

À medida que nos aprofundamos mais na direção do centro do eu, distinções e limites começam a fundir-se e desaparecer. Todos os tipos de personalidade passam a embeber-se cada vez mais em nossa herança psíquica comum – a camada mais profunda, simbolizada por Jung como o inconsciente coletivo, a memória inconsciente compartilhada de nossa espécie. Aqui encontramos todos os deuses planetários, todos os arquétipos e todos os chakras jorrando para nossa personalidade e atos por meio de sonhos e associações inconscientes. Quanto aos chakras em si, considero-os como manifestações de energia ligando essa camada intermediária mais profunda do inconsciente à fonte e ao centro do eu mais profundo, o coração ou botão do lótus. Examinemos agora esse centro, o local dentro do eu onde surgem todas as suas muitas forças, energias, símbolos e estruturas.

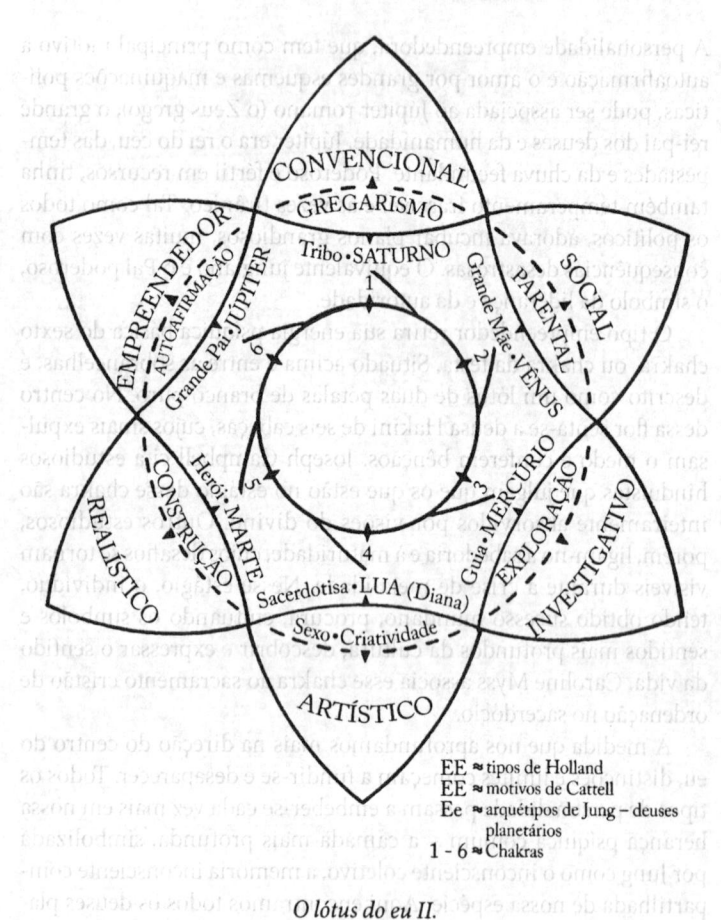

EE ≈ tipos de Holland
EE ≈ motivos de Cattell
Ee ≈ arquétipos de Jung – deuses planetários
1 - 6 ≈ Chakras

*O lótus do eu II.*

## 8
## O lótus do eu III: o centro

Trinta raios em uma roda de carroça
Dirigem-se para o cubo, que é o centro
– mas, vejam, nada há no centro e
é exatamente por isso que a roda funciona!

Se moldamos uma taça, temos de fazer uma cavidade:
o vazio interno é que a torna útil.

Em uma casa ou sala, são os espaços vazios –
as portas, as janelas – que as tornam habitáveis.

Todas elas usam aquilo de que são feitas
para fazer o que fazem,
mas, sem o vazio nelas,
elas nada seriam.

*Tao Te Ching*,[11]

Poderíamos descrever a moderna cultura ocidental como uma cultura de "centro ausente". Na física newtoniana não há um centro particular do cosmo. A gravidade é simplesmente uma força presente entre corpos materiais, em qualquer lugar em que sejam encontrados. Na medicina ocidental, o corpo tampouco tem um centro vital ou uma integridade unificadora. Ele é simplesmente um conjunto de partes – coração, pulmões, rins, cérebro etc., todas as quais são estudadas isoladamente. Na educação ocidental falta um sentido profundo do que seja um ser humano educado ou da educação *per se*. Nós simplesmente ensinamos "matérias" a nossos filhos – matemática, geografia, inglês, química, e assim por diante. Nas religiões tradicionais do Ocidente, Deus é simplesmente algo que "está lá", com relação ao qual nós, "aqui", nos orientamos.

De igual maneira, a psicologia ocidental do eu, ou da personalidade, tampouco tem um centro. Somos apenas uma combinação de traços de personalidade e motivos inconscientes, um conjunto de características comportamentais, um feixe de tendências genéticas, uma série de atividades neurais. Quando a psicologia tenta ajudar a nos conhecermos, utiliza essas características superficiais. Não nos fornece um foco interior, do qual possamos unificar e transformar a nós mesmos e a nossa experiência. Na linguagem deste livro, a psicologia moderna carece também de um conceito do que seja a inteligência espiritual.

A citação do *Tao Te Ching*, no começo deste capítulo, mostra bem a filosofia diferente das tradições orientais. No Oriente, como na teoria do campo quântico da física do século XX, o vazio possui uma espécie de totalidade fecunda e a imobilidade é a prova dessa verdade. As coisas, a existência, o eu, o corpo, são mantidos juntos graças a um centro que a tudo permeia e que em si nem pode ser visto nem expressado. O eu não pode ser vivido ou compreendido exceto quanto a seu centro, que é o todo da criação manifestado por essa realidade psíquica que experimento como "eu". "Eu sou o cosmo e os Budas estão em mim", dizem os textos orientais. "Em mim está a luz cósmica, uma presença misteriosa, mesmo que obscurecida pelo erro."[1] Os hindus falam naquele "Eu interior que não se vê, embora oculto em todas as coisas",[2] e na "luz divina misteriosamente presente e brilhando em todos nós".[3]

No misticismo cristão ocidental, de igual maneira, há o senso de um centro existente no interior, ligado à fonte de todas as coisas e que é também a chave para o verdadeiro conhecimento. No livro de Jó, na Bíblia, lemos: "Na verdade, há um espírito no homem, e o sopro do Todo-Poderoso o faz entendido" (32-8). Em seu Evangelho, diz São Lucas: "Porque o Reino de Deus está dentro de vós." Em outros trechos de Lucas e no Evangelho de São João, o "reino dentro de vós" é comparado a uma minúscula semente que pode crescer e transformar-se em frondosa árvore.

O grande místico cristão São João da Cruz definiu o centro da alma como Deus, "(...) e quando a alma chega a Ele, segundo toda capacidade de seu ser e segundo a força de sua evolução, ela terá chegado ao seu centro profundo e final".[4] Em veia similar, um moderno místico americano, o monge Thomas Merton, acreditava que a alma não era nenhuma essência independente, individual, "mas um ponto de nada no centro de nosso ser, que pertence inteiramente a Deus".[5] Esse ponto de nada é um ponto de solidão profunda e é em nossa solidão mais profunda que conhecemos a Deus: "Esse 'eu' interior, que está sempre só, é sempre universal, porque é nesse 'eu' mais profundo que minha própria solidão se encontra com a solidão de todos os outros homens e com a solidão de Deus."[6]

Textos místicos judaicos dos séculos XVII e XVIII expressam ideias semelhantes: "O conhecimento do eu é um meio para o conhecimento de Deus, o Criador, e também para o conhecimento do universo criado", escreveu o rabino Schneur Zalman. O pilar da filosofia de Sócrates era "Conhece-te a ti mesmo". Esse conhecimento do eu levava ao conhecimento da verdade, do bem e da beleza. E, finalmente, importa dizer que o conhecimento de um eu profundo e de um centro profundo não se limita a místicos e filósofos. A escultora britânica Anish Kapoor, cuja obra mostra um Vazio fecundo no eu e na realidade, descreve o centro do eu como um "local de quietude e singularidade". E, na descrição que P. W. Martin nos deu de um soldado na Primeira Guerra Mundial que vivencia a luta e o pavor da morte, lemos que ele, no fragor da batalha, compreendeu que havia em si um centro profundo que era "absolutamente indestrutível":

No verão de 1916 eu seguia com meu batalhão para a linha de frente. Estávamos ansiosos e bastante nervosos. Seria nossa primeira experiência ativa da guerra. A marcha tardia até as trincheiras teria de ser feita em fins da tarde e durante a noite. Começamos, pesadamente carregados, tropeçando em estradas calçadas de pedras. A chuva caiu torrencial, encharcando-nos.

Continuamos assim até meia-noite e, na escuridão, chegamos a uma aldeia semidestruída. Tudo ali estava em silêncio, em um ambiente quase pacífico. Alojamo-nos em estábulos e casas de fazenda que ainda tinham telhados e paredes, alijamos o equipamento e dormimos quase no mesmo instante em que o corpo tocou o chão.

Acordei com um sobressalto, um uivo nos ouvidos e um barulho como o estrondo do dia do Juízo Final. Durante alguns segundos, silêncio, quebrado apenas pelo som de fragmentos que caíam. Mais uma vez, o longo e pavoroso uivo e outra explosão ensurdecedora. Deitado ali no chão, arrancado das profundezas do sono, senti um medo como nunca tive antes. Da cintura para baixo eu me sacudia, tomado de um tremor incontrolável, uma experiência horrível. Na mesma fração de tempo, a parte superior de meu corpo projetou-se instintivamente, com uma profunda e arquejante respiração, para alguma coisa além de meu conhecimento.

Tive a experiência de ser agarrado, com tanta facilidade e elegância quanto um bom jogador de críquete pega a bola. Um senso de alívio indescritível fluiu por todo meu ser. Eu soube, com uma certeza que nenhuma outra certeza me poderia dar, que estava em segurança. Não havia garantia de que não seria reduzido a migalhas no instante seguinte. Eu esperava ser. Mas sabia também que, embora esse pudesse ser meu destino, isso não teria grande importância. Havia em mim alguma coisa que era indestrutível. O tremor parou e fiquei inteiramente calmo e tranquilo. Outro obus chegou e explodiu, mas ele havia perdido a capacidade de despertar terror.[7]

Em termos psicológicos modernos, poderíamos associar melhor o centro do eu à fonte da imaginação humana, àquele local profundo no interior do eu com o qual sonhamos, concebemos o impossível ou o ainda inexistente. No zen-budismo, o centro é ainda mais imóvel, um local além de toda capacidade da imaginação:

Podemos na realidade penetrar mais além das profundezas do inconsciente coletivo da natureza humana e chegar ao mar insondável da natureza de Buda. Se formos além do inconsciente coletivo, rompendo, dessa maneira, a barreira final das camadas inconscientes do eu, experimentaremos mais uma vez um autêntico nascimento no oceano do vazio. Esta é a liberdade infinita do não eu, da não mente, da não ideia. Esta é a vida em si, inteiramente incondicionada. Aqui, na não mente infinita, encontramos flores, a Lua, nossos amigos e família e todas as coisas justamente como elas são. Compreenderemos nossa vida diária como um milagre.[8]

O centro é uma fonte dentro de nós, repleta e inesgotável, e em si mesma o âmago de alguma realidade mais ampla, talvez sagrada ou divina. É simultaneamente aquilo que nos alimenta e por meio do qual alimentamos nossa criatividade.

Os cientistas modernos mais sensíveis falam em uma fonte profunda no interior do eu, da qual jorra sua criatividade. No *Faith of a Physicist*, D. H. Huntley escreve:

> O físico é impelido por sua própria experiência a concluir que sua personalidade dispõe de profundezas e recursos além da capacidade da mente consciente analisadora, onde residem poderes de síntese, apreciação e compreensão, uma habilidade latente e sabedoria superiores àquelas com as quais sua consciência está rotineiramente acostumada. Esse fato sugere que a estrutura da física, repleta de uma imensidão de fatos, foi construída em regiões mentais em que realidade é secundária à síntese.[9]

As palavras finais de Huntley constituem uma aproximação tão boa quanto qualquer outra da dinâmica das oscilações neurais unificadoras de 40 Hz do cérebro e da síntese de pensamentos, emoções, símbolos, associações e percepções com os quais elas estão ligadas. A pesquisa recente sobre o papel dessas oscilações em nossa vida mental consciente e inconsciente é a maneira como a ciência descreve um centro do eu.

Este é também, claro, o tema central deste livro. E é do centro de atividades unificadoras do centro no cérebro e do lugar do centro no interior do eu e da realidade cósmica que emerge a inteligência espiritual do homem. Conhecer o centro, conhecer o que podemos ou não dizer sobre ele, saber como pode ser vivenciado e difundido por toda nossa personalidade é a chave para elevar e usar nosso QS.

Reciprocamente, ignorá-lo, a incapacidade de até mesmo saber que nosso eu tem um centro, constitui a causa principal da estupidez espiritual. Hoje, muitas vezes, falamos em "nos encontrar". No entanto, se não temos relação com o centro, descobrimos que estamos em alguma pétala distante do lótus, em um nível mais superficial do ego.

Se assim, o que é esse centro do eu, esse Ser Profundo que constitui a origem de tudo que sabemos e somos, de toda síntese e transformação pessoal? Que tentativas foram feitas para falar sobre ele na mitologia e nos arquétipos jungianos? Com que motivos e energias dos chakras está ele associado? Pôde a ciência do século XX acrescentar algo a nosso conhecimento do centro?

## SÍMBOLOS DO CENTRO

O Sol é a fonte de luz, do calor e da energia vital. É o centro em torno do qual revolvem todos os planetas. Tal como o centro do lótus, é uma metáfora para descrever o centro da personalidade. A metáfora, no entanto, não consegue expressar o aspecto amorfo, indescritível, de algumas experiências místicas. O espaço vazio, ou o vácuo quântico, aproximam-se mais do que temos em mente.

O arquétipo jungiano do eu é o equivalente ocidental mais próximo do centro do lótus, que propomos aqui. Ao contrário de Freud, que considerava o ego o princípio organizador dominante da personalidade e, portanto, a consciência no estado de vigília como o elemento decisivo da integração pessoal, Jung descrevia o eu como abrangendo as mentes consciente e inconsciente, o "centro e a circunferência" do indivíduo. Ainda assim, em outros trabalhos, Jung descreveu-o como o centro da personalidade, o arquétipo central e o centro do campo de energia da personalidade.[10]

O paradoxo visível é explicado quando lembramos que Jung usou o termo em três sentidos diferentes. O eu original, que para alguns analistas já está presente no nascimento do indivíduo, dá origem mais tarde ao ego e a outros complexos, bem como ao eu central do adulto. Essa imagem assemelha-se à nuvem inicial de gás diluído que, ao se contrair, deu origem ao Sol e a seus planetas; ou ao bulbo do lótus, do qual nasce a flor, com centro e pétalas. A terceira e mais importante referência de Jung ao eu é como aspecto integrador e transformador da personalidade.

Jung pensava frequentemente que o eu só se tornava acessível ao homem após a crise da meia-idade. Nesse ponto, em conjunto com sua "função transcendente", o arquétipo do eu fundia opostos na personalidade, tais como pensamento e sentimento. O arquétipo do eu e a função transcendente seriam o símbolo e o processo de autotransformação. Ele, porém, julgava a autotransformação como mais apropriada a fases posteriores da vida, enquanto eu a associo à inteligência espiritual e considero-a potencialmente ativa durante toda a vida.

Em termos muito semelhantes aos que venho usando sobre o QS, Jung pensava que o arquétipo do eu não podia ser dissociado do papel psicologicamente integrador representado pela busca de sentido e finalidade na vida. Conforme observa o estudioso jungiano Andrew Samuels, palavras como "unidade", "ordem", "organização", "inteireza", "equilíbrio", "integração" e "totalidade" continuaram a reaparecer na discussão jungiana do eu. "Essa variedade de termos pouca importância teria, no entanto, se não existisse a conexão fundamental entre o eu e as questões de sentido."[11]

Em alguns sistemas de símbolos ora existentes, como no hinduísmo, a energia psíquica profunda do centro está ligada ao sétimo chakra, o coronário. Localizado fora do corpo, acima da cabeça, esse chakra é frequentemente representado por um halo em pinturas religiosas na tradição ocidental. Trata-se de uma energia pura, luminosa, "luz pura, uma única luz, além de nomes e formas, além do pensamento e da experiência, além mesmo dos conceitos de 'ser' e 'não ser'".[12] Representado pelo lótus de mil pétalas, lançando raios de luz lunar, o chakra coronário realiza a união pura da alma humana com o que quer que chamemos de "Deus". "Enquanto em seu centro, brilhante como um relâmpago, situa-se o triângulo-yoni final [símbolo da criação], dentro do qual, bem escondido e difícil de ver, localiza-se o grande vazio brilhante secreto, servido por todos os deuses."

Embora as energias do chakra coronário possam *criar* novos símbolos e formas, o chakra em si está além de todos os símbolos e formas existentes. Podemos vivenciar essa energia pura em experiência mística espontânea de Unidade. Além disso, ela é muitas vezes mencionada em experiências de quase morte. Em *A divina comédia*, mais especificamente no *Paraíso*, Dante descreve uma dessas experiências:

Um único momento é para mim maior do que o esquecimento
  Do que os cinco ou vinte séculos da proeza
  Que levou Netuno a espantar-se ante a sombra de Argo.
Assim, a minha mente, inteiramente extasiada,
  Olhava, fixa, imóvel e atenta
  E, enquanto eu continuava a olhar, mais luminosa ela
    [ficava.
Nessa Luz, o homem se torna tão fascinado
  Que é impossível que ele jamais
  Consinta em abandoná-la por outra visão.[13]

## A NEUROLOGIA E A FÍSICA DO CENTRO

Em *The Surangama Sutra*, Ananda, o principal discípulo de Buda, faz a seguinte pergunta: "Senhor Buda, falaste sobre unidade e unicidade, exclusivas da Essência pura, misteriosa e eterna, mas não compreendi bem. Quando meus seis órgãos dos sentidos percebem essa realidade, ela aparece como outras tantas emanações. De que modo o Um pode parecer tantos?" Em resposta, o Buda puxou um lenço do manto e disse: "Como estás vendo, tenho aqui um único lenço", disse ele. "Agora, vou nele dar seis nós. Temos aqui seis nós, mas ainda um único lenço."[14]

Até fins do século XX, esse tipo de linguagem era o único a descrever a energia unitiva encontrada no centro do eu e da vida. Essas descrições, porém, nada dizem à mente moderna. Hoje, tais perguntas exigem respostas "científicas", fenômenos cerebrais que o homem possa "pesar e medir", experimentos sobre os quais possa ler.

Em termos neurológicos, vimos no capítulo 4 que a experiência unificadora do cérebro tem origem nas oscilações neurais de 40 Hz que viajam por todo o cérebro. Elas proporcionam um "tanque" ou "fundo" sobre o qual ondas cerebrais mais excitadas podem "encrespar-se" para gerar a rica panóplia da experiência mental consciente e inconsciente do homem. Essas oscilações constituem o "centro" do "eu", a origem neurológica de onde ele emerge. Formam o substrato neurológico da inteligência espiritual unificadora, contextualizadora, transformadora, do homem. E é por intermédio dessas oscilações que o homem insere sua experiência dentro do contexto de sentido e valor e descobre a finalidade da vida. Constituem uma fonte unificadora da energia psíquica que corre por toda sua experiência mental diversificada.

Em busca da física que melhor descreva o centro do cosmo, temos de nos voltar para a teoria do campo quântico, a adaptação da física quântica surgida em fins do século XX. A teoria do campo quântico descreve todas as coisas existentes como estados, ou configurações, de energia dinâmica, oscilante. Você, leitor, eu, as cadeiras onde nos sentamos, o alimento que ingerimos, são, sem exceção, configurações dessa energia. E *sobre* o quê oscila essa energia? Vimos no capítulo 4 que o estado básico de todo ser é sempre um "oceano", ou estado de fundo, de energia não excitada, denominada vácuo quântico.

Esse vácuo é a versão científica do lenço de Buda, a Coisa Única que, quando amarrada em uns tantos nós (excitada e transformada em muitos estados de energia), aparece como outras tantas manifestações. Todas as coisas são excitações do vácuo quântico e este, por conseguinte, existe como centro no interior de todas elas. A energia do vácuo não só serve de base, mas permeia o cosmo. Uma vez que somos parte do cosmo, a energia do vácuo, em última análise, serve de base e permeia o eu. Nós somos "ondas" no "oceano" do vácuo. O vácuo é o centro final e origem do eu. Quando realmente centrado, o eu está centrado no fundamento de todo ser. Em nosso diagrama do lótus do eu, o vácuo quântico é a "lama" onde nasce o talo do lótus.

## DE QUE MANEIRA USAMOS O LÓTUS DO EU?

O lótus do eu é um mapa, ou mandala, uma imagem das camadas da psique humana, partindo do ego racional mais externo, passando pelo meio associativo inconsciente e chegando ao centro, com sua

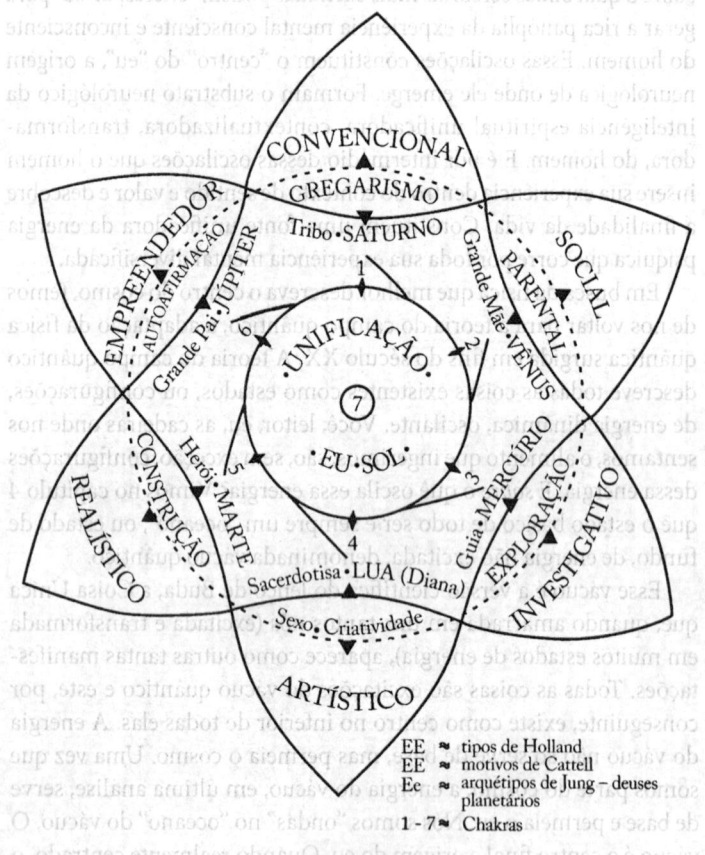

| | |
|---|---|
| EE | ~ tipos de Holland |
| EE | ~ motivos de Cattell |
| Ec | ~ arquétipos de Jung – deuses planetários |
| 1 - 7 | ~ Chakras |

*O lótus do eu III*

energia psíquica transformadora. Cada pétala, cada tipo de personalidade no nível do ego, pode existir isolada de outras qualidades do ego, dos níveis pessoal ou mítico do inconsciente associativo, e do centro. Esse fato, porém, conforme veremos no capítulo 10, tem como resultado o indivíduo espiritualmente atrofiado. O eu espiritualmente inteligente requer mais integração. Ser médico, por exemplo, exige qualidades intelectuais e interpessoais. Grandes cientistas transcendem o saber estritamente científico e usam esses conhecimentos para contribuir com sabedoria filosófica ou espiritual para o contexto mais amplo da vida humana. Grandes artistas ultrapassam o ego e chegam ao nível mítico, inconsciente, e precisam fazer contato com o centro em si, para que suas criações tenham vitalidade autêntica. Na verdade, todos nós, se quisermos ser espiritualmente inteligentes e tornar nossa vida uma criação de importância vital, teremos de estabelecer contato com o centro. Esse assunto será discutido em detalhes nos capítulos 10 e 11.

Quero encerrar este capítulo citando algumas palavras de Thomas Merton, monge americano do século XX, sobre a finalidade da mandala. Não consigo pensar em melhor descrição da finalidade de usar o mapa do lótus do eu:

> Qual a finalidade da mandala? (...) Meditamos sobre a mandala com o objetivo de controlar o que acontece dentro de nós, em vez de "ser controlado por isso". Meditando sobre a mandala, podemos, à vontade, construir e dissolver as configurações interiores. Meditamos não para "aprender" (...) uma doutrina religiosa, mas para nos tornarmos o Buda entronizado em nosso próprio centro.[15]

# Parte IV

# Usando o QS

# 9
## Como o homem se torna espiritualmente atrofiado

Tudo que é real está no centro da Terra.
Mas, se o centro se encontrasse com a superfície,
eu poderia me quebrar.

Richard, um paciente esquizofrênico

Neste capítulo tentarei explicar as principais maneiras pelas quais o homem torna-se psicologicamente fragmentado, ou quebrado, por ser espiritualmente atrofiado ou doente. Em primeiro lugar, e por isso mesmo, preciso explicar o que entendo por doença espiritual.

A psicologia freudiana trata de psicopatologia – isto é, maneiras como a psique pode sair do estado de equilíbrio ou ser prejudicada por raiva, medo, obsessão, repressão, compulsão, e assim por diante. Pensava Freud que tais patologias eram resultado de um desequilíbrio dinâmico entre o id, o ego e o superego, um desequilíbrio entre o ego racional, consciente, e as exigências da esfera geralmente inconsciente. As causas incluíam coisas tais como pais que não amaram os filhos o suficiente, esperaram demais deles ou lhes ensinaram a reprimir instintos, o que lhes ocasionou problemas sexuais, e códigos morais de uma sociedade que frustra instintos naturais.

Doença espiritual e redução do QS são resultados de problemas de relacionamento com o centro profundo do eu. Isso acontece porque o homem é separado das raízes nutrientes do eu, que transcendem tanto o ego quanto a cultura associativa e penetram na substância do próprio ser. Alguns poderiam denominá-la "doença existencial".

Jung preocupou-se muito com essas doenças espirituais, ou existenciais, e afirmou que todas as psiconeuroses "terão de ser compreendidas, em última análise, como uma alma sofredora que não descobriu seu sentido".[1] O médico irlandês Dr. Michael Kearney chama esse tipo de sofrimento de "dor da alma": "A doença surge quando o indivíduo é separado ou está em conflito com as partes mais profundas do seu ser. E, da mesma forma que a conexão com a alma pode trazer inteireza e senso de importância, a dor da alma representa uma experiência de fragmentação, alienação e falta de sentido."[2] Kearney, que trabalha com moribundos em um abrigo em Dublin, argumenta que a dor da alma está na raiz e é uma das causas da dor ligada a numerosas doenças físicas.

Em geral, o homem torna-se espiritualmente atrofiado por três causas, principalmente:

- por não ter desenvolvido absolutamente nenhum dos aspectos do eu;
- por ter desenvolvido desproporcionalmente algum aspecto de um modo negativo ou destrutivo;
- por ter um relacionamento conflitante ou não manter relacionamento com os diferentes aspectos do eu.

Na linguagem de nosso mapa do lótus do eu, a atrofia espiritual ocorre em alguma pétala distante, separada das demais pétalas (aspectos da personalidade), amputada do meio ou envolvida por ele (símbolos e mitologias comuns da cultura em que vive o indivíduo), e, acima de tudo, alienada das forças integradoras do centro vitalizante.

Na patologia espiritual, temos de lidar com as mesmas doenças de que tratam a psicologia e a psiquiatria ocidentais tradicionais – psicose maníaco-depressiva, vícios, paranoia, e assim por diante –, com a diferença de que atribuímos esses estados a problemas de sentido e valor e à incapacidade consequente do homem de integrar e equilibrar sua personalidade. A patologia espiritual leva-nos também a áreas normalmente tratadas pela psicologia e psiquiatria tradicionais – isto é, o desespero, o "lado escuro" ou rejeitado do eu, a possessão e o mal.

A esquizofrenia é uma doença clássica que eu descreveria como tendo origem em problemas com o centro e com uma inteligência espiritual cronicamente baixa. O esquizofrênico não consegue integrar-se nem integrar o mundo em sua vida. Suas experiências, emoções e percepções ocorrem fora de contexto. O que psiquiatras descrevem como componentes psicológicos da esquizofrenia – os efeitos produzidos pelo ambiente, relacionamentos, reações e opção pessoal – serão, acho eu, descritos com maior propriedade como um componente espiritual – ou seja, a incapacidade do paciente esquizofrênico de estabelecer contato com o centro e usar as energias vitalizantes e integradoras desse centro. Richard, citado anteriormente, embora fascinado pelo centro, fica apavorado com a possibilidade de deixar que ele se encontre com sua "superfície", o ego consciente. Quero contar aqui a história de Richard porque ela serve de exemplo do que entendo por aspecto espiritual da vida humana e como essa vida pode atrofiar-se por falta de inteligência espiritual.

Richard tem 35 anos e nos dez últimos anos sofreu crises de esquizofrenia que o deixaram quase inteiramente incapaz de lidar com as rotinas da vida diária. Tornou-se sonhador e ensimesmado, dorme muito pouco, perde ou dá a estranhos seu dinheiro e posses, faz amizades esquisitas e, às vezes, perigosas, fala em uma torrente de associações desconexas, embora profundamente significativas.

O começo da vida impôs forte tensão a seu desenvolvimento emocional. Abandonado pela mãe, foi adotado por pais de classe operária e viveu em um lar que pouco lhe oferecia em matéria de estímulo intelectual a seu QI alto. Aos 14 anos começou a ter problemas de comportamento e acabou expulso da escola. Passando a morar com o pai e a nova madrasta, encontrou um ambiente intelectualmente rico mas ainda emocionalmente insatisfatório. Procurou refúgio nos livros e na solução de problemas de natureza intelectual.

Após brilhante carreira na universidade, teve de enfrentar o desafio de entrar no mundo real e sofreu sua primeira crise. Desde então, tem vivido sozinho, exerce profissões humildes e tem poucos amigos.

O aspecto que mais me interessa nessa história é a diferença profunda observada na personalidade e talentos de Richard quando está bem ou doente. Quando bem, é uma pessoa seca e incapaz de sentir emoção, concentrando a conversa em tópicos intelectuais abstratos. É perceptivo em relação ao próximo, mas de maneira fria e impessoal. Parece quase inteiramente destituído de personalidade. Embora altamente atraente, não transpira energia sexual e dá a impressão de que não pertence àquele corpo. Jamais discute sentimentos.

Quando doente, pouco lhe adianta o QI alto, já que as crises afastam-no de pensamentos racionais lógicos e práticos. O restante da personalidade, porém, explode de vida e é dotado de notável inteligência emocional. Transpira calor humano e carisma. Todos os seus pensamentos apresentam uma camada arquetípica profunda e são impregnados por um sentido mais amplo, a intuição é aguçada, e ele expressa livremente emoções e sexualidade. Irradia energia sexual e parece sentir-se bem com o corpo. Relaciona-se bem com as pessoas, torna-se aberto, profundamente empático e bem-humorado.

Se pensamos na alma como sendo um canal entre a personalidade externa e um mundo interno de sentido mais profundo, diríamos que a alma de Richard está fendida. Ele é, no sentido que lhe dá R. D. Laing, um "eu dividido" – dividido entre um ego externo saudável, quebradiço, e uma vida interior intuitiva e muito rica em sentido, à qual só tem acesso por meio da loucura. Diríamos que ele está em contato com seu espírito apenas quando louco.

A história de Richard serve de exemplo de duas patologias opostas do espiritual, duas maneiras extremas, por meio das quais podemos adoecer por problemas de sentido. Quando mentalmente são, Richard não mantém nenhuma relação com seu centro espiritual. Não consegue estabelecer contato com o sentido existencial. Quando doente, é inteiramente subjugado por esse sentido. O que ele precisa é de uma mistura dos dois.

## NOSSA SOCIEDADE ESQUIZOIDE

Muitos de nós nos identificamos um pouco com o lado "sadio" de Richard, isolados de sentido pelo que nos pode parecer uma gaiola de vidro. Olhamos para o mundo como se fossem atores seguindo um roteiro que não entendemos bem, executando os movimentos da representação de um papel que não compreendemos, que não podemos realmente *sentir*. Ou, como uma ex-alcoólatra me descreveu: "Era como estar em um vácuo, em um vazio, como estar em um lugar morto, em um campo morto. Eu me sentia desligada de mim mesma, dos outros em volta, e de Deus."

Todos os personagens dos romances de Kafka apresentam esses mesmos aspectos. Levando vidas um tanto petrificadas, eles são como sonâmbulos na paisagem social, assumindo quase as proporções de pesadelo a incapacidade de que sofrem de extrair sentido do mundo e dos fatos. A literatura do século XX fervilha de relatos semelhantes – a "náusea", a "alienação" e a "má-fé", de Sartre; a "doença da morte", de Kierkegaard; o "desmoronamento", de Heidegger; o "estrangeiro", de Camus; e até mesmo a "falsa consciência da burguesia", de Marx. Todos eles descrevem uma espécie de desligamento do eu e dos outros. Quando aparecem em pessoas mentalmente sadias, esses sintomas são considerados indicações comuns do estado conhecido como "esquizoide". Vimos, no capítulo 5, que essa doença está ligada ao aumento de atividade nos lobos temporais do cérebro. O outro sintoma desse estado, menos comum, assemelha-se ao aspecto insano de Richard. É identificado em pessoas tão abertas a largas sequências de associação que elas parecem sonhadoras e indecisas, incapazes de se entregar de corpo e alma a um caminho definido na vida, esquisitas e excêntricas em seus pensamentos e conduta, às vezes engolfadas pela vida interior, impulsivas, irrealistas. Conforme vimos, esses traços estão frequentemente ligados à criatividade.

Considero a sociedade atual como esquizoide não só porque esse estado é extremamente comum, mas por estar estreitamente relacionado com problemas de sentido e do trato inteligente deles. A maioria dos psiquiatras e psicólogos que escrevem sobre características da personalidade esquizoide observa que elas foram muito mais comuns no século XX do que antes, sendo, na verdade, *características* da vida nestes tempos.

Rollo May, psicólogo de meados do século XX, escreveu que a maioria dos pacientes que o procuravam para tratamento sofria de distúrbios de personalidade esquizoide. Era, disse ele, a doença de nossa época. Viktor Frankl, descrevendo esse estado como um "vácuo existencial", liga-o ao senso geral de tédio em nossa cultura, particularmente entre os jovens. "Um levantamento estatístico", escreve ele, "revelou recentemente que 25 por cento entre os estudantes europeus demonstravam um grau mais ou menos claro de vácuo existencial. Entre meus alunos americanos, o número não era de 25 por cento mas de 60 por cento."[3]

A pesquisa de Frankl foi realizada em fins da década de 1950. No capítulo 5 vimos que levantamentos psiquiátricos em fins da década de 1990 indicaram que de 60 a 70 por cento da população nos países desenvolvidos sofriam de algum grau de desorientação esquizoide. Incluíam um número imenso de pessoas que procuravam o médico da família por motivo de depressão, fadiga, transtornos alimentares, estresse e vícios – as "doenças de sentido". Em alguns casos, essas queixas eram sinais de ainda outras doenças mentais. Se incluirmos os laços entre estresse e doenças como o câncer e cardíacas, as doenças mentais/emocionais constituem o maior conjunto de razões por que os habitantes do Ocidente consultam hoje os médicos. Coletivamente elas são também importantes entre indivíduos que cumprem penas de prisão ligadas a distúrbios da personalidade.

Como cultura, estamos enlouquecendo. Por quê? Argumentamos neste livro que as razões são principalmente de natureza espiritual, que nossa instabilidade pessoal e coletiva deriva da forma peculiar de alienação associada ao fato de o homem ter se afastado de seu centro – alienação do sentido, valor, finalidade e visão, alienação das raízes e das razões de nossa humanidade.

## OS TRÊS NÍVEIS DA ALIENAÇÃO ESPIRITUAL

Por intermédio do lótus do eu vimos que há no eu três níveis básicos. Todos eles têm um papel a desempenhar na inteireza psíquica. De igual maneira, alguma forma de alienação pode ocorrer em cada um dos níveis, deixando o homem atrofiado espiritualmente, ainda que de modos diferentes.

Na cultura moderna, ocidentalizada, a forma mais comum de atrofia espiritual ocorre porque a camada exageradamente desenvolvida do ego separou-se do meio e/ou do centro. Somos racionais demais, conscientes demais de nós mesmos, propensos demais a jogos e a assumir poses. Fomos também separados do corpo e de suas energias, desviados demais de nossos sonhos e dos recursos mais profundos da imaginação. De modo geral, essas situações levam a uma queda observável na inteligência emocional. Podemos ser empolgados pela raiva, medo, cobiça, inveja. Tornamo-nos desequilibrados e não conseguimos lidar com o desequilíbrio nos demais. E perdemos contato também com a inteligência espiritual. Jogos e poses significam em geral que fomos absorvidos pela representação de papéis e, portanto, condenados a viver apenas uma pequena parte de nós mesmos. Conquanto tenhamos potencial para pôr em prática um pouco de todos os seis tipos de personalidades existentes em nós, tornamo-nos prisioneiros do roteiro de um único tipo: somos consumidos demais pelo desejo de poder, confiamos demais nas convenções, ficamos obcecados com detalhes, inclinados demais para a rebelião, ou o que seja.

Quando é alto nosso QS e estamos em contato com nossa totalidade, nossa personalidade expressa um pouco do líder, um pouco do artista, um pouco do intelectual, um pouco do alpinista, um pouco do pai carinhoso, e assim por diante. Nossa imaginação é inflamada por Marte e Vênus, por Mercúrio e Saturno. Temos em nós alguns aspectos masculinos e outros femininos, um pouco da criança e um pouco do homem e da mulher sábios. Quando o QS é baixo, passamos a ser caricaturas de nós mesmos e de nossas emoções, e nossos padrões emocionais tornam-se representações burlescas de reações humanas sadias. As próprias reações são limitadas e fragmentadas.

Nos casos dos seis tipos principais de personalidade que examinamos na camada do ego do lótus do eu (ver p. 172), há duas reações sadias e normais a pessoas, situações ou eventos, e duas anormais ou fragmentadas.

| Tipo de personalidade | Reações normais | Reações anormais ou fragmentadas |
|---|---|---|
| Convencional | Afinidade com o grupo | Lealdade cega ao grupo (fanatismo) |
| | Afastamento do grupo | Rompimento com o grupo (narcisismo) |
| Social | Empatia com pessoas | Vícios, masoquismo |
| | Antipatia a pessoas | Incapacidade sociopática de amar o outro, sadismo |
| Investigativo | Estudo de problemas ou situações | Obsessão |
| | Fugir de problema ou situações | Histeria ou reação fóbica, repressão |
| Artístico | Alegria na criação ou realização, celebração | Mania ou euforia mal colocada |
| | Tristeza por não ter atingido a própria meta, grande pesar | Depressão |
| Realista | Totalidade, espontaneidade, centragem | Autoindulgência |
| | Vergonha, complexo de inferioridade | Forte senso de inferioridade, ódio a si mesmo |
| Empreendedor | Aceitar responsabilidade, assumir liderança, lealdade a um ideal | Abuso de poder, vaidade |
| | Sensações de desmoralização, trair a responsabilidade, negação da situação | Autodestrutividade, paranoia, projeção sobre o outro |

O *tipo de personalidade convencional* (secretária, contabilista, escriturário, etc.) é imprensado entre as reações normais de afinidade com o grupo e de afastamento dele. Quando o ego é separado das camadas mais profundas do meio e do centro, porém, as reações podem transformar-se em lealdade cega ao grupo, por um lado, ou em perda narcisista de interesse pelo próximo. Tanto o fanatismo no primeiro caso quanto o narcisismo no segundo são reações espiritualmente atrofiadas.

O *tipo de personalidade social* (professor, terapeuta, conselheiro, pessoal de administração etc.) fica dividido entre as reações normais de empatia ou de afeição por pessoas ou de antipatia. Ambas são normais e inteiramente sadias nas circunstâncias corretas. No entanto, quando o ego se afasta das camadas mais profundas do eu, a empatia pode transformar-se em autossacrifício masoquista, e a antipatia comum, em sadismo ou incapacidade sociopática de sentir alguma coisa pelo próximo. Tanto os vícios quanto as condições sociopáticas são reações espiritualmente atrofiadas.

O *tipo de personalidade investigativo* (intelectuais, professores universitários, cientistas, médicos etc.) experimenta a reação sadia de estudar problemas/situações ou seu oposto, fugir deles. Em uma forma mais anormal, porém, o estudo pode tornar-se obsessão e a abstenção simples transformar-se em histeria, repressão completa ou reação fóbica a algo. A obsessão e a histeria (ou a fobia) são reações espiritualmente atrofiadas – em outras palavras, reações de rompimento.

O *tipo de personalidade artística* (escritor, poeta, músico, pintor, decorador de interiores etc.) pode oscilar entre as reações normais de comemoração, sensação alegre de realização pessoal ou criação, e pesar profundo, tristeza por não ter atingido a meta a que se propôs. Quando essas reações normais se afastam do meio e do centro do eu, porém, a comemoração pode transformar-se em mania, em um senso mal colocado de euforia, em um "barato" irrealista ou em falso senso de realização. A sensação de pesar, por outro lado, talvez se transforme em depressão, em uma incapacidade exagerada e às vezes trágica de encontrar qualquer prazer ou alguma coisa boa em situações, relacionamentos ou projetos. A psicose maníaco-depressiva, os dois lados dessas reações anormais, está presente em níveis inusitadamente altos nos tipos criativos. Trata-se de uma condição espiritualmente atrofiada porque priva os sofredores de perspectiva, contexto e, portanto, de senso de inteireza.

O *tipo de personalidade realista* (motorista, piloto, engenheiro, fazendeiro etc.) varia normalmente entre a reação positiva ao triunfo e a reação negativa de vergonha. Quando essas reações se separam do meio e do centro, porém, o triunfo pode transformar-se em autoindulgência, ao passo que a vergonha pode degenerar e tornar-se ódio a si mesmo. Ambas mutilam o senso de perspectiva e inteireza do indivíduo.

O *tipo de personalidade empreendedora* (político, executivo empresarial, policial, soldado etc.) experimenta a reação emocional positiva de assumir responsabilidade, de ser fiel a um ideal, de assumir liderança. Se tal reação se tornar mais negativa, mas ainda dentro da faixa normal, ele poderá sentir-se desmoralizado ou fugir da responsabilidade. Quando o ego desses tipos orientados para o poder se separa de suas camadas mais profundas, todas as qualidades positivas de liderança podem degenerar e se transformar em arrogância e abuso de poder. De igual maneira, o senso de ter cometido traição pode degenerar e transformar-se em paranoia doentia e na convicção de que foram os outros que o traíram.

O fator decisivo em reações doentias é a alienação de uma das partes do eu mesmo, como se fossem dois amigos brigando entre si. O "eu mesmo", na verdade, contém certo número de subpersonalidades, como praticamente quase todos os terapeutas reconheceram – o ego, o superego e o id, de Freud; e os complexos e arquétipos de Jung etc.

Nenhum de nós é exatamente a mesma pessoa no trabalho, em companhia de amigos íntimos ou numa reunião social, nem haveria nenhuma razão para sermos assim. Nossos sonhos constituem uma torrente interminável de outras subpersonalidades. O estado sadio do indivíduo consiste em estar em boas relações com todos os aspectos de sua personalidade, de modo que um não prejudique o outro, e ele possa passar facilmente de um para os outros, conforme a situação. Algumas das subpersonalidades, porém, podem ser inimigas implacáveis, ao passo que outras são difíceis de identificar, o que cria "buracos" na personalidade do homem. Estes, por sua vez, configuram outros desafios ao crescimento e à unidade do indivíduo.

## A POSSESSÃO, O MAL E O DESESPERO

Conforme vimos, a alienação pode assumir numerosas formas e ter como resultado outras tantas categorias de doença mental ou psíquica. As que descrevi são por demais conhecidas da psiquiatria ocidental, mesmo que ela não as atribua a causas espirituais. Isso acontece porque têm origem principalmente em problemas de um ego separado do todo. E a psicologia e psiquiatria ocidentais são profundamente orientadas para o ego.

Há, contudo, três estados de alienação que só podem ser de natureza espiritual e que sempre se situaram fora da corrente principal da psiquiatria e da psicologia. A possessão, o mal e o desespero constituem temas encontrados com frequência muito maior na literatura ou em textos religiosos, embora psicólogos do século XX, como Jung, Viktor Frankl e R. D. Laing, tenham feito tentativas de estudá-los. Quem quer que queira compreender as maiores atrocidades e males perpetrados no século XX terá de os enfrentar, ainda que com dificuldade. São estados que extrapolam a escala do normal e batem de frente com toda ideia de sentido. Sem a menor dúvida, são condições existentes naquela área cinzenta em que o psicológico e o espiritual se encontram.

Perto do final de *Coração das trevas*, romance de Joseph Conrad, Kurtz, o anti-herói, pronuncia as palavras assustadoras: "Oh, o horror! O horror!" Kurtz, um mercador europeu, penetrou nas florestas da África e, no fim, tornou-se mais nativo do que os nativos. Quando encontrado pela expedição enviada para salvá-lo da febre e de si mesmo, ele estava presidindo cenas bestiais de sadismo e morte. Sentava-se entre tamborileiros nativos que brandiam caveiras enfiadas em varas ao redor de grandes fogueiras na noite da selva. Gritos sobrenaturais enchiam o ar. Kurtz era um homem possuído. Semideus para os nativos, tornara-se um estranho para si mesmo. Tinha os olhos vidrados, o corpo quase rígido, a atenção fixada em algum ponto distante, invisível, a psique escravizada a um chamado de alguém além de si mesmo. Não mais um homem que simplesmente comparecia a um ritual primitivo, Kurtz fora dominado por um drama interior do qual não podia escapar. Em seu íntimo, o ritual adquirira vida própria e, em consequência, assumira o controle de sua vida.

A história humana é farta em histórias de possessão, xamãs e feiticeiros que concordam em absorver os sofrimentos e doenças de seu povo e que são transportados para outras regiões do ser, histórias de fanáticos religiosos que ouvem vozes no deserto e que se prostram diante de moitas em chamas. E há histórias mais sombrias de mocinhas possuídas por feiticeiras, de corpos de judeus habitados por almas de mortos, de cristãos possuídos por diabos e de budistas tibetanos por demônios. Em todos esses casos, o indivíduo possuído é "levado" por alguma coisa além de seu controle.

Muitas das histórias de possessão no século XX foram semelhantes à de Kurtz, isto é, pessoas foram levadas a praticar rituais sádicos ou satânicos. Outras têm caráter mais mundano: o alcoólatra que simplesmente não consegue controlar a ânsia de beber, porque é impelido por alguma dor profunda ou ânsia psicológica, uma dor que dói mais do que qualquer dor física, uma dor que falsamente promete: "Alivie-me e você vai se sentir melhor"; pessoas "chamadas", impelidas, levadas incontrolavelmente a participar de rituais sexuais sombrios, estranhos ou proibidos, que se situam quase fora do alcance de sua percepção consciente e bem distantes da escala de seu comportamento ou caráter habituais; o indivíduo que se sente ocasionalmente obrigado a arriscar-se e ir ao encontro da "sombra", que tem necessidade de frequentar bordéis ou "espeluncas" ou lidar com companheiros de caráter duvidoso, participar de negócios ilícitos e assumir riscos com consequências possivelmente autodestrutivas.

A possessão é como um vício, embora mais grave. Vício é dependência de uma substância ou comportamento – álcool, drogas, sexo, jogo, gastos descontrolados. A possessão é uma força que impele o indivíduo, contra seu controle consciente, a dar ouvidos a um chamado que vem de fora de si mesmo. A possessão parece arquetípica, mas está sob domínio de um arquétipo que se soltou de suas amarras no centro. Dizer que o indivíduo está possuído por demônios implica dizer que ele está sob o domínio de forças psíquicas que se tornaram anárquicas. Na pessoa que procura seu Deus, a voz que brada no deserto é a de um anjo. A voz vem do centro. Está radicada no contato com o divino, com alguma coisa que faz sentido positivo na vida do crente. Na pessoa do esquizofrênico, que perdeu todo contato com o centro, a voz que brada na cozinha e ergue uma faca é a de um demônio. A voz é energia psíquica desconectada, descentrada, anárquica. A voz que grita com o alcoólatra para que tome aquele trago, ou que a pessoa, sob outras circunstâncias normais, entregue-se a atos sexuais autodestrutivos, ou mesmo a uma cultura para seguir um líder maligno como Hitler, é a voz de um demônio que obceca uma psique que perdeu seus esteios.

Na linguagem da física do século XX, arquétipos são provavelmente padrões de energia psíquica do tipo conhecido como "atratores estranhos" – padrões de energia que nos puxam para seu campo. Quando o campo em si está enraizado no centro, o arquétipo nos torna maiores do que nosso ego e nos fornece um modelo de acordo com o qual podemos viver. Quando é anárquico, o arquétipo leva-nos a escapar do controle, a sermos possuídos por forças mais poderosas do que nós.

Jung não disse isso, mas julgo que qualquer arquétipo – o Grande Pai, a Grande Mãe, o Amante, o Guerreiro, a Criança, a Sacerdotisa etc. – que se solta de sua amarração ao centro cai sob o domínio do arquétipo da Sombra. A sombra é o lado escuro, antipatizado, inaceitável da personalidade, os aspectos que rejeitamos. O arquétipo da Sombra consiste nessas coisas rejeitadas que adquiriram a força de uma energia arquetípica e que podem constituir a expressão anárquica de qualquer arquétipo. Quando nos dominam, somos possuídos: somos puxados, "chamados", levados por uma energia mais forte do que nós, que não podemos controlar e que em si mesma está fora de controle.

O "chamado" da possessão é, na verdade, um chamado mal orientado para a inteireza. A energia arquetípica separada que nos chama, quando somos possuídos, representa os aspectos separados, rejeitados de nós mesmos. A possessão é a busca dolorosa daquelas peças perdidas, quebradas ou danificadas de nós mesmos. No entanto, é um chamado mal orientado, porque possessão é energia arquetípica que não está enraizada, que se separou do centro. E só a energia radicada no centro é que nos pode tornar completos.

O mal é energia arquetípica descontrolada. Neste caso, o arquétipo final é o Diabo. O mais amado de todos os anjos de Deus, que por orgulho rejeitou o Céu (o centro), o Diabo domina o reino de tudo aquilo que chamamos de mal. Ele é a energia arquetípica desconectada *par excellence*. Mas será *ele mesmo* mau? Pode alguém *ser* realmente mau, ou algumas pessoas estão simplesmente sob o domínio do mal? Alguém nasceu mau, alguém se torna mau ou o mal é simplesmente a forma mais forte de possessão?

Em fins da década de 1990 visitei uma penitenciária de segurança máxima para escrever um artigo de jornal sobre um experimento, promovido por um grupo de diálogo, que estava sendo realizado entre criminosos sexuais violentos.

Ao entrar na sala da prisão, onde haviam sido reunidos 45 criminosos sexuais, senti violenta reação pessoal que me deixou enjoada e com uma dor de cabeça lancinante. O grupo incluía estupradores e assassinos de crianças. Pelas fotografias nos jornais, reconheci um serial killer de péssima fama. Na primeira impressão, pareceram justificadas todas as minhas suposições sobre os homens que cometem tais crimes. A maioria parecia ter QI muito baixo, tinha feições tensas e contraídas, e alguns possuíam crânio malformado. Na sala havia apenas dois guardas e um facilitador do diálogo. Eu era a única mulher ali. A sensação palpável da presença do mal e da ameaça implícita me deu vontade de fugir. Ainda assim, foram esses monstros aparentemente subumanos que mais me ensinaram sobre o que significa ser humano.

O conceito de grupo de diálogo é criar um ambiente para pessoas aprenderem a conversar, a se conhecerem e a conhecerem os outros. Reinventado pelo movimento de terapia de grupo na década de 1940, sua origem retroage à antiga Atenas e ao uso por Sócrates de perguntas e discussões intermináveis para destruir as falsas suposições e estereótipos de seus companheiros. Ele acreditava que a técnica poderia levar-nos "a descobrir conhecimento latente até no mais ignorante e a descobrir o bem em todos os homens".

Os internos estavam zangados e frustrados e tinham um vocabulário limitado a palavras chulas. Ainda assim, na sessão de três horas, muitos deles reencontraram a voz. Falaram no isolamento total em que viviam. "Todos pensam que somos apenas ralé. Nós *somos* ralé, mas não *apenas* ralé." Alguns falaram na culpa que sentiam e na sensação de autoestima abalada quando obrigados a observar o sofrimento de suas vítimas. Outros pareciam confusos, não entendendo bem o que se dizia que haviam feito ou por que estavam na prisão. A dor coletiva na sala era forte. Muitos deles haviam sido vítimas de abusos e/ou abandonados na infância, e falaram nisso. A raiva deles era um grito pedindo para que fossem reconhecidos como seres humanos e, ao lhes ser concedida voz, algum aspecto humano básico brilhou, algo irresistivelmente louvável.

Um dos guardas comentou que, antes desse encontro, ele não queria nenhum contato com esses homens. "Agora, porém, depois de ter estado presente aqui, eu me sentiria feliz em conversar com qualquer um deles." Meus próprios sentimentos eram ainda mais fortes. Muitos internos dirigiram a mim seus comentários. A maioria de seus crimes havia sido cometida contra mulheres ou crianças, e eles pareciam necessitar muito que eu visse além de seus crimes aquilo que eles achavam que eram. A experiência foi uma das mais marcantes em minha vida e me deixou com um entendimento inesquecível: não há pessoas más como tais e qualquer um de nós pode ser capaz de praticar o mal. O mal é um potencial humano – um potencial levado a extremos do eu fragmentado, descentrado, espiritualmente atrofiado.

A força vital, integradora, do centro está presente em todos os seres vivos e, em especial, nos seres humanos, devido à natureza de nossa consciência. Muitos ignoram a relação que mantêm com o centro, ignoram que o todo da realidade universal jorra dentro deles. Muitos se alienam do centro. Mas o centro está sempre ali, mesmo que inalcançável.

Todos nós somos uma cacofonia de "subeus" que se relacionam como membros de uma família disfuncional. Temos um "eu" dominante, que identificamos como "eu mesmo", embora a presença reprimida dos outros nos deixe obcecados frequentemente e, às vezes, nos domine. O mal é uma coisa real, uma força que pode agir em nós e nos dominar por completo. Há atos maus, com consequências horrivelmente más. O mal em si, porém, é uma forma de possessão, uma falta de reação à realidade mais profunda que existe em nós. Não há pessoas más, mas sim pessoas possuídas pelo mal.

Na língua hebraica, a palavra relativa ao Diabo é *Shitan*. Literalmente, a palavra significa "falta de resposta", "ele que não consegue responder". Segundo a mitologia bíblica, o Diabo tinha um orgulho tão grande que não podia responder a Deus – não podia amá-Lo – e, por isso, não podia viver como parte do reino de Deus. O notável sobre a possessão em geral e o mal em particular é a incapacidade do possuído de reagir a uma realidade mais ampla e às pessoas em volta. O sádico psicótico não sente nenhuma reação às súplicas e sofrimento da vítima, não se identifica com ela como outro ser humano. Os nazistas chamavam os judeus de "porcos", e os artistas de "degenerados". Os soldados americanos no Vietnã, responsáveis por assassinatos em massa, chamavam suas vítimas de *"gooks"*. O mal só se torna possível quando perpetrado contra "o outro", contra aqueles que não despertam em nós qualquer reação.

A origem latina da palavra "reação" é a mesma de "espontaneidade". No uso comum, ser espontâneo não difere de ser impulsivo ou agir por capricho. Esse, porém, não é o significado original da palavra. Se pensarmos em espontaneidade como uma resposta ao centro – em nós mesmos, nos outros e na própria vida universal –, ser espontâneo equivale a estar em um estado de graça, em um estado de conectividade profunda. O ser humano espontâneo está ligado aos outros como ondas no mar. Está ligado ao próprio mar como a onda está ligada à água da qual é a forma. Abraham Heschel, o rabino místico judeu do século XX, definiu espontaneidade como "aqueles momentos de imediação na comunhão do eu com a realidade".[4]

A atrofia espiritual é, essencialmente, um estado de falta de espontaneidade e, por conseguinte, de lentidão na resposta ao centro. Nosso ego cai na armadilha dos jogos, das poses, dos fingimentos. Andamos por aí com uma bagagem grande demais de autoconsciência, preocupamo-nos demais com forma e aparência e muito pouco com o que importa realmente. Ficamos "presos em uma pétala do lótus". Quando as energias arquetípicas do homem se desligam do centro, a falta de espontaneidade deixa-o vulnerável às forças da possessão e do mal. E, quando a espontaneidade está tão ausente que o homem não pode mais responder nem mesmo à energia psíquica reprimida ou distorcida, ele mergulha no desespero.

E foi o desespero que o filósofo dinamarquês Soren Kierkegaard chamou de "doença da morte". Desesperar-se é a forma final de abdicar da vida, uma espécie de ato contínuo de quase suicídio. O indivíduo desesperado desiste, não consegue encontrar sentido, nenhuma coisa ou pessoa de valor aos quais possa responder. Seus dias tornam-se uma sucessão de uma mesmice cinzenta e, as noites, não raro, ocasiões de embotado terror. A morte, a ausência de vida, a ausência de resposta a tudo que vive, o obcecam. Teme-a, entra em pânico diante dela, mas, ainda assim, como o indivíduo com vertigem à beira de um abismo, sente-se atraído por ela, é levado a saltar. O suicídio em si é o ato final do desespero final, a última rendição à falta de sentido. E à falta total de espontaneidade.

Na sociedade moderna, o suicídio, ou as tentativas de cometê-lo, tem caráter quase epidêmico, principalmente entre os jovens. Um artigo publicado no *Sunday Times* em fins da década de 1990 informava que cerca de 22 por cento das moças na faixa etária entre 16 e 25 anos tentaram o suicídio e que ele acontecia com 16 por cento dos rapazes no mesmo grupo etário. As estatísticas neste último caso eram mais baixas simplesmente porque homens costumam ter mais sucesso na vida do que mulheres. Alguns desses jovens tentam matar-se porque não encontram sentido na vida. Outros, porque perderam toda perspectiva: o fim de um relacionamento ou uma série de reprovações na escola lhes parece o fim do mundo. Ambos os casos são sinais de QS baixo – da incapacidade de ver além do momento e de pôr as coisas em um contexto mais vasto de sentido e valor.

O desespero que leva o homem ao suicídio é a forma mais profunda de atrofia espiritual. É a negação do próprio espírito. Todos os níveis e formas de atrofia espiritual, porém, trazem dor ao homem e frequentemente o levam a infligir dor aos outros. Tudo isso significa que perdemos certo grau da espontaneidade que nos torna humanos e que, em consequência, perdemos parte da capacidade de reagir à vida e aos outros em volta de nós. Em última análise, essa perda de espontaneidade e de resposta mutila a capacidade do homem de assumir responsabilidade por sua vida e atos. Baixo QI deixa-o incapaz de solucionar problemas racionais, baixo QE leva-o a comportar-se como um estranho nas situações que enfrenta, ao passo que baixo QS mutila o próprio ser.

De que modo podemos nos curar? Se alto QS é um potencial existente em todos os seres humanos, como ter acesso a ele? O que significa viver a partir do centro, viver com espontaneidade total e, assim, ser capaz de uma resposta profunda? De que modo o QS pode ajudar o homem a abandonar os jogos e fingimentos, libertá-lo das compulsões e levá-lo para além do potencial negativo do mal e do desespero? Essas serão as perguntas a que tentaremos responder em seguida, quando perguntarmos de que modo podemos nos curar com a inteligência espiritual.

## 10
## Curando-nos com o QS

> A contemplação torna-me presente para mim mesmo
> ao reunir dois aspectos, ou atividades, de meu ser, como se fossem
> duas lentes de um telescópio. Uma das lentes é a imagem
> básica de meu ser espiritual, a vontade
> profunda, a inteligência espiritual. A outra é minha alma externa,
> a vontade ocupada com as atividades da vida.
>
> Padre Thomas Merton[1]

A contemplação é um dos três elementos básicos da prece monástica cristã. Da maneira como Thomas Merton a descreve, é a reunião de nossos mundos interno e externo, o encontro do eu profundo, interno, de sua sabedoria inata, ou inteligência espiritual, com o ego externo e suas preocupações, estratégias e atividades mundanas. A alma em si, como vimos antes, nada mais é do que esse canal ou, melhor ainda, esse diálogo, do interno com o externo, a comunhão espontânea da mente racional, consciente, com o seu centro e com o centro de todo o ser.

Quando esse canal ou diálogo são rompidos, como no caso de Richard, o paciente esquizofrênico mencionado no capítulo 9, a alma é partida. Tornamo-nos fragmentados e espiritualmente doentes. Quando o insight e a energia fluem livremente pelo canal, do mundo interno para o externo, como no caso do tenor georgiano no capítulo 2, a alma pode nos curar e, talvez, curar também aqueles com quem entramos em contato. Tornamo-nos centrados, inteiros. Nosso QS (as oscilações neurais coerentes de 40 Hz do cérebro) está funcionando para unificar todos os níveis do ser.

A doença espiritual é um estado no qual o homem está fragmentado, especialmente a partir do centro do eu. A saúde espiritual é um estado de inteireza centrada. A inteligência espiritual, o QS, é o meio com o qual podemos passar de um ao outro, o meio com o qual podemos nos curar. Em suas velhas derivações inglesas, "saúde", "inteireza" e "cura" têm as mesmas raízes. E a contemplação, o veículo da inteligência espiritual, significa literalmente "rejuntar", "apanhar" ou "reunir" nossas peças fragmentadas.

Em *O código do ser*, o psicólogo junguiano James Hillman apresenta a "teoria da bolota de carvalho", que formulou para explicar nossas origens. Nós não somos, diz ele, simplesmente o resultado combinado de nossa genética, meio ambiente e educação. Todos nós temos um destino único, que trazemos ao mundo com o ato de nascer. "Todas as pessoas têm uma singularidade que pede para viver e que já está pré-organizada antes de ser vivida."[2] Essa singularidade original é a inteireza inicial e, de acordo com Hillman, constitui nosso destino rejuntá-la e vivê-la.

Como bebês, iniciamos a jornada da vida em um estado de inteireza, amalgamada com o meio. Conforme argumentam psicólogos e psicoterapeutas de família, o bebê humano e a criança pequena formam seu mundo e seu eu principalmente em relação à mãe e ao ambiente familiar. Esse ambiente é o marco de referência do bebê. Ele tem inteligência espiritual, sente necessidade de procurar um contexto mais vasto, mas, nessa fase, nada possui que possa submeter a teste qualquer determinada situação que lhe poderia proporcionar tal contexto. Se a mãe é uma personalidade fragmentada, ou se a família é uma instituição fragmentada, a criança cresce e ingressa nesse estado de fragmentação. Sua própria espontaneidade ("inocência") trabalha contra ela e contra a inteireza inicial, enquanto age para adaptá-la à família fragmentada. A criança com um pai violento e sádico identificará sadismo violento como amor. Procurará mais tarde esse amor na vida e, provavelmente, maltratará os próprios filhos. O filho de uma mãe fria e que o rejeita identificará esses aspectos como amor e procurará também reforçá-los em seus relacionamentos na vida adulta.

Quando reunificamos nossa experiência mais tarde na vida, agimos da perspectiva de um marco de referência mais amplo. Podemos nesse momento pôr a experiência da infância no contexto mais vasto da vida e da experiência do adolescente e do adulto. Se a experiência é a de nosso condicionamento cultural, temos nesse momento a maturidade necessária para nos distanciarmos da cultura. O QS permite-nos compreender que certos padrões de resposta, relacionamento ou comportamento geram consequências que não queremos. E é dessa maneira que indivíduos e culturas evoluem e se transformam. É também uma das dinâmicas que inspira a boa psicoterapia. E é igualmente um componente essencial da meditação e da prece.

Reconsiderar o passado não é apenas relembrar. É relembrar do ponto de vista de um marco de referência novo. É uma oportunidade de reescrever a história da família, dando-lhe um final diferente, de recapturar o eu inicial (a bolota) e de reinventar o eu maduro e sua cultura. Reconsiderar é o QS em ação.

## RECONSIDERAÇÃO EM TEMPOS DE CRISE ESPIRITUAL

De que maneira chegamos ao ponto de reconsideração? Por que ou quando nosso QS "se intromete"? Muitos de nós somos espiritualmente atrofiados até certo ponto – algum grau de fragmentação pessoal é quase inevitável na sociedade moderna dominada pelo ego. Ainda assim, o eu profundo está sempre ali. O QS é uma capacidade inata do cérebro humano e não temos de ser heróis espirituais para lhe ouvir o chamado. A alma é sempre capaz de reconsiderar. Ou, como diz o rabino Heschel: "Há em nós uma solidão que escuta. Quando a alma se despede da companhia do ego e de seu cortejo de vaidades pequeninas, quando deixamos de explorar todas as coisas e, em vez disso, rezamos pelo grito do mundo, pelo suspiro do mundo, nossa solidão talvez ouça a graça viva que está além de todo poder."[3] Essa solidão pode ser trazida a primeiro plano por experiências tais como sonhos, uso criativo de nosso sofrimento ou morte de uma pessoa amada. Pode ser evocada porque as velhas estratégias do ego, com as quais enfrentamos a vida, deixaram de funcionar – a cola psíquica que prende nossos eus fragmentados simplesmente seca. Quando lhe ouvimos o apelo, surge uma crise espiritual.

Na crise espiritual, todo o sentido e, talvez, o valor de nossa vida são postos em dúvida. Podemos ficar estressados ou deprimidos, procurar nas drogas ou no álcool um alívio temporário, tornarmo-nos letárgicos ou disfuncionais, ou mesmo enlouquecermos. As crises são sempre dolorosas, mas, se enfrentadas corajosamente e *usadas*, elas oferecem uma oportunidade de consideração e o consequente melhoramento e transformação do eu.

Por trás deste livro há uma história pessoal que talvez seja útil contar aqui para dar um exemplo concreto do que entendo por crise espiritual e busca da graça salvadora da reconsideração, e da inteligência espiritual para cura e crescimento pessoal. Embora possa ser doloroso e, às vezes, arriscado um autor contar casos de natureza pessoal, de onde busca inspiração para seu trabalho, compartilho aqui minha experiência para que ela possa esclarecer os processos que tento descrever.

Concebi a ideia deste livro há um ano, antes de poder começar a escrevê-lo. Meu *annus horribilis* começou pouco depois de minha família e eu termos viajado de férias para Katmandu, antes de eu iniciar este trabalho. Eu passara meses viajando e fazendo palestras e me sentia desgastada mental e emocionalmente. À noite, enquanto minha família dormia tranquila, eu ficava acordada, sentindo uma horrível queimação e dor no estômago. Quando finalmente conseguia dormir, tinha noite após noite sonhos perturbadores, nos quais me sentia presa na situação familiar de minha infância. Logo depois, passei a sofrer de uma insônia que duraria meses. Ao voltar à Inglaterra tentei, em vão, começar a escrever.

Nos meses seguintes, encontrava-me ainda na mesma situação: insônia durante a noite e sonhos perturbadores, sempre sobre a infância. Durante o dia, dormia de 12 a 16 horas. Quando estava acordada, ficava sentada na sala de visitas às escuras, com as cortinas cerradas, bebendo muito. Minha energia física tornou-se caótica, sentia os membros apenas frouxamente ligados ao corpo, meu centro estava vazio e era mantido no lugar apenas por um rígido anel de metal. Sentia-me incapaz de sair de casa e cancelei todos os meus compromissos externos. Não queria ver amigos. Nessa época, a única coisa que me comovia era música. Escutava Bach e Bartok. Enquanto permanecia imóvel em casa, nossos editores continuavam a assinar contratos internacionais relativos ao novo livro. As expectativas deles e de outros editores cresciam a cada dia. "Como é que vai o trabalho?", perguntavam. Entrei em desespero e, no fim, resolvi consultar um terapeuta. Juntos examinamos o que é que os sonhos sobre a infância e a sensação de esgotamento total estavam tentando me dizer.

Meu pai, como eu disse anteriormente, era um ferroviário irlandês-polonês iletrado e alcoólatra; minha mãe, uma culta professora de estudos clássicos, que abusava de drogas. Havia muita violência naquele casamento e eles se divorciaram quando eu tinha 5 anos. Desse dia em diante, fui desestimulada a rever meu pai. Ele era o "lado negro" da família, a ser reprimido, esquecido. Quando recebia boas notas na escola, ganhava prêmios, saía-me bem na universidade, eu era a filha boazinha de minha mãe. "Eu a amo porque você é uma vencedora", repetiu ela um sem-número de vezes. Quando eu fazia algo ruim, fracassava em alguma coisa, tornava-me fisicamente desajeitada como uma adolescente, eu era a "pequena Loganinsky", uma fusão depreciativa do nome de meu pai com um lembrete de suas origens polonesas. Esforcei-me muito para ser uma boa menina. Jamais via meu pai e raramente pensava intencionalmente nele.

Adulta e madura, comecei a ter sucesso como escritora. Após a publicação de *O ser quântico* e dos livros que se seguiram, tornei-me, em pequena escala, uma figura internacionalmente conhecida, uma pessoa sempre convidada para dar palestras e entrevistas. Tal como minha mãe, tornei-me "professora". Ainda assim, aumentando os elogios e as pressões sobre minha pessoa, o mesmo acontecia com a sensação de que eu era uma impostora, de ser "má" por dentro, de esconder um bebê podre, negro, no centro de meu ser. Quanto mais entusiásticas as reações às minhas palestras, maior a depressão. Quando minha mãe se suicidou, nenhum elogio podia me aliviar a depressão. Tudo isso tornou-se crítico em Katmandu, quando alguma coisa se partiu dentro de mim. E tudo que consegui dizer foi: "Não quero mais fazer o jogo de minha mãe." Passei a odiar meu papel de "professora" e, nesse momento, além do poder de minha vontade consciente, flertei abertamente com a ideia de suicídio.

Após meses nesse marasmo, fomos de férias à Grécia, onde tive um sonho de importância crucial. No sonho, já adulta, resolvi visitar meu pai. Ele vivia com três velhas megeras, que tentaram me mandar embora, dizendo que minha visita era inconveniente. Era claro que as megeras tinham um problema com álcool e que meu pai estava no primeiro andar, curtindo a bebedeira da noite anterior. Respondi: "Tudo bem, porque tenho também um problema com álcool. Eu compreendo." Meu pai desceu para me receber, seu rosto estava inchado pelo álcool e pelo sono. Gostei dele imediatamente e ele ficou satisfeito em me ver. Combinamos que nos encontraríamos de tempos em tempos e ele me levou até a porta. À porta da casa de meu pai, porém, dois policiais me disseram: "O que é que você está fazendo aí com esse cafetão e traficante passador de drogas?" Compreendi que meu pai levava uma vida imoral.

Nós nos encontrávamos frequentemente durante o dia, mas ele jamais permitia que eu o visitasse à noite. Eu sabia que passava as noites nos antros de vício da cidade e resolvi ir procurá-lo nesses lugares. Mergulhei nas entranhas da cidade. Meu pai, porém, deu um jeito para que dois homens que trabalhavam para ele me despistassem. "Ele diz que não devemos deixar que você o veja aqui." Compreendi que meu pai era o rei do submundo.

Acordei sorrindo, com uma sensação de euforia e libertação. "De modo que", disse para mim mesma, "meu pai é 'o Diabo'. Eu sou a filha do Diabo. Ainda assim, ele quer me proteger." Senti um sentimento muito cálido por ele e pensei que ele (o Diabo) tinha certa nobreza de espírito. Mentalmente, repassei todas as associações sobre o Diabo como anjo caído, o mais amado dos anjos de Deus, nesse momento condenado a reinar sobre o Inferno, e vi nele uma figura trágica.

O sonho foi o que poderia ser chamado neste livro de "um sonho espiritualmente inteligente". Ser "espiritual" é estar em contato com a inteireza, literalmente ter o senso da própria integridade. O sonho me pôs em contato com um lado perdido, "escuro", de mim mesma e me deu vontade de conhecê-lo. E acrescentou também uma dimensão "mitológica" a fatos da infância que haviam sido simplesmente dolorosos demais para que eu os recordasse e convivesse com eles.

Querer reconsiderar e tornar-se íntegro, porém, é apenas o primeiro passo no que pode ser um processo de cura longo e doloroso. Durante meses após o sonho, ansiei para conhecer meu pai e senti uma grande mágoa porque isso era impossível, já que ele falecera anos antes. Ignorei a mensagem do sonho, de que meu pai não queria que o encontrasse "nas cloacas da cidade" e, às vezes, ficava obcecada, querendo encontrá-lo lá, de passar pelo ritual interno que eu chamava de "afundar". Passei a beber mais e visitei clubes de fama duvidosa em cidades estrangeiras onde fazia palestras. Ao "afundar", eu procurava meu pai. Não havia percebido ainda que estava tentando recapturar meu próprio lado perdido. Esse fato só se tornou óbvio em um sonho que tive meses depois de ter voltado de Katmandu.

No primeiro sonho, meu pai havia me proibido especificamente de procurá-lo nas sombrias entranhas da cidade. Eu teria de ir ao seu encontro em algum outro lugar, à luz do dia. Nesse momento, entendi que tinha de achá-lo dentro de mim mesma. No novo sonho, eu era uma dançarina que se movia com uma graça além do poder de minha vontade. No início, pensei que meus braços e pernas estavam sendo puxados por cordões, como os de um títere. Mas compreendi em seguida que o movimento acontecia dentro de mim, que alguma força existente em meu corpo, em meu ser, orquestrava os movimentos graciosos.

O sonho me deixou com um senso visceral de enorme espontaneidade, a sensação profunda de que havia um centro ativo interno que conferia a graça (simbolizada pela graciosidade de meus movimentos). Era uma espontaneidade que eu podia admirar não só no povo do Nepal, mas levar também comigo para casa. Aquilo foi, claro, o chamado de cura de meu próprio QS.

## DEIXAR QUE O QS APAREÇA E BRILHE

Quando separados de nosso centro profundo – devido à fragmentação, unilateralidade, dor ou mero desleixo –, a sensação é de que estamos andando na escuridão por um caminho coberto de lama, munidos apenas de uma pequena lanterna para nos guiar. Movemo-nos cautelosamente de um buraco a outro, com nossa perspectiva limitada e com um passo hesitante de cada vez. Quando percorremos o mesmo caminho à luz do dia, podemos vê-lo em uma perspectiva muito mais vasta. Vemos os buracos contextualizados e podemos evitá-los com tranquila confiança. A luz interna do QS produz esse efeito no que interessa aos "buracos" da vida.

Quando usamos a inteligência espiritual, enxergamos tendo o centro como ponto de partida. Inserimos sentimentos e fatos em um contexto sempre mais amplo, relacionando entre si coisas que pareciam separadas, vendo e criando relações e padrões. Estamos vivendo todo o lótus do eu. Mas de que maneira podemos enxergar com essa luz interna? Teremos sempre de chegar lá sozinhos ou há ajuda disponível?

Vimos com a neurologia e a física da consciência que o QS é uma capacidade inata do cérebro humano e da maneira como ele se relaciona com a realidade mais ampla. Não temos de receber de ninguém a luz do QS, não temos de aprender o que ela é, não temos de herdá-la. O eu profundo está conosco como direito humano inato e sempre presente como testemunha à medida que nossa vida se desenvolve. Está presente em todos os casos em que nos esforçamos para entender ou agir com base em sentido. O ego consciente, porém, talvez nem sempre perceba a presença desse companheiro. O QS jamais está ausente, embora nossa visão e, portanto, nossa capacidade de usá-lo, possa estar bloqueada para reconhecê-lo. O que nos bloqueia talvez seja o ato de procurá-lo, como se fosse um objeto, fora de nós. O QS, porém, está tanto naquele que vê quanto no que é visto (a onda procurando o oceano). O que talvez encontremos inicialmente pode ser um vazio doloroso, mas, se pudermos suportar atentos essa Escura Noite da Alma, poderemos sempre encontrar alguma coisa real e nova.

Às vezes, como no caso de minha crise espiritual, a pura tensão de viver uma cisão interna talvez se torne tão grande que não possamos continuar, até que essa luz apareça. Eu simplesmente não podia continuar a viver como se uma metade de mim não existisse. A solidão interna, a "solidão que escuta", como diz o rabino Heschel, exige finalmente ser ouvida. A própria experiência de crise espiritual é em si uma forma de escuta.

Não estamos sós. Todos nós somos parte de uma longa busca humana de sentido e de tradições, símbolos, associações, lugares sagrados e imagens que deram expressão a essa procura. Até mesmo nossa linguagem é, como disse o filósofo alemão Martin Heidegger, "uma casa do ser", e todos nós nela residimos. Conduzimos dentro de nós, no inconsciente profundo, toda a história do próprio universo, que faz parte do inconsciente coletivo da humanidade. Todos somos partes de uma comunidade maior, e a maioria também é parte de uma comunidade menor, pessoal, de amigos e família. E podemos recorrer a todas elas.

Na busca da cura podemos ser ajudados de muitas maneiras, por exemplo, pela compaixão de pessoas amadas, por um bom padre ou rabino, por um terapeuta ou conselheiro experientes, por vivermos próximos à natureza, por recorrer a uma interpretação pessoal de símbolos religiosos ou por aquilo que para nós significa alguma coisa, tais como a Cruz, a Estrela de Davi, o *Shema Israel*, a Árvore da Vida, uma estátua de Buda, a chama de uma vela, lendo ou recordando um poema que mexe com nosso inconsciente, recitando um cântico significativo para nós, inspirando-nos nas vidas e atos de outras pessoas, pela atenção concentrada em nossos sonhos e pela disposição corajosa de enfrentar nossos demônios. Como disse certa vez um lama tibetano, podemos descobrir o sentido da vida até bebendo um copo d'água, se fizermos isso no estado de espírito certo.

## A EMERGÊNCIA ESPIRITUAL NÃO É A ÚNICA MANEIRA

Até agora estive falando em encontrar a luz do QS e, dessa maneira, nosso centro durante uma crise, ou aquilo que o psicólogo Stanislav Grof chama, nos casos mais extremos, de emergências espirituais.[4] Esses momentos proporcionam, sem a menor dúvida, uma oportunidade para crescimento em direção ao todo do ser, se usados sabiamente, mas não constituem o único meio para experimentar e utilizar o QS. Numerosas pessoas bem-equilibradas passam por experiências análogas quando irrompe a luz do QS e muitas outras anseiam por ela com tal ardor que a busca em si torna-se uma busca da inteligência espiritual.

Crianças, por exemplo, de acordo com a definição dada neste livro, demonstram alto grau de inteligência espiritual. Estão sempre perguntando "Por quê?", sempre em busca do sentido de seus atos e dos atos dos demais, sempre lutando para pôr sentimentos e eventos em um contexto mais amplo, que proporcione sentido. Elas não estão ainda presas em um conjunto de pressupostos ou em um modo fixo de ver as coisas. Para elas, tudo é novo.

A espiritualidade natural das crianças, sobre a qual escrevem pessoas como o americano Robert Coles,[5] é uma consequência do QS alto que possuem. Quando bem jovens, e com a propensão de perguntar como e por que, elas naturalmente querem construir o que adultos denominariam um marco metafísico para a vida. Querem saber quem são, por que nasceram, de onde vieram, de onde surgiu o mundo, por que pessoas se comportam de certas maneiras. Quando meu filho tinha 5 anos, ele me perguntou certa vez, na hora de dormir: "Mamãe, por que é que eu tenho vida?" Esta foi uma pergunta espiritualmente inteligente. No entanto, com uma frequência grande demais, pais e professoras ignoram as perguntas das crianças ou as tratam com condescendência, dando respostas que eles mesmos jamais aceitariam. Essa orientação pode levar, mais tarde na vida, ao cinismo, ao desespero ou à mera conformidade, todas elas situações que são prejudiciais ao QS alto inicial da criança.

De igual maneira, nós, adultos cínicos ou espiritualmente atrofiados, podemos às vezes descobrir em nós a luz do QS ao recapturar nossa criança interna, ao observar algum fato ou relacionamento com o espanto e o frescor do olhar da criança que habita em nós. Esta é uma das alegrias bem conhecidas da condição de pais. Nos adultos, essa visão infantil está também frequentemente ligada à criatividade. Isaac Newton descreveu seu relacionamento com a física como parecida com a de um menino numa praia, descobrindo belos seixos e conchas. Já o pintor Henri Matisse declarou: "Temos de aprender a ver novamente o mundo com olhos de criança."

Em todas as ocasiões em que pomos de lado pressupostos ou maneiras habituais de ver as coisas, em todas as ocasiões em que temos algum novo insight que coloca nosso comportamento em um contexto mais vasto, gerador de sentido, em todos os momentos em que transcendemos o ego e agimos tendo o centro como ponto de partida, em todos os minutos em que experimentamos a emoção de beleza ou de verdade maiores do que nós, escutamos o sublime em uma peça musical, vemos a majestade do sol nascendo entre montanhas, sentimos a simplicidade profunda de uma nova ideia, vivenciamos as profundezas da meditação ou a maravilha da prece, estamos experimentando nosso QS e, pelo menos em um pequeno grau, usando-o para curarmo-nos.

Joseph Campbell conta a história de dois jovens policiais que cruzavam de automóvel um desfiladeiro entre montanhas no Havaí. Ali havia uma ponte muito popular entre turistas e suicidas. Aproximando-se, os policiais viram um rapaz prestes a jogar-se desfiladeiro abaixo. Um deles saltou do carro, agarrou o jovem e teria sido arrastado para o precipício se o colega não corresse em sua ajuda.

"Vocês compreendem", pergunta Campbell, "o que aconteceu com aquele policial, que se entregou à morte no caso daquele rapaz desconhecido? Tudo mais na vida desse homem havia desaparecido – os deveres para com a família, as obrigações com o cargo que exerce, as responsabilidades pela própria vida –, todos os desejos e esperanças que tinha na vida simplesmente desapareceram. Ele estava à beira da morte. Por quê?" Campbell menciona Schopenhauer, o filósofo alemão, que afirmou que, em crises como essa, pode irromper uma espécie de verdade metafísica – a verdade de que nós e o outro somos um só, que não há separatividade, que nós e o "estranho" somos dois aspectos de uma só vida. Nossa realidade autêntica é nossa identidade e unidade com toda vida.

"O herói", diz Campbell, "é aquele que deu sua vida física a algum tipo de concretização dessa verdade."[6] Ao assim agir, essa vida física, ou vida do ego, torna-se mais abrangente e, de alguma forma, é curada.

Há experiências de morte ou quase morte que fazem também com que irrompa a luz. Ante a morte aparentemente iminente no campo de concentração de Auschwitz, diz Victor Frankl que descobriu o sentido da vida:

> Nessa situação crítica, minha preocupação era diferente da sentida pela maioria de meus camaradas. A pergunta deles era: "Sobreviverei a este campo? Porque, se não sobreviver, todo este sofrimento não teve nenhum sentido." A pergunta que me atormentava era: todo este sofrimento, toda essa mortandade em volta de nós, tem algum sentido? Porque, se não tiver, não há sentido na sobrevivência, isto porque uma vida cujo sentido depende de um acaso – se o indivíduo escapa ou não – não mereceria absolutamente, em última análise, ser vivida.[7]

Marie de Hennezel, psicóloga que trabalha com pacientes terminais em um hospital de Paris, diz o seguinte:

> A percepção de que terei de morrer é, paradoxalmente, o que me liga a todos os demais seres humanos. Este é o motivo por que a morte de todo homem me comove. Ela me permite penetrar no âmago da única pergunta que realmente importa: se é assim, o que minha vida significa? (...) A morte, para a qual vivemos até chegar nosso dia e que abaterá as pessoas que amamos e os nossos amigos, é talvez o que nos impele

a não nos contentarmos em viver na superfície de coisas e pessoas e nos obriga a penetrar no coração e nas profundezas de todos eles.[8]

A morte traz à vida um contexto mais abrangente de sentido e valor.

E, finalmente, penso no best-seller de Neale Donald Walsch, *Conversando com Deus*. Em certo nível, poderemos aceitar literalmente o título do livro e dizer que Walsch mantém uma linha direta com algum Ser Supremo, situado fora de nosso esquema mundano, uma linha direta com o Deus judaico-cristão que criou o mundo e nos criou. Em um nível muito mais sutil e, para mim, mais convincente, podemos dizer que Walsch está realmente conversando com seu próprio QS. No esquema de coisas de Walsch, Deus representa o marco de referência final de sentido e valor, o criador final de contexto. Deus pode fornecer-lhe a "grande tela". E é exatamente isso o que o QS faz por nós – recontextualiza e situa tudo na moldura mais larga de sentido, disponível a todos nós em determinado estado de nosso crescimento espiritual. Quando "conversamos" com Deus ou dirigimos nossas orações a Ele, fazemos o melhor que podemos para alcançar aquela sabedoria inata existente no coração de nosso próprio ser mais profundo, e que nos põe em contato com o todo da realidade. Quando Ele responde, a resposta que escutamos vem do mais profundo de nosso ser. Por essa razão, contudo, a "palavra de Deus", ou o poder curador de nosso próprio QS, jamais pode ser final. O que acontece é um processo ininterrupto de comunicação, um diálogo. "Deus" está sempre mudando.

## NÃO HÁ UMA REDENÇÃO GRANDIOSA

A mente ocidental tem a propensão de acreditar em finais grandiosos, em Dias do Juízo Final, em Catástrofes Milenaristas e em Redenção. Até mesmo as filosofias orientais mais sutis orientam-nos para um Nirvana final, quando cessará o ciclo de renascimentos e sofrimento. Tanto os processos da evolução quanto os poderes integradores de nosso cérebro, porém, parecem argumentar que a vida é mais uma série de pequenas redenções do que de uma única salvação grandiosa.

O estado fundamental do universo, o vácuo quântico, mantém um diálogo constante com as excitações de energia que constituem a existência. Coisas surgem do vácuo e a ele retornam, para renascer como algo diferente. Podemos observar com grande clareza esse processo em uma câmara de condensação Wilson, um dispositivo que nos permite observar os rastros de minúsculas partículas subatômicas carregadas. As partículas emergem de súbito do vapor da câmara, percorrem um espaço de alguns centímetros e, em seguida, simplesmente desaparecem. E logo emergem novas partículas. Esse processo de criação, aniquilação e renascimento de partículas continuará enquanto durar o universo. O mesmo acontece com o nascimento e morte de estrelas, galáxias e planetas.

Em biologia não há fim à evolução. Enquanto nosso planeta continuar a sustentar vida, a vida mudará e evoluirá, dando constantemente origem a novas formas.

O mesmo acontece com o cérebro. O cérebro em si, como vimos, está constantemente "refazendo sua fiação", como resultado da experiência. Meu cérebro hoje não é o mesmo que eu tinha ontem. As oscilações neurais de 40 Hz que possibilitam a existência de meu QS estão ininterruptamente integrando novas experiências, tendo de reemoldurar e recontextualizar sentido constantemente, tendo de transcender sempre problemas e crises à medida que surgem. Até mesmo a vida espiritualmente inteligente só pode oferecer, na melhor das hipóteses, uma série de minirredenções, uma cura para o momento presente, com o conhecimento maduro de que outros desafios surgirão no futuro. Hoje posso achar que me falta uma parte; outras partes de meu eu fragmentado estão ainda à espera de seu aparecimento. Esse insight em si, porém, pode proporcionar uma forma de cura, dando-me um senso de paz conformada e não de impaciência com os profundos e contínuos processos da vida e da psique. Ou, como diz Bilbo Bolseiro, ao iniciar sua grande aventura em *O Senhor dos anéis*, de J. R. R. Tolkien:

A Estrada continua sempre, para sempre,
Desde a porta de onde começou.
Agora, a Estrada está muito à frente,
E tenho de segui-la, se puder,
Perseguindo-a com pés ligeiros.
Até que ela chegue a alguma grande encruzilhada
Onde muitos caminhos e missões se encontram.
E daí, para onde? Não sei.[9]

Como veremos em seguida, ao estudarmos o QS e nossa espontaneidade profunda, a inteligência espiritual permite que nos relacionemos, com uma confiança profundamente tranquila e equilibradora, com uma experiência sempre renovada. Não precisamos perguntar, pois podemos, para o que der e vier, reagir à responsabilidade e aceitá-la.

# 11
# Nossa bússola na borda: utilizando o QS para construir uma nova ética

> Como posso ir para a frente, se não sei para que lado estou voltado?
>
> John Lennon

> Temos de transcender aquilo que queremos fazer, e também o que pensamos que devemos fazer, e só então poderemos ver a clara luz que nos mostra o que fazer.
>
> Homem falando em uma reunião quaker

Recentemente, minha filha de 15 anos queixou-se a mim: "Hoje é muito difícil ter a minha idade. Você e papai estão sempre mudando o que dizem que é certo, e ninguém mais sabe também o que está fazendo. Eu simplesmente tenho de descobrir tudo por mim mesma." Mais desoladora ainda foi a conclusão de uma mulher que conheci em uma reunião de "céticos" em uma igreja local: "Agora que a ciência provou que Deus não existe mais", disse ela, "pouco importa como a gente se comporta. Cabe a nós mesmos decidir."

Hoje vivemos sob estresse no tocante às questões sobre o que é certo ou errado, como nos mantermos num caminho reto e como orientar os filhos. A religião formal e sua ética perderam a influência antiga, as estruturas familiares são fluidas, estão em mutação constante e desmoronaram nossos modelos de senso de comunidade e tradição. Alguém mudou todas as balizas morais e não sabemos mais de que jogo estamos participando, pouco importando quais sejam suas regras. O historiador Eric Hobsbawm diz que houve mais mudanças na segunda metade do século XX do que desde a Idade da Pedra. Comentando os tempos atuais, escreveu ele: "A incerteza e a imprevisibilidade prevalecem, a agulha da bússola não aponta mais para o Norte, os mapas tornaram-se inúteis."[1]

Como resultado, inúmeras pessoas sentem-se hoje perdidas, desorientadas, até mesmo apavoradas. Ainda assim, como escreveu em princípios do século XX o poeta Rilke, nossos medos mais pavorosos são às vezes como dragões que guardam nossos segredos mais profundos.[2] Ou, nas palavras do mestre tibetano Sogyal Rinpoche:

> O medo que a impermanência desperta em nós, de que nada é real e que nada persiste, é, acabamos por descobrir, nosso maior amigo, porque nos leva a perguntar: se tudo morre e muda, então o que é realmente verdadeiro? Há alguma coisa por trás das aparências, alguma coisa ilimitada e infinitamente espaçosa, alguma coisa na qual possa ocorrer a dança da mudança e da impermanência?[3]

Talvez a morte da velha ética e de toda a estrutura mental em que se baseava nos forneça uma oportunidade preciosa para formar uma nova ética, fundamentada na própria inteligência espiritual inata do homem. Usando o QS, podemos conviver com a incerteza e alcançar o equilíbrio interior no tocante a ela. Podemos viver criativamente, não a despeito, mas por causa da incerteza. Ela pode nos inspirar porque cria condições nas quais temos de fazer uma opção. Dá-nos liberdade e estabelece as condições de nossa responsabilidade.

## A VELHA ÉTICA

Em algum momento em nossa história evolutiva, os seres humanos perderam as âncoras instintivas que tornam a vida muito mais segura para os animais mais simples. Tornamo-nos, nessa ocasião, capazes de quebrar as regras e limites absolutos da natureza, construir um estilo de vida novo e mais complexo, baseado no livre-arbítrio e na maneira como ele se manifesta na cultura. Ainda assim, tendo se soltado dos grilhões do instinto, o Ocidente, pelo menos, procurou substituí-los por regras e certezas impostas por nossos deuses ou pela razão.

Moisés desceu do monte Sinai trazendo a Lei escrita em blocos de pedra. O cristianismo e o islamismo respeitaram essas leis e acrescentaram-lhe outras, próprias. Na tradição filosófica da Grécia antiga, os princípios universais do bem e da justiça pareciam essenciais a qualquer sistema de ética autêntica.[4] Na verdade, o universalismo, a crença em verdades e padrões objetivos aplicáveis a tudo e a todos, pode ser considerado o alicerce da cultura ocidental. Na tradição do Iluminismo do século XVII, a razão tornou-se para a humanidade ocidental o guia infalível do que era certo e bom. A ciência de Isaac Newton seguiu o mesmo princípio, com leis da natureza que governavam todos os eventos no universo físico. A ciência newtoniana era a ciência dos absolutos – espaço e tempo absolutos, leis absolutas, certeza, previsibilidade e controle absolutos.

Enquanto a religião formal mantinha vivas as certezas de Moisés, e os filósofos e lógicos, as certezas da Grécia antiga, as ciências sociais dos séculos XVII, XVIII e XIX reforçavam as certezas do absolutismo newtoniano. A psicologia de Freud, a democracia de Locke, a economia de Adam Smith, as leis férreas da história de que falava Marx, as leis da evolução propostas por Darwin e a teoria da administração científica de Frederick Taylor tentaram, sem exceção, aplicar ao mundo análogos das três leis do movimento. Na vida diária, as certezas foram ainda mais solidificadas em suas posições pelo costume e pela tradição, pela família e pela comunidade.

## O PRINCÍPIO DA INCERTEZA

O Princípio da Incerteza, postulado por Werner Heisenberg, físico do século XX, constitui o cânone fundamental da teoria quântica. Ainda mais do que a Teoria da Relatividade, de Einstein, que simplesmente questiona nossa posição no espaço-tempo e a maneira como o percebemos, o Princípio da Incerteza questiona nossa capacidade de jamais conhecer algo absolutamente. O conhecimento, segundo Heisenberg, é sempre limitado. Se conhecemos "x" sobre um fato ou situação, então não podemos conhecer "y", e vice-versa. A realidade quântica descrita por Heisenberg encerra um número infinito de expressões possíveis, todas elas necessárias, todas elas válidas de alguma forma. Entretanto, só podemos conhecer o aspecto da realidade que estamos procurando. Nossas respostas serão sempre respostas às perguntas que fazemos. E se fizermos perguntas diferentes, receberemos respostas diferentes.

Em 1997, o *Sunday Times* de Londres publicou dois diferentes resultados de pesquisas Gallup sobre o estado da fé religiosa na Grã-Bretanha. No primeiro, foi perguntado aos entrevistados se iam à igreja nos domingos. Só 10 por cento responderam afirmativamente, com o resultado de que o inquérito concluiu que a Grã-Bretanha não era uma nação muito religiosa. O segundo inquérito, realizado seis meses depois, porém, perguntou o seguinte: "Você acredita em Deus?" A essa pergunta 80 por cento dos entrevistados responderam afirmativamente, concluindo os responsáveis pelo inquérito que a Grã-Bretanha é uma nação muito religiosa. Temos aí o Princípio da Incerteza em ação.

Einstein e Heisenberg contribuíram para produzir uma mudança fundamental em nossas relações com a verdade e a ética. O velho sistema funcionava de cima para baixo, era uma tentativa de substituir as certezas perdidas de nosso passado biológico por referências a um conjunto de verdades imposto de fora. Heisenberg e Einstein, porém, dizem que tudo, de uma forma crucial, depende de *nós*. A verdade depende de nosso ponto de vista, das perguntas que resolvemos fazer. Esta é a verdade de baixo para cima, que, de algum modo fundamental, nasce dentro de nós. E é, em última análise, como alego aqui, uma verdade à qual podemos ter acesso apenas com a inteligência espiritual.

As reverberações das descobertas científicas, da tecnologia e do espírito geral de investigação científica afetam todos nós. Mais revolucionário ainda do que as descobertas da ciência, porém, tem sido o espírito da ciência. A verdade de cima para baixo baseia-se na fé: sistemas éticos assentam-se em aquiescência na crença em uma autoridade externa. A ciência criativa, porém, funciona de baixo para cima, louvando-se na observação, nos resultados dos testes a que submetem as teorias. Ao questionar fatos, se sou uma cientista escolada no Princípio da Incerteza, não me interessam apenas as respostas. Quero saber mais a respeito das *perguntas*, sobre outras realidades que podem ser observadas quando formuladas outras e mais profundas perguntas. Será motivo de qualquer espanto que um adolescente do século XX insistisse em reinventar a roda, ou que quase todos hoje perguntem "O que é possível?", antes de se perguntarem "O que é o certo?". O espírito da ciência tornou-se o espírito orientador de nossa época.

Sempre houve, é bom que se diga, movimentos religiosos ou espirituais que honraram a verdade obtida de baixo para cima. Os místicos das religiões judaica, taoista, hindu, budista e, mais recentemente, quaker, sempre salientaram a importância da experiência interna e do caminho interior para o sagrado. Rejeitando a suficiência da mera crença ou a obediência como caminho para a verdade, elas frisaram que devemos trabalhar sobre nós mesmos para descobrir a luz interior porventura existente. As religiões dominantes do Ocidente rejeitaram, e frequentemente perseguiram, os que adotavam essa postura, mas talvez o tempo deles tenha chegado agora.

## INCERTEZA NÃO É RELATIVISMO

O relativismo moral é a opinião de que, desde que não haja padrões ou verdades absolutos, a própria verdade é relativa. A verdade é simplesmente aquilo em que acredito ou que julgo confortável afirmar. Não há nenhuma objetividade, mas apenas subjetividade.

Esse tipo de ceticismo surgiu inicialmente na Grécia antiga, com os sofistas. E está implícito nas teses de Nietzsche e Freud, de que o homem acredita no que julga mais conveniente à satisfação de seus impulsos individuais. Antropólogos do século XX comunicaram ter descoberto crenças conflitantes sobre o certo e o errado em diferentes tribos e culturas, embora quase todas proíbam o roubo e o assassinato. Numerosos filósofos do século XX basearam-se no trabalho de Einstein e Heisenberg para dar ao relativismo moral seu mais forte argumento. Einstein, alegaram, demonstrou que estamos sempre presos no interior de algum marco de referência espaço-temporal individual e que, em consequência, não há uma visão divina sobre o que é a realidade. O Princípio da Incerteza proposto por Heisenberg, afirmaram eles, demonstra que a verdade é simplesmente uma questão da maneira como observamos tudo e das perguntas que fazemos. Ambas as conclusões representam um entendimento errôneo do que a ciência do século XX tem a dizer sobre verdade e realidade e não percebem a perspectiva emocionante e sutil que a mesma ciência abre a verdade.

A obra de Einstein de modo nenhum sustenta a opinião de que "tudo é relativo". Ela, na verdade, *contém* descrições objetivas. Ele nos fornece, em termos abstratos, uma descrição excepcional em quatro dimensões do espaço-tempo do mundo *real* e contém as perspectivas de todos os possíveis observadores, como *aspectos* da verdade. As perspectivas individuais relacionam-se entre si pela descrição abstrata do todo. Há uma visão divina, mas disponível apenas a Deus. O melhor que podemos fazer é obter conhecimento de tantas perspectivas quanto possível e reconhecer que há um todo maior do que podemos perceber.

Analogamente, Heisenberg diz que a realidade quântica em si está repleta de potencial infinito (verdade infinita), mas que só podemos dela conhecer alguns aspectos. Como observadores, participamos de um diálogo cocriativo com essa realidade infinita de fundo, e aquilo que vemos depende das perguntas que fazemos. Embora a verdade não seja limitada ou incerta, isso sempre acontece com a ideia que dela fazemos. Repetindo, a melhor coisa que um observador heisenbergiano pode fazer é captar tantas faces da realidade subjacente quanto viável, fazendo tantas perguntas quanto possível.

A ciência do século XX convida-nos a compreender que realidade e verdade estão além de nossa capacidade finita de perceber. E nos convida também a celebrar essa verdade multifacetada e a aceitar a responsabilidade por nosso papel em seu desdobramento. Jamais poderemos conhecer toda sua extensão, mas todos nós estamos representando um papel em um drama universal. Todos os meus atos finitos podem me parecer banais e isolados, mas todos eles contribuem para o futuro do todo.

## ESTAR NA BORDA

Hoje em dia muitas pessoas dizem que estão "na borda", mas, frequentemente, nem mesmo sabem o que isso significa. A "borda" é uma expressão retirada da teoria do caos, uma ciência relativamente nova que descreve o comportamento imprevisível de coisas tais como o tempo atmosférico, a frequência cardíaca humana, colmeias e o mercado de ações. Na teoria do caos, a borda é o ponto de encontro entre a ordem e o caos, entre o conhecido e o desconhecido. Na natureza, é o ponto no qual criatividade e auto-organização acontecem. E onde novas informações são criadas.

Podemos formar uma imagem forte e concreta da borda do caos imaginando-nos em uma ponte, olhando para o riacho embaixo. Riacho acima, a água flui suavemente, quase parada, tranquila, como um espelho. Isso é ordem. A informação nada mais é do que ordem não aleatória, de modo que o fluxo suave do riacho contém alguma informação finita. Se conhecermos o "código" do riacho, poderemos ter acesso a essa informação. O mesmo acontece com as regras de um código ético imposto de cima para baixo. Como adeptos do código, podemos ler suas regras e nos comportarmos de acordo.

Enquanto flui sob a ponte, a água encontra alguns galhos e pedras e se transforma em redemoinhos. Em seguida, além dos redemoinhos, riacho abaixo, a água irrompe em uma turbulência branca. Essa turbulência branca é o caos. O caos pode conter informação, mas apresenta um código tão complexo que não poderemos jamais alimentar a esperança de obter acesso a ele. Estamos todos lançados "ao mar", como pessoas que não fazem ideia do jogo de que participam.

Nesse ponto em que a água se transforma em redemoinhos, o riacho chega à borda do caos. Ele está formando um novo código, criando nova informação. E é nesse ponto de auto-organização que descobrimos que estamos em águas não mapeadas, embora não menos navegáveis. Existe a boa ciência que estuda a ordem e a boa ciência que estuda o caos. A ciência que estuda criatividade, porém, concentra-se na borda do caos. E é aí que sistemas vivos como nós "acontecem".

Todos os sistemas biológicos se situam na borda do caos. Isso é o que nos torna abertos e adaptativos, que torna os sistemas vivos tão milagrosamente flexíveis. O sistema imunológico humano, por exemplo, levanta todas as barreiras possíveis contra vírus e bactérias, de modo que, quando uma delas é identificada, um padrão organizado de produção de uma única defesa contra ela é simplesmente instalado, e nada mais. A mente humana, quando usa o QS, situa-se também na borda.

Estar na borda viabiliza nossa vida e criatividade, mas pode acrescentar também um elemento de medo – já que as metas da vida são menos certas. Hoje em dia todos temos de viver na borda, gostemos ou não. Não podemos simplesmente cobrir com papel as rachaduras da velha tradição e da ética tradicional. Nem devemos nos entregar ao relativismo niilista, negando absolutamente a realidade de qualquer verdade. Temos de formular novos conceitos e redefinir nossas categorias de julgamento. Uma ética com a qual possamos viver criativamente hoje será, por necessidade, uma ética equilibrada na borda.

Em *Assim falou Zaratustra*, no qual anuncia a morte da velha ordem, escreveu Nietzsche: "Precisamos do caos para gerar uma estrela dançarina. Eu lhes digo o seguinte: vocês têm o caos em si." O que Nietzsche entendia por "caos" era a capacidade de auto-organizar-se, de reinventar, de transcender as categorias tradicionais do bem e do mal, que haviam sido impostas por religiões ditadas de cima. A principal imagem usada por ele para descrever essa situação é a do equilibrista na corda bamba, que é obrigado a caminhar entre as torres da certeza. Ele não consegue: cai e morre. Zaratustra diz que ele não estava ainda pronto. Nietzsche, porém, escreveu em fins do século XIX. Em pleno século XXI, ainda estamos andando em cima da corda bamba, mas poderemos saber melhor o que requerer de nós? Se aprendermos a confiar em nosso QS, nós nos tornaremos menos temerosos, mais acostumados a confiar em nós mesmos, mais dispostos a enfrentar o difícil e o desconfortável e mais prontos para viver na borda.

## O QS E O "OLHO DO CORAÇÃO"

Gosto da imagem do equilibrista na corda bamba utilizada por Nietzsche, porque esses artistas têm um equilíbrio interior, da mesma forma que o QS é um senso de equilíbrio interior. Ao contrário do QI, que se orienta por regras, e do QE, que é guiado pela situação na qual se encontra, o QS ilumina nosso caminho por meio do que os místicos denominaram de "olho do coração". A pessoa que conhece Deus, diz Bahya Ibn Paquda, "verá sem olhos, ouvirá sem ouvidos, perceberá coisas que seus sentidos não podem perceber e compreenderá sem raciocinar". "Meu coração Te viu e em Ti acreditou. Eu Te vi com os olhos do coração", disse Yehuda Halevi, expressando a mesma ideia.[5]

O coração do eu espiritualmente inteligente é, em última análise, o vácuo quântico, a fundação do próprio ser. É uma fundação imóvel e mutável e o coração que a conhece é o coração imóvel e mutável.

Para os místicos medievais judeus e cristãos, o "olho do coração" era uma metáfora relativa à intuição. Em numerosas tradições, o olho direito representa a percepção, pelo Sol, do ativo e do futuro, da luz da razão, enquanto o esquerdo representa a percepção pela Lua do passivo e do passado, ou a visão que chega com a emoção. Mas há ainda um "terceiro olho", que funde os dois e nos dá sabedoria. No hinduísmo, o terceiro olho está no centro da testa da deusa Shiva: "O terceiro olho corresponde ao fogo. Reduz tudo a cinzas." No budismo, é o olho-que-tudo-vê de Buda, que se senta "à borda", entre a unidade e a multiplicidade, entre o vazio e o não vazio. Os que visitam o Nepal ou o Tibete podem ver esse olho pintado em cores vivas nas espiras que coroam os grandes templos e domos.

Na capa de seu CD *The Eyes of the Heart*, o compositor de jazz Keith Jarrett descreve o improviso musical como algo que "atinge sua melhor forma quando todos os envolvidos na música estão conscientes de uma intenção maior do que a sua própria e, por conseguinte, mais sua".[6] Usar o QS para forjar uma nova ética exige improvisação semelhante, o que, por sua vez, requer um senso profundo do "eu mesmo" ou do "meu eu", que leva o indivíduo a transcender as limitações mesquinhas do ego e as águas perigosas do relativismo. O conceito ocidental moderno do eu nada disso faz. Nós que nascemos no Ocidente no século XX pouco temos em matéria de senso de um eu mais profundo, ao qual possa pertencer esse olho do coração.

O conceito do eu que herdamos de Freud é isolado e superficial. O eu espiritualmente inteligente, porém, é um eu mais completo, possuindo um senso profundo de ligação com a vida e todas as suas manifestações. Esse eu mais completo percebe que as atividades humanas são partes da tessitura mais importante e mais rica de todo o universo. Tem um senso de humildade e gratidão diante da Fonte da qual ele e tudo mais surgiram. Tem um senso profundo de participação e responsabilidade. Reconhece que o indivíduo não pode ser completo sem aceitar o Todo maior, do qual todos nós somos parte inseparável.

O eu espiritualmente atrofiado não poderá nos dar uma ética com base no QS ou no olho do coração, já que lhe falta uma fonte profunda de onde possa tirar sabedoria e intuição. O eu mais profundo que descrevi como o eu espiritualmente inteligente nos dará meios para andar na corda bamba entre as torres da certeza. Poderemos ter acesso a algo em nós que torna nossas perguntas mais importantes do que quaisquer respostas parciais e que nos dirige os valores e a conduta com mais sabedoria do que qualquer dogma imposto. Poderemos ainda cair da corda, mas haverá religamento e alegria profunda, do ponto de vista dos quais nem mesmo a possibilidade da queda se torna a coisa mais importante.

## UTILIZANDO NOSSA PROFUNDA ESPONTANEIDADE

Em hebraico, as palavras correspondentes a "bússola" (*matzpen*), "consciência" (*matzpoon*) e "a verdade interior oculta da alma" (*tsaffoon*) derivam da mesma raiz. Ter consciência é estar em contato com a verdade oculta, interna, da alma e, se assim conectados, temos uma bússola interna para nos guiar na conduta. Na Grécia antiga, as palavras relativas à "inteligência" (e*uphyia*) e à "natureza" (*physis*) procediam da raiz *phyiame*. *Euphyia* significa literalmente "aquele que cresce bem" e *Physis*, literalmente também, "aquilo que vem a emergir". Cresceremos bem, seremos inteligentes, se permitirmos que suba à tona algo que está no íntimo. A palavra grega referente à "verdade" (*alétheia*) significa literalmente "não esquecer" – não esquecer o que sempre soubemos. Essas duas línguas antigas estão nos dizendo que há em nós uma fonte profunda de conhecimento autêntico.

Em *Mênon*, um dos diálogos de Platão, Sócrates, conversando com um rapazola escravo ignorante, consegue extrair dele, por meio de uma série de perguntas, todos os princípios fundamentais da geometria. "Como vê", diz Sócrates, "ele conhecia todos os fundamentos da geometria. Simplesmente os havia esquecido." Na doutrina do conhecimento postulada por Platão, seres humanos nascem sabendo tudo. O conhecimento é inato, incluindo o conhecimento do bem e do mal, do certo e do errado. O bebê vive muito perto da sabedoria, embora, ao crescer, esqueça e caia na ignorância.

Sócrates e Platão exageram por estarem convictos de que toda verdade sempre foi e sempre esteve ali para ser conhecida. A lição da ciência do século XX, ao contrário, diz que a verdade é um *processo* infinito, que jamais termina e sempre se desenvolve. A ciência concorda com Sócrates, porém, na extensão em que diz que nascemos e continuamos a viver com um *potencial* para o conhecimento, em convivência com a verdade. Caímos na ignorância devido à tendência do ser humano de fechar-se em hábitos, pressupostos, regras e sistemas de crenças, à medida que envelhece. Ou, como diz R. D. Laing: "Para adaptar-se a este mundo, a criança abdica do êxtase."[7]

Como adultos, a maioria esqueceu seu eu inicial profundo e a sabedoria abissal que ele tem. Exceto em raros momentos de espontaneidade infantil, quando somos expostos a algo que nos comove profundamente, esquecemos que o eu tem um centro que tudo sabe. Esquecemos como responder ao que está dentro de nós. Perdemos a fé em nós e voltamo-nos para regras externas em busca de orientação. O desafio aqui consiste em recuperar a espontaneidade infantil perdida, inibida pela disciplina, experiência e sabedoria do adulto – e por humildade invariável. Precisamos estar sempre dispostos a submeter a teste nossa "verdade interior", comparando-a com suas consequências no mundo externo.

Espontaneidade e disciplina são conceitos difíceis para o homem ocidental. Tendemos a banalizar a espontaneidade e a exteriorizar a disciplina. A influência freudiana sobre a psicologia ocidental descreve o ego consciente como vítima impotente, colhida entre os caprichos, a irresponsabilidade e os instintos do id (nossa espontaneidade) e a voz dominadora do superego, com as expectativas dos pais e da sociedade (a nossa disciplina). A suposta espontaneidade do id situa-se em nítida oposição à disciplina imposta pelo superego. Ficamos imprensados entre o "mero sentimento" e o controle racional. Ou, como disse o quaker citado no começo deste capítulo, ficamos imobilizados entre o que queremos fazer e o que pensamos que devemos fazer. Passamos, em vista disso, a suspeitar de nossos instintos, a desconfiar da espontaneidade, a nos sentirmos culpados, a confiar, no que interessa ao autocontrole, na disciplina imposta de fora. Esse conceito freudiano limitado não é igual à espontaneidade profunda que nos permitiria usar o QS como uma bússola interna.

Uma vez que as palavras "espontaneidade", "reação" e "responsabilidade" têm a mesma origem latina, elas nos dizem algo importante sobre o verdadeiro significado da espontaneidade. Espontaneidade é uma resposta a alguma coisa pela qual temos de assumir responsabilidade. Inicialmente, é uma resposta à nossa participação no drama em desenvolvimento da realidade fundamental. Como nos mostra o Princípio da Incerteza, de Heisenberg, é a nossa participação e resposta à realidade que fazem com que ela aconteça. Temos, portanto, responsabilidade pela realidade que se desenvolve. Nesse sentido, espontaneidade não pode ser mero capricho ou impulsividade. Não é a reação a uma barra de chocolate ou a um carro novo. É a reação a alguma coisa que conheço sem que me digam, a algo que conheço a partir de dentro, à minha própria bússola interior. E é o QS que me dá essa capacidade de responder.

O QS é uma forma profunda de espontaneidade, uma resposta ao centro mais profundo do eu e ao centro do ser no qual se radica esse eu profundo. Quando sou totalmente espontânea, conheço meu eu, sei que sou o mundo e, por isso mesmo, assumo responsabilidade pelo mundo. Assumo responsabilidade pelos outros porque respondo a eles e sei que eles são partes de mim. Não preciso de regras, certezas ou códigos de práticas para saber como tratá-los. Eles apenas se intrometeriam no caminho de meu conhecimento realmente espontâneo. Claro que incerteza e risco estão envolvidos nisso. Cometerei erros, mas tenho esperança de aprender com eles.

No capítulo 10 contei um sonho no qual eu era uma dançarina que se movia de dentro para fora, uma dançarina cujos movimentos estavam sendo orquestrados por alguma música interior. Expliquei então que o sonho me deu um senso profundo do que significava a verdadeira espontaneidade e como ela se relaciona com a inteligência espiritual. Pouco antes da crucificação, Jesus falou aos discípulos algo parecido.

*Os atos de João*, um dos primeiros evangelhos gnósticos (os gnósticos eram uma seita que combinavam o cristianismo antigo com misticismo e outras filosofias), conta que em Getsêmane, na noite anterior à crucificação, Jesus chamou os discípulos e lhes pediu que formassem um círculo, dando-se as mãos. Em seguida, posicionou-se no meio do círculo e começou a cantar:

Ao Universo pertence o dançarino. Amém.
Aquele que não dança desconhece o que acontece.
Amém.
Se seguires minha dança, tu te verás em Mim,
ora te falando...

Tu que danças, pensa no que faço, pois tua é
A paixão do Homem, que vou sofrer. Pois
   de maneira nenhuma poderias compreender o que sofres
A menos que a ti, como Logos, eu tivesse sido enviado pelo
   Pai...
Aprende como sofrer e poderás não sofrer.[8]

Em outro evangelho gnóstico, o *Evangelho de Tomé*, Jesus diz aos discípulos: "Se souberes quem és, serás como eu sou." De acordo com essas palavras, ele não se considerava divino, mas, sim, alguém que havia despertado para a força divina que nele havia. E sentia que essa força divina habitava em todos nós. Dançar com Jesus é sentir essa força. Dançar espontaneamente com a existência é sentir a força ativa da inteligência espiritual e saber o que ela sabe.

## DISCIPLINA E COMPAIXÃO

A espontaneidade ligada à reação e à responsabilidade está também relacionada com a disciplina e a compaixão. A espontaneidade com que entro em contato com meu eu interior é alcançada tornando-me forte no centro. Aprendo a controlar meus caprichos e desejos banais por meio de disciplinas como a meditação e a prece, pelo uso habitual de meus talentos ou minha arte, pela reflexão profunda e vigilância constante. Minha disciplina torna-se uma disciplina interna. É a forma de equilíbrio que os antigos chineses chamavam de *Tao*, o Caminho – a lei profunda, interna, do ser. Um dos maiores comentaristas do *Tao Te Ching* de Lao Tzu, Chuang Tzu, fala-nos da disciplina interna de um mestre-açougueiro:

> O cozinheiro Ting estava esquartejando um boi para o Senhor Wen-hui. A cada toque de sua mão, a cada elevação do ombro, a cada movimento dos pés, a cada projeção do joelho – *zip! zoop!* Ele fazia a faca deslizar com um *zing* e tudo acontecia em ritmo perfeito, como se estivesse participando da dança

no Bosque de Amoreiras ou mantendo-se em compasso com a música de Ching-shou.

– Ah, mas isso é maravilhoso! – exclamou o Senhor Wen-hui. – Imaginem só a perícia de alcançar tais alturas!

O cozinheiro Ting pôs a faca de lado e respondeu:

– O que me interessa é O Caminho, que transcende a perícia. Quando comecei a carnear bois, tudo que conseguia ver era o próprio boi. Três anos depois, eu não via mais o boi inteiro. Agora... agora chego a ele com o espírito e não o vejo mais com meus olhos. A percepção e a compreensão chegaram ao fim e o espírito vai aonde quer...

"Um bom cozinheiro troca a faca uma vez por ano... porque ele corta. O cozinheiro medíocre troca de faca uma vez por mês... porque golpeia. Tenho esta faca há 19 anos e com ela esquartejei milhares de bois, e a lâmina continua tão afiada e forte como se tivesse vindo do amolador."[9]

Nós nos disciplinamos também com a compaixão e, não raro, com o sofrimento necessário para aprendê-la. Compaixão significa, literalmente, "sentir juntamente com". Quando sinto compaixão, estou na forma mais profunda de resposta espontânea, embora, frequentemente, esse estado exija que eu transcenda ideias racionais, preconceitos, o nível do ego e formas estilizadas de relacionamento.

O grande romance de Dostoievski, *Crime e castigo*, estuda esses temas. Um jovem estudante pobre, Raskolnikov, rejeita toda moralidade convencional. "Um homem como eu", declara ele, "está acima da lei." Para ele, leis são meras formas externas impostas pelos outros, e ele, como homem inteligente e racional – na verdade, um homem superior –, deve ter liberdade para construir sua própria moralidade. A fim de provar isso, resolve assassinar uma "velha inútil" e demonstrar que está acima do castigo. Na ocasião, considera seu crime apenas uma questão de teoria, um ato do intelecto, ou do ego.

Pouco depois, porém, Raskolnikov passa a sofrer de um terrível sentimento de culpa e de uma febre abrasadora. A culpa não é tanto por ter assassinado uma velha, mas pelo fato de que, por arrogância e obstinação intencional, tenha cometido um ato que desmereceu o divino nele existente. Compreendeu que infringiu uma lei moral interna e que pecou contra sua própria consciência. E é com essa situação que ele não pode viver.

Raskolnikov jamais sentiu qualquer sentimento de companheirismo em relação a qualquer pessoa, exceto a mãe e a irmã. Os colegas estudantes rejeitavam-no por causa de sua atitude superior. Após o assassinato, achou que devia romper com a própria família e, nesse momento, tornou-se uma pessoa inteiramente solitária. Nessa altura, conheceu a prostituta Sonya, uma vítima de todos aqueles crimes e preconceitos sociais contra os quais ele veementemente lutava. Humilhada, arruinada e doente, ainda assim ela demonstra a Raskolnikov a possibilidade da força interior e da coragem moral contra toda adversidade. Sua força é a fé e o amor cristão, embora a força que ela dá a Raskolnikov seja passada pela compaixão que ele sente por ela.

Mais tarde, condenado e na prisão, Raskolnikov estende essa atitude aos seus colegas internos, homens que ele teria antes descrito como "membros do formigueiro". Por meio da compaixão, Raskolnikov liga-se à raça humana e pode, nesse momento, aceitar seu próprio sofrimento. Cumpre seu dever com a sociedade por ter infringido suas leis, porém, ainda mais importante, o amor por Sonya e pelos companheiros de prisão lhe dão uma nova oportunidade na vida pela transformação interior. E é por intermédio dessa transformação que aprende a humildade.

O crime inicial de Raskolnikov só foi possível porque ele ignorou a bússola interna que havia nele. Tinha o QS bloqueado pela pura força do orgulho intelectual, que o cegou para sua qualidade de membro da humanidade. Dessa posição, sua suposta superioridade moral levou-o à mera criminalidade. A compaixão que finalmente veio a sentir permitiu-lhe entrar em contato com seu próprio centro, a aprender as lições de sua própria consciência e, nesse momento, usar seu QS para iniciar a reconstrução de sua vida e tornar-se parte do mundo.

## 12
## Qual é o meu tipo de personalidade?

O questionário a seguir poderá dar ao leitor uma ideia do seu tipo (ou tipos) de personalidade e de onde ele se encontra entre as pétalas do lótus do eu. As perguntas em si são "transparentes" e não adianta nada mentir. Nada mais está em jogo, exceto obter algum insight pessoal.

As primeiras sete perguntas sobre cada tipo de personalidade dizem respeito à ocupação (profissão) e lazer. Baseiam-se solidamente nos testes ocupacionais de Holland e omitem quaisquer perguntas sobre a capacidade real do respondente. As últimas cinco de cada tipo harmonizam-se com o trabalho de Cattell sobre motivação e o de Jung sobre tipos de personalidade, da forma desenvolvida no questionário de Myers-Briggs sobre personalidade. Todos eles foram descritos no capítulo 8. As perguntas reais aqui feitas não constituem cópias de testes anteriores e são usadas com a intenção de servir como orientação preliminar.

Responda a todas as perguntas usando uma folha de papel para cada conjunto de doze delas (num total de seis folhas). No caso de cada pergunta, responda "S" (significando "sim, provável") ou "N" (significando "não, improvável") – escolhendo a que mais se aproximar da verdade. Ao terminar, some o número de respostas "S" em cada folha.

### PERSONALIDADE CONVENCIONAL
### (EXTROVERTIDA PERCEPTIVA)

Qual das cinco ocupações ou das duas atividades de lazer a seguir (ou algo semelhante a elas) poderia interessá-lo ou combinar com você, se possuísse as habilidades necessárias?

- escriturário, empregado administrativo
- recepcionista
- bibliotecário-assistente
- contador
- fiscal de obras de construção civil
- colecionador (por exemplo, de antiguidades, selos, moedas)
- jogos de carteado (*rummy*, bridge)

Responda "S" ou "N" para cada uma das cinco seguintes situações:

- Gosto de trabalhar bem e metodicamente
- Minhas opiniões e comportamento são em geral convencionais
- Meu lar e estilo de vida são tão práticos e confortáveis quanto posso torná-los
- Dou valor às tradições de meus grupos (família, trabalho, vizinhos)
- Interesso-me mais por assuntos reais, do dia a dia, do que por discussões artísticas ou filosóficas sobre eles

## PERSONALIDADE SOCIAL
## (EXTROVERTIDA EMOCIONAL)

Qual das cinco ocupações ou das duas atividades de lazer a seguir (ou algo semelhante a elas) poderia interessá-lo ou combinar com você, se possuísse as necessárias habilidades?

- enfermeiro
- professor primário
- conselheiro de assuntos psicológicos
- pastor/padre/rabino
- dono de casa (companheiro/progenitor)
- esportes (por exemplo, tênis, esqui)
- sócio de clubes

Responda "S" ou "N" para cada uma das cinco seguintes situações:

- Gosto de conversar com grande variedade de pessoas
- Sou geralmente diplomático quando manifesto críticas ou desacordos
- Gosto de ajudar pessoas e compartilhar experiências com elas
- Aprecio situações em que há oportunidade de cooperação
- Às vezes, acho que me mostro mais caloroso com pessoas do que realmente sinto ser

## PERSONALIDADE INVESTIGATIVA
### (INTROVERTIDA INTELECTUAL)

Qual das cinco ocupações ou das duas atividades de lazer a seguir (ou algo semelhante a elas) poderia interessá-lo ou combinar com você, se possuísse as habilidades necessárias?

- programador de computador
- técnico de laboratório
- tradutor
- médico
- professor universitário, pesquisador
- jogos de tabuleiro (por exemplo, gamão, xadrez)
- ler não ficção

Responda "S" ou "N" para cada uma das cinco seguintes situações:

- Faço um esforço para compreender exatamente o que me dizem
- Dou importância a discussões inteligentes sobre problemas
- Se posso, penso maduramente, por tanto tempo quanto necessário, antes de tomar uma decisão importante
- Gosto de me manter atualizado com as últimas novidades nas artes, ciências, meu trabalho e vizinhos
- Às vezes, de início, rejeito um novo ponto de vista, mas em seguida descubro que ele pode ter algum mérito

## PERSONALIDADE ARTÍSTICA
## (EXTROVERTIDA PERCEPTIVA)

Qual das cinco ocupações ou das duas atividades de lazer a seguir (ou algo semelhante a elas) poderia interessá-lo ou combinar com você, se possuísse as habilidades necessárias?

- escritor
- decorador
- ator
- músico
- arquiteto
- fotografia
- dança

Responda "S" ou "N" para cada uma das cinco seguintes situações:

- Com frequência, falo impulsivamente
- Às vezes, as pessoas pensam que sou um pouco polêmico ou mesmo chocante
- Interesso-me frequentemente por novas ideias e causas negligenciadas
- Admiro originalidade em outras pessoas
- Estou mais interessado na impressão geral (beleza, sentido) do que em detalhes concretos

## PERSONALIDADE REALISTA
## (INTROVERTIDA EMOCIONAL)

Qual das cinco ocupações ou das duas atividades de lazer a seguir (ou algo semelhante a elas) poderia interessá-lo ou combinar com você, se possuísse as habilidades necessárias?

- cozinheiro
- carpinteiro

- oculista
- fazendeiro
- melhorias que eu mesmo posso fazer em casa
- velejar ou canoagem

Responda "S" ou "N" para cada uma das cinco seguintes situações:

- Em eventos sociais, prefiro conversar com pessoas em quem possa realmente confiar e respeitar
- Costumo defender com firmeza minhas opiniões e planos, pouco me importando com o que os outros digam
- Gosto de atividades manuais ou físicas, sozinho ou como parte de uma equipe
- Não faço promessas, a menos que saiba que posso cumpri-las
- As pessoas pensam às vezes que sou frio ou indiferente, quando, na verdade, tenho fortes opiniões sobre certas coisas

PERSONALIDADE EMPREENDEDORA
(EXTROVERTIDA INTELECTUAL)

Qual das cinco ocupações ou das duas atividades de lazer a seguir (ou algo semelhante a elas) poderia interessá-lo ou combinar com você, se possuísse as habilidades necessárias?

- representante de vendas
- agente de viagens
- gerente ou executivo
- político
- advogado
- jogos com grandes prêmios (por exemplo, bingo, pôquer)
- viagens

Responda "S" ou "N" para cada uma das cinco seguintes situações:

- Quando saio de casa, procuro estar sempre bem-vestido
- Em um grupo, gosto de ser o centro das atenções
- Gosto de assumir pequenos riscos no trabalho ou em atividades de lazer
- Aprecio situações competitivas
- Às vezes, deixo-me "levar" por compromissos ou atos dos quais me arrependo depois

Em cada tipo de personalidade, você fará entre zero e 12 pontos. Essa pontuação indica a força de seu interesse nesse setor da vida. O adulto comum obterá 6 pontos, ou mais, em talvez três tipos de personalidade. Você, por exemplo, poderia conseguir a maior pontuação (digamos, 9) no tipo artístico, mas marcar também 7 no tipo empreendedor e 6 no investigativo. Essas são as três pétalas no lótus do eu com as quais você mais se parece e indicam os caminhos de desenvolvimento pessoal que lhe seriam mais fáceis. Circunstâncias externas, ou uma necessidade maior de equilíbrio interior, porém, poderiam forçá-lo a desenvolver-se também em outras áreas.

No capítulo 13 descreverei seis caminhos espirituais que o indivíduo poderá seguir para tornar-se espiritualmente mais inteligente. Pelo menos três desses caminhos podem ser relevantes, mas, em qualquer dado momento, um deles provavelmente sobressairá entre os demais.

# Parte V

# Podemos melhorar nosso QS?

# 13
# Seis caminhos para melhorar a inteligência espiritual

> É inútil desperdiçar a vida em um único caminho,
> especialmente se esse caminho não tiver coração.
> Antes de tomar um caminho, faça a seguinte
> pergunta: esse caminho tem coração?
> Se a resposta for não, você saberá, e deverá
> escolher outro caminho.
> Um caminho sem coração jamais é agradável.
> Você terá de se esforçar muito até para iniciá-lo.
> Por outro lado, o caminho com coração é fácil;
> não o obriga a esforçar-se para dele gostar.
>
> Carlos Castaneda, *A erva do diabo*

Nós, ocidentais, acreditamos profundamente no único caminho, na única verdade, no único Deus. Admiramos pessoas que descobrem cedo seu caminho na vida e que o seguem fielmente; desconfiamos da dúvida, da incerteza, da fragilidade da intenção. Por "caminho" entendo descobrir meu sentido e integridade mais entranhados, agir a partir das motivações mais profundas e fazer com que meus atos tenham importância para minha família, minha comunidade, meu país etc. Meu caminho é minha jornada pela vida, meus relacionamentos, meu trabalho, meus objetivos, meus sonhos e a maneira como os vivencio. Seguir um caminho com inteligência espiritual, ou um caminho com coração, significa ser uma pessoa fortemente comprometida e dedicada a algo.

O indivíduo pode ter a grande sorte de descobrir cedo um autêntico caminho de vida com coração – tornar-se médico, digamos, ou professor do ensino fundamental. Se isso acontecer, ele estará agindo tendo como ponto de partida o centro, as motivações mais marcantes de sua vida, e estará tomando um caminho espiritualmente inteligente. No entanto, com uma frequência grande demais, a pressão para comprometer-se logo com um caminho e, em seguida, nele persistir, leva-o a ignorar a riqueza de caminhos que se abrem diante dele ou, pior ainda, a tomar um caminho que careça de inteligência espiritual e de coração. Ele talvez seja forçado a escolher devido às expectativas dos pais ou da sociedade ou procurá-lo por motivos superficiais, como o reconhecimento de seu mérito, o poder pessoal ou a grande riqueza material. Alguns simplesmente chegam aos tropeços a um caminho simplesmente porque as circunstâncias o levaram até ele, e, em seguida, não sabem como deixá-lo. Outros ainda acham que não há qualquer caminho.

"Anders", o executivo sueco a quem me referi no capítulo 2, está em um desses caminhos. Desde cedo na vida ele sabia que queria servir ao próximo. Dada sua personalidade e talentos, resolveu servir por intermédio dos negócios, mas insiste apaixonadamente em que sua vida empresarial *seja* uma vida de serviço, uma vida que possa compartilhar com orgulho com a família e a comunidade, uma vida que deixe o mundo como um lugar melhor do que o que encontrou. Essa motivação profunda centraliza-o, na verdade tem origem em seu centro mais profundo. Quando o conhecemos, conhecemos um homem que transpira integridade. Ele nos inspira.

Ter consciência de que tal vida é possível constitui o primeiro passo na elevação do QS. Dizer "Eu quero esse tipo de vida" e iniciar a tarefa difícil e, não raro, dolorosa de descobrir onde está o meu centro, quais são as minhas motivações realmente profundas, constitui o passo seguinte. Comprometer-me sinceramente a seguir um caminho leva-me ainda mais longe. Compreender que muitos são os caminhos e que, no curso de minha vida, devo percorrer vários ou, até certo ponto, todos eles, talvez seja a maior realização pessoal, até agora, de minha inteligência espiritual.

Temos de compreender que há muitos caminhos – que não há apenas um único para ser espiritualmente inteligente e nem mesmo um melhor do que os outros. Todos eles são válidos e necessários. O mundo precisa de cozinheiros, professores do ensino fundamental, médicos, mecânicos, pais, atores, terapeutas, homens de negócio espiritualmente inteligentes etc. Todos esses caminhos exigem sua própria variedade de QS, e cada um combina melhor com alguns tipos de personalidade. Não há emprego ou profissão que não possam ser mais eficientes se seguidos com maior QS. E não há vida que possa ser mais profundamente satisfatória.

Usar e elevar nosso QS tampouco é apenas um tipo especial de atividade. Ao contrário, o QS de uma atividade é medido pela profundeza, a proximidade do centro, a motivação dessa atividade, qualquer que seja. Talvez seja orar ou meditar, mas pode ser também cozinhar, trabalhar, fazer amor ou simplesmente beber um copo d'água, desde que a atividade parta de uma paixão centrada, das motivações e dos valores mais profundos de nossa vida.

## SEIS CAMINHOS

O lótus do eu oferece-nos um mapa básico dos seis tipos de personalidade, cada um deles com suas motivações mais profundas e a energia psíquica a eles associadas e, portanto, acesso ao centro. A partir dessas condições, podemos identificar um modelo de seis caminhos na vida, claramente diferentes, que levam a uma maior inteligência espiritual – seis caminhos espirituais que qualquer um de nós pode seguir para viver a vida com um coração maior. Mas sabemos também, pela maneira como foi construído o lótus do eu, que, em qualquer dado momento, poderemos estar seguindo mais do que um único caminho.

Os estilos de personalidade do ego, com os quais foi construído o círculo externo do lótus – o tipo convencional, o social, o artístico etc. –, foram extraídos do teste de orientação vocacional de Holland, extensamente aplicado (ver capítulo 8), que mostra que cada indivíduo é uma combinação de vários estilos. Cada estilo está associado a um dos seis caminhos espirituais, de modo que a maioria descobrirá algo relevante para seu caso e para a elevação de seu QS examinando mais de um caminho, embora provavelmente descubra que um deles será o principal.

No transcurso da vida, o principal caminho frequentemente se altera. Isso pode acontecer gradual ou abruptamente na crise de meia-idade, por volta dos 40 anos, ou mesmo décadas depois. Se isso for uma autêntica mudança de energia, e não apenas um episódio traumático, é provável que continuemos em bons termos com o caminho anterior, enquanto lhe acrescentamos novas dimensões. O hinduísmo, por exemplo, reconhece os estágios de vida, ou caminhos clássicos, da criança, do estudante, do dono de casa e do homem santo, todos eles usando e sendo enriquecidos pelos outros. Todas as grandes tradições espirituais do mundo na verdade reconheceram, pelo menos tacitamente, a necessidade de uma grande variedade de caminhos ou práticas espirituais.

Uma forma clássica de ficar estagnado consiste em usar o QS para tentar solucionar os problemas associados a um caminho espiritual com os métodos apropriados a outro. Os tipos artístico ou realista (caminhos 4 e 5) não podem resolver problemas de solidão profunda simplesmente se juntando a alguma tribo ou grupo convencional (caminho 1). O tipo investigativo introvertido, caladão, tampouco pode tornar-se um indivíduo eloquente em público simplesmente passando a fazer parte de uma comissão (caminho 6). E nem todos os problemas matrimoniais (que são em geral alguma combinação dos caminhos 4 e 5) podem ser eliminados por simples cuidados e carinho (caminho 2). Ficamos num dilema como esse se não dispomos de melhores alternativas. Ou, como disse o filósofo Ludwig Wittgenstein: "Quando só temos um martelo, tudo parece um prego." O objetivo da descrição a seguir dos seis caminhos espirituais básicos é oferecer ao leitor a visão de uma "caixa de ferramentas" mais sortida. Parte do material será reconhecido pelo que foi dito no capítulo 8 e é reestudado aqui para completá-lo. A "ênfase religiosa" refere-se aos principais temas e conceitos encontrados em textos religiosos; as "práticas", às atividades concretas, tais como rezar ou cozinhar.

## CAMINHO 1: O CAMINHO DO DEVER

| | |
|---|---|
| Tipo de personalidade | Convencional |
| Motivação | Gregarismo, integração, segurança |
| Arquétipos | Saturno, a tribo, participação mística |
| Ênfase religiosa | Devoção |
| Mito | A aliança entre Deus e a humanidade |
| Prática | Cumprir seu dever |
| Chakra | Básico, raiz (segurança, ordem) |

Vê que proponho hoje a vida e o bem, a morte e o mal; se guardares o mandamento que hoje te ordeno, que ames o Senhor teu Deus, andes nos seus caminhos, e guardes os seus mandamentos, e os seus estatutos, e os seus juízos, então viverás e te multiplicarás, e o Senhor teu Deus te abençoará na Terra, a qual passarás a possuir. Porém se o teu coração se desviar, e não quiseres dar ouvidos e fores seduzido e te inclinares a outros deuses, e os servires, então hoje te declaro que, certamente, perecerás. (...) Os Céus e a Terra tomo hoje como testemunhas contra ti de que te propus a vida e a morte, a bênção e a maldição: escolhe, pois, a vida, para que vivas, tu e tua descendência...

Deuteronômio, 30:15-20

Esse caminho é o de integrar-se, cooperar e contribuir para a comunidade e ser por ela protegido. Segurança e estabilidade dependem de experimentarmos afinidade com outras pessoas e com o ambiente, geralmente desde a infância. Nessa medida, seguir esse caminho é importante para todos nós. No tocante a 10 a 15 por cento dos adultos no mundo ocidental, esse caminho continua a ser o principal interesse.

Os versículos do Velho Testamento que foram citados mostram como esse caminho é em geral compreendido pela consciência ocidental. O mito principal, em seu sentido mais limitado, é o de que há um pacto entre Deus e nossa tribo. Nós O servimos; Ele nos protege. Numa interpretação mais ampla, o mito nos diz que existe uma aliança sagrada entre Deus e a humanidade. Mas, como quer que seja entendido, certas regras têm de ser seguidas, deveres têm de ser cumpridos, bênçãos devem ser recebidas. A ênfase é sempre em ajustar-se, em fazer tudo da maneira certa.

Em todas as seis sendas espirituais aqui discutidas, há uma forma estúpida de vivê-la e a possibilidade de uma jornada para desenvolvermos a inteligência espiritual. Crescer para obter um QS maior requer que subam à tona as motivações que levam o indivíduo a agir de certa maneira, e como virá a agir, se necessário, condicionado por motivações mais profundas e mais autênticas – isto é, aprender a agir a partir do centro. Os que seguem com naturalidade o caminho do dever são, em seus melhores aspectos, costumeiramente organizados, obedientes, metódicos e tradicionalistas. Se for palmilhado de modo espiritualmente embotado, porém, o caminho poderá levar ao dogmatismo, ao preconceito, à estreiteza de visão, à falta da imaginação e à carência de estímulo.

A maneira espiritualmente mais embotada de viver esse caminho consiste em agir partindo da motivação oposta do narcisismo. Essa é a motivação para deixar por completo o grupo e os relacionamentos, perder contato criativo com o ambiente e tornar-se inteiramente fechado em si mesmo. No comportamento geralmente associado ao narcisismo, psicólogos incluem fumar e beber demais, ficar até tarde na cama, excessos em alimentos e sexo e, de modo geral, a necessidade de fazer apenas o que gosta, enquanto ignora os outros e outros interesses. Acredita-se que as origens do narcisismo se encontram em um trauma profundo – em dor ou descaso na infância ou em algum incidente profundamente traumático no tocante a relacionamentos posteriores na vida. O indivíduo empacado no estado de narcisismo não conseguirá fazer progresso até que, por meio de terapia ou aconselhamento profissional, supere o trauma ou traumas iniciais.

Outras maneiras de ser espiritualmente estúpido no caminho do dever implicariam seguir as regras ou códigos do grupo simplesmente por medo, hábito, tédio ou apenas por comodismo, acompanhar o grupo, quando não agir por motivos egoístas ou por sentimento de culpa. O primeiro passo para uma inteligência espiritual mais desenvolvida consiste em *querer* compreender a si mesmo e levar uma vida mais criativa. O passo seguinte será trazer para a superfície os motivos com base nos quais esteve agindo e "eliminá-los". O indivíduo pode ter de passar pelo período que os budistas chamam de "revulsão", isto é, um senso de profunda repugnância de seus motivos iniciais, ou por meio de um período de rebelião, tornando-se um Filho Pródigo.

Para andar pelo caminho do dever de uma forma espiritualmente inteligente, tenho de *querer* permanecer em meu grupo, tenho de tomar uma decisão interna de dedicar-me a ele, fazer uma opção autêntica de a ele pertencer, e também saber por que faço isso. No mais profundo de todos os níveis, vivo como parte integrante de minha comunidade e pratico como ato sagrado suas rotinas diárias. Essas decisões internas costumavam ser tomadas por meio de cerimônias de iniciação. Na cultura moderna, porém, restam poucas delas. Todas exigem que eu desça fundo até as raízes daquilo que torna a comunidade o que ela é. Quais seus valores mais profundos, seu mito central, seus "totens"?

O mito central do caminho do dever, conforme vimos, é que minha comunidade fez uma aliança com Deus ou com alguma potencialidade profunda do espírito humano. A Revolução Francesa e a Declaração de Independência dos Estados Unidos, por exemplo, basearam-se na crença sagrada dos Direitos do Homem, que em si mesma repousa na crença mais profunda na natureza da humanidade. O Império Romano foi inspirado pela paixão de impor a regra da lei a toda humanidade. O Império Britânico teve por fundamento a ideia profunda de levar a civilização, os princípios de justiça, lealdade e valores cristãos a povos "bárbaros". A ideia do "destino manifesto", de ser responsável pelo bem contra o mal, continua a inspirar a política externa americana, ainda que nem sempre sabiamente. A Alemanha nazista inspirou-se nos mitos vikings da superioridade ariana e de valores nórdicos de coragem e heroísmo na guerra para construir um novo Reich. Até mesmo gangues de rua e times de futebol têm mitos e totens, códigos de honra e uniformes, bandeiras e escudos que os simbolizam.

Reconhecer o que são esses caminhos e, deliberadamente, jurar a eles lealdade e dever leva-me para além do mero ego ou do nível conformista no caminho do dever. Põe-me em contato com a camada intermediária arquetípica do lótus do eu, onde participo de algo maior do que meu mero ego pessoal e juro fidelidade a algo que nem sempre posso definir em termos racionais ou lógicos. *Sinto* lealdade para com meu grupo, *sirvo* a seus interesses, *honro* seus códigos e rituais. *Amo-o*.

Entretanto, há desvantagens óbvias se paramos nesse estágio do caminho do dever. O indivíduo que participa da comunidade nesse nível pode ter feito progresso *pessoal* para desenvolver um QS mais alto, mas, ao assim fazer, pode ser também parte de um movimento mais vasto que *não* seja em si espiritualmente inteligente. O mais sagrado e profundo caminho do dever terá de me levar além dos meros limites de meu próprio grupo, de seus mitos e práticas, para uma dimensão partir da qual eu possa pôr em perspectiva o QS de meu grupo finito. O aspecto sagrado da vida convencional emana do centro do lótus, do centro e da origem do eu e do próprio ser e, assim, da fonte de meu grupo ou da própria comunidade – na verdade, da fonte de qualquer grupo ou comunidade. Meu dever final com o caminho do dever é com esse grupo.

Dessa perspectiva mais profunda e espiritualmente mais inteligente do centro, reconheço que o dever de minha personalidade convencional é com a santidade de cada dia e que minha comunidade final é a comunidade de todos os seres sencientes. Desse nível, posso reconhecer que meu grupo é apenas um entre muitos grupos válidos, que suas regras figuram entre muitos conjuntos válidos de regras, que meus próprios costumes, atividades e hábitos diários refletem os adotados por esses outros grupos. Evito assim preconceito e dogmatismo e me protejo, evitando seguir cegamente meu grupo no erro ou no mal. Se, dessa perspectiva, dou o laço de meus sapatos, preparo uma refeição, faço amor, consulto a conta de um cliente, educo meu filho, compareço a um festival da comunidade, jogo uma partida de golfe, tudo isso de uma perspectiva profunda, estou levando minha vida de dever da forma mais espiritualmente inteligente possível. Todos os aspectos de minha vida aparentemente mundana, convencional, estão sendo, na verdade, vividos como um ato sagrado, e cada ato que pratico e cada atitude que considero importante é uma celebração de como o dever serve ao centro e à fonte da existência. Não faz diferença o nome que lhe dou: na fonte, todos os nomes do sagrado são, em última análise, um só. Alcanço-o seguindo a intenção mais profunda de minha vida e servindo, com consciência e dedicação, àquilo que realmente amo e valorizo.

## CAMINHO 2: O CAMINHO DOS CUIDADOS E DO CARINHO

| | |
|---|---|
| Tipo de personalidade | Social |
| Motivação | Amizade calorosa, sentimento paternal |
| Arquétipos | Vênus (Afrodite), a Grande Mãe |
| Ênfase religiosa | Amor, compaixão, *agape* |
| Mito | A Grande Mãe |
| Prática | Carinho, proteção, cura |
| Chakra | Sacral (sexo, empatia, cuidados, carinho) |

Terra, divina deusa, Mãe Natureza, que geras todas as coisas e trazes sempre de volta o Sol que deste às nações; guardiã do céu, do mar e de todos os Deuses e poderes; através de tua influência toda natureza silencia e mergulha no sono. Quando te agrada, envias também a benfazeja luz do dia e nutres a vida com tua eterna certeza; e quando o espírito do homem se vai, a ti ele retorna. Tu és apropriadamente chamada a Grande Mãe dos Deuses; Vitória é o teu nome divino.

Herbanário latino do século XII[1]

Este caminho trata de amar, cuidar, proteger e tornar fecundo. É o caminho da deusa, seja a deusa do amor sob a forma de Vênus (Afrodite) ou a deusa mãe que dá à luz a prole e em seguida dela cuida. É também a Mãe Terra, que nos dá o chão sob os pés e a abundância de sua fertilidade. É o eterno feminino em muitos de seus aspectos, embora seu arquétipo interno impulsione as mais profundas motivações de alguns homens, bem como de muitas mulheres. Conforme vimos antes, cerca de 30 por cento da população adulta é constituída de tipos sociais que trilham o caminho dos cuidados e do carinho. São encontrados entre pais, professores, enfermeiros, terapeutas, conselheiros de assuntos psicológicos, assistentes sociais e santos. É também o caminho da cura, associado às propriedades curativas da água, da totalidade do ser e da força cósmica que os chineses chamam de Yin.

Após a transição da humanidade, do estágio de caçador-coletor de alimentos para membro de comunidades agrícolas permanentes, a fertilidade do solo para culturas agrícolas e a fecundidade dos animais domésticos e das famílias tornaram-se assuntos de suprema importância. Mitos sobre a Grande Mãe surgiram em numerosas regiões e perduraram por milênios. Estatuetas neolíticas, representando-a com grandes seios e quadris amplos e cheios retroagem a nada menos de 7.000 anos a.C. Religiões que a cultuavam como deusa persistiram em toda parte, até que foram deturpadas ou derrubadas por uma ênfase de caráter mais patriarcal ligada ao aparecimento das cidades, à frequência das guerras, à grande invasão indo-europeia e à expansão do império da lei. Na Mesopotâmia essa mudança ocorreu por volta do ano 3500 a.C. O bezerro de ouro rejeitado pelo deus masculino de Moisés era um símbolo da deusa da fecundidade.

As mais antigas deusas mães e seus cultos religiosos assumiram numerosos aspectos. A deusa sumeriana Inanna, por exemplo (*circa* 4000 a.C.), era mãe, ser sexual, figura política e divindade padroeira da arte da escrita. Sobreviveram hinos inspiradores e eróticos a ela dedicados, citando-lhe a influência sobre as colheitas, o envolvimento tumultuoso com tempestades e chuvas e os poderes geradores e curadores de seu útero e grandes seios. O culto de Inanna evoluiu e transformou-se nos cultos de Ishtar (Babilônia), Afrodite (Grécia) e Vênus (Roma); todos eles associados ao planeta Vênus, o corpo celeste mais brilhante, com exceção do Sol e da Lua.

Nas tradições do Oriente, a deusa mãe permanece como força poderosa, tanto geradora quanto sexual. As deusas hindus Shakti e Kali cuidam da criação e da destruição. Kwan Yin é a poderosa deusa chinesa da compaixão. A Tara budista, nascida de uma lágrima de Buda, o Compassivo, conduz em segurança os infelizes pelo Rio do Sofrimento.

À medida que forças patriarcais começavam a dominar o Ocidente, o poder e o número de deusas Grandes Mães foram gradualmente reduzidos, sobrando apenas Vênus como deusa do amor e do desejo sexual, e a Virgem Maria como símbolo da maternidade. Em fins do século XX, ocorreu a volta, até certo ponto, dessas deusas no ecofeminismo, em alguns aspectos do movimento Nova Era e nos tipos de cura usados em algumas terapias alternativas. Numerosas pessoas acreditam que esses são os prenúncios de uma volta em escala muito maior.

Como acontece com outros caminhos, há uma grande variedade de maneiras espiritualmente inteligentes ou estúpidas de percorrer esse caminho dos cuidados e do carinho. A mais espiritualmente estúpida ou distorcida é a forma da sombra, o oposto do amor e do carinho, o ódio e a vingança. O amor pode ser paciente e bondoso, mas também tempestuoso, amargo e destrutivo. Os mesmos aspectos que podem proteger podem reduzir a pedaços, como as anti-heroínas gregas que devoravam os próprios filhos. Medusa, a de cabelos de serpentes, representava o aspecto mitológico desse lado escuro da mulher.

Medusa era uma bela e inocente sacerdotisa no Templo de Atena, uma deusa/virgem que possuía todas as qualidades positivas de uma jovem deusa mãe. Foi, porém, seduzida ou estuprada pelo deus do mar, Posêidon. Atena, enfurecida e enciumada, transformou-a em uma horrenda Górgona, uma mulher cheia de ódio, cujos cabelos eram um ninho de serpentes que se enroscavam e cujo simples olhar transformava homens em pedra. Medusa persistiu ao longo das eras como o mais poderoso símbolo da mulher enganada e da fúria destrutiva por isso desencadeada. Falando de sua própria inocência perdida, às mãos do pérfido e traiçoeiro Posêidon, diz ela:

> Fomos feitas para amar...
> Nós, mulheres, e a ofensa que transforma
> O mel de nossa vida em bile, transforma
> O anjo em demônio. Pois é doce
> Conhecer a sensação terrível de força, de destruir
> E, com um olhar, deixar morto o tirano; ah! como é doce!
> Nessa feroz ânsia de poder, destruir a vida
> Que não fez mal...[2]

Ao longo de milênios, a figura de Medusa passou por numerosas transformações. No mito grego original, quando é decapitada pelo herói Perseu, do torso morto nasce Pégaso, o cavalo alado, e se descobre que o sangue que goteja do pescoço cortado tem propriedades curativas. A própria Medusa, e, assim, o ódio que ela representa, é frequentemente vista como uma figura bilateral – feia e perigosa, claro, mas talvez também uma fonte de fecundidade e inspiração. Ela é o lado negro da mulher que amamenta e é sexual, mas, como acontece com o lado sombrio de todas as nossas energias psíquicas, ela possui um poder tremendo, potencialmente transformador. Mulheres e homens que andam pelo lado escuro desse caminho estão "na borda". A fúria pode não só destruí-los e aos outros, mas também transformar-se em amor ardente e curador.

Menos dramática é a mãe ou amante cujo amor sufoca, cujo amor mutila e aprisiona o ser amado, em vez de nutri-lo e libertá-lo. Ela quer possuir o amado, precisa ser mais amada ou mais necessária do que é capaz de amar. A "mãe judaica" das piadas étnicas, com sua canja de galinha, sua preocupação excessiva com as evacuações dos filhos e sua ambição para "meu filho, o médico", era esse tipo de figura.

Relacionada com a criadora que sufoca, há aquela que é ansiosa demais, a professora que nega ao aluno espaço para que ele descubra coisas, o pai que receia deixar o filho cometer seus próprios erros e aprender com eles, a mulher que quer salvar o amante de suas próprias fraquezas. Essas "auxiliadoras" auxiliam demais. Por não confiar o suficiente nos recursos e processos de crescimento daqueles a quem querem ajudar, o carinho transforma-se em mimos e pode prejudicar. O extremo oposto, claro, é a incapacidade total de dar carinho, o egoísmo e a indiferença pelas necessidades dos outros.

E, por fim, temos a mãe, a auxiliadora ou a amante espiritualmente estúpidas, de mente estreita. O manifestante que defende os direitos dos animais e envia cartas-bombas a cientistas, o ativista antiaborto que assassina médicos, o levantador de fundos para refugiados que jamais contribui com sua própria comunidade, todos esses indivíduos são unhas de fome e míopes no amor.

Tais pessoas estão presas no nível do ego do amor, faltando-lhes uma perspectiva mais ampla que inclua as necessidades autênticas ou o ser do outro. Esse nível não as leva além de si mesmas nem as inclui em qualquer dimensão maior do que elas mesmas. Por essas razões, não é o amor que brota das motivações mais profundas desse caminho, que implica intimidade, nem do seu valor mais profundo, o carinho.

Para nos tornarmos espiritualmente mais inteligentes no caminho dos cuidados e do carinho, temos de ser mais abertos com a pessoa ou pessoas com quem temos um relacionamento de afeto. Temos de aprender a ser receptivos e a escutá-las de maneira atenta com nosso verdadeiro eu. Temos de estar dispostos a nos abrir, a nos expor, a assumir o risco de nos revelarmos aos outros. Temos, em suma, de ser espontâneos.

Lady Di, a princesa de Gales, possuía essas qualidades de escuta atenta e coragem de expor sua própria vulnerabilidade. Punha todo o seu eu *ali* para os outros. Era profundamente espontânea. Amava e precisava ser amada – tinha o desejo de ser a rainha dos corações. E foram essas qualidades que conquistaram o coração e a imaginação do mundo e a tornaram um bom exemplo de pessoa espiritualmente mais inteligente no caminho dos cuidados e do carinho.

A Psicoterapia Centrada no Cliente, de Carl Rogers, criada na década de 1930, mas ainda popular, constitui um bom exemplo desse nível de cuidados e carinho. Rogers resusmiu os aspectos fundamentais dessa forma de terapia nas seguintes palavras:

> De que maneira proporcionar um relacionamento que essa pessoa possa usar para seu próprio crescimento pessoal? Nenhum método que dependa de conhecimentos, treinamento, aceitação de alguma coisa *ensinada* será útil. Quanto mais autêntico eu puder ser no relacionamento, mais útil ele será. Só proporcionando a outra pessoa a realidade autêntica que existe em mim é que ela poderá, com sucesso, procurar a realidade que nela existe (...) O relacionamento é importante na medida em que eu sentir um desejo contínuo de compreender (...) Há também abstenção completa de qualquer tipo de avaliação de natureza moral ou como diagnóstico.[3]

A visão de Rogers é uma versão secular da famosa definição do amor, dada por São Paulo no Novo Testamento:

> E ainda que eu distribua todos os meus bens entre os pobres, e ainda que entregue meu corpo para ser queimado, se não tiver amor, nada disso me aproveitará.
> O amor é paciente, é benigno, o amor não arde em ciúmes, não se ufana, não se ensoberbece.
> Não se conduz inconvenientemente, não procura seus interesses, não exagera, não se ressente do mal;
> Não se alegra com a injustiça, mas regozija-se com a verdade;
> Tudo sofre, tudo crê, tudo espera, tudo suporta.
> O amor jamais acaba.

1, Coríntios, 13:4-8

Essas palavras, talvez as mais belas jamais escritas sobre o amor, mostram a maneira espiritualmente mais inteligente de trilhar o caminho do amor e do carinho. Isso porque não é suficiente ser emocionalmente inteligente sobre o amor. Não basta aceitar o outro como ele nos parece, tampouco simplesmente aceitar suas necessidades manifestadas, sua dada realidade. A espiritualidade profunda, o centro profundamente espiritual do eu, diz respeito a potencial, ao que nós e/ou o outro podemos nos tornar ou o que somos na realidade, a despeito do que dizemos. O amor efetivamente rico em inteligência espiritual é transformador – abre-nos para uma revelação mais completa de nós mesmos e permite ao outro transcender a si mesmo.

A paternidade sábia, claro, diz respeito ao cultivo do potencial de nossos filhos. Pais espiritualmente inteligentes não impõem simplesmente à criança seus valores e expectativas. Oferecem um espaço, um solo nutriente, no qual a criança pode crescer além deles e até além de si mesma.

Talvez seja fácil amar nossos filhos dessa maneira. Mas é também importante perceber e alimentar o potencial daqueles que não achamos necessariamente simpáticos à primeira vista. Os criminosos sexuais que visitei na prisão pareciam inicialmente repulsivos – e seus crimes eram realmente isso. Ainda assim, se pudermos entrar em contato e amar a humanidade e o potencial frustrado dessas pessoas fragmentadas, poderemos lhes oferecer um espelho para que vejam o bem que nelas há. Poderemos ajudá-las a sentir o eu mais profundo que existe em todos nós e, ao fazer isso, transformá-las e transformar a nós mesmos. E ajudarmos também a transformar o mundo. Madre Teresa percorreu a senda dos cuidados e do carinho nesse nível.

## CAMINHO 3: O CAMINHO DO CONHECIMENTO

| | |
|---|---|
| Tipo de personalidade | Investigativa |
| Motivação | Compreensão, conhecimento, pesquisa |
| Arquétipos | Mercúrio (Hermes), fogo, guia |
| Ênfase religiosa | Compreensão, estudo |
| Mito | A Caverna de Platão |
| Prática | Estudo, experiência |
| Chakra | Plexo solar (calor abrasador e luz) |

> Porque o Senhor teu Deus é fogo que consome.
>
> Deuteronômio, 4:24

> Um atributo de santidade, um atributo de poder,
> Um atributo de pavor, um atributo de sublimidade
> Um atributo de tremor, um atributo de sacudir,
> É o atributo das Vestes de Zoharariel, YHWH,
>     Deus de Israel,
> Que chega coroado ao Trono da glória...
> Nenhuma criatura tem olhos para vê-lo,
> Não os olhos da carne e do sangue, e não os olhos de Seus
>     servidores.
> Quanto àquele que de fato o contempla, ou o vê ou vislumbra,
> Giros fortes se apossam do globo de seus olhos,
> E os globos de seus olhos emitem tochas de fogo,
> Que o acendem e queimam...
>
> *Zohar*, texto místico judaico do século XIII[4]

O caminho do conhecimento varia da compreensão geral de problemas práticos, passa pela pesquisa filosófica mais profunda da verdade, chega à busca espiritual de conhecimento de Deus e de todos os Seus caminhos e culmina na união final com Ele pelo conhecimento. Até mesmo a pergunta de John Lennon citada anteriormente ("Como posso ir para a frente se não sei para que lado estou voltado?") demonstra que qualquer atividade dirigida na vida exige pelo menos um mapa rudimentar do território e do que nele queremos obter. Essa situação pode ocorrer em qualquer nível, desde planejar uma reunião social e escolher uma carreira ou um companheiro, até formular uma perspectiva ampla do cosmo e do lugar que nele ocupamos.

Este é um caminho que começa com simples curiosidade e necessidades práticas mas que, à medida que a paixão se aprofunda, leva-nos aos próprios limites daquilo que nossa compreensão, e mesmo nosso ser, pode conter. O Deus hebraico falou a Seu povo por meio de um pilar de fogo. O conhecimento mais profundo leva-nos a quase ser consumidos pelas chamas.

No início da história dos povos civilizados, o conhecimento e a compreensão eram considerados searas privativas de xamãs e sacerdotes. As pessoas comuns lhes aceitavam os conselhos ou faziam o que lhes era ordenado. A ideia de que um número maior de pessoas poderia fazer progresso espiritual pelo conhecimento e pela compreensão surgiu no Ocidente por meio do orfismo, uma religião grega que floresceu por volta do ano 800 a.C. Orfeu acreditava que os seres humanos eram de origem mista, celestial e terrena. Pelo conhecimento "entusiástico", considerado uma espécie de paixão embriagante, o indivíduo podia ser purificado de sua parte terrena e alcançar união com Deus. Essa conquista talvez exigisse muitas vidas, entre as quais a alma do morto visitava uma fonte na Casa de Hades e escolhia se bebia no Poço do Esquecimento ou no Poço da Recordação. Beber neste último trazia salvação, porque salvação exige conhecimento e conhecimento exige recordação.

O entusiasta órfico adquiria nesse momento um conhecimento místico que não podia obter por outros meios. O grande filósofo grego Pitágoras, adepto do orfismo, introduziu na tradição ocidental a ideia de conhecimento místico salvador. Platão acreditava que tal conhecimento místico nos daria uma percepção mais profunda, mais autêntica, da realidade do que seria possível por outros meios. Permitiria que percebêssemos as formas puras do Belo, do Verdadeiro, do Deus e do Único. E demonstrou essa ideia com sua famosa Parábola da Caverna.

Na parábola, seres humanos viviam nos fundos de uma caverna, corpos e pescoços agrilhoados de tal modo que eles só podiam olhar para a parede em frente. Na parede, viam sombras de coisas artificiais, projetadas ali por pessoas que passavam pelo lado de fora. Os moradores da caverna julgavam que essas sombras eram a própria realidade. Pelo conhecimento místico, porém, eles obtêm lentamente a libertação. Sobem para a boca da caverna e têm os olhos inicialmente ofuscados pela luz. Aprendem em seguida a ver à luz do dia e conhecem a realidade como ela realmente é. Compreendem que, em sua ignorância, tinham visto apenas a sombra de coisas. O objetivo da filosofia de Platão era proporcionar tal compreensão.

A busca de uma realidade mais autêntica, por trás das aparências, inspirou grande parte da magia e alquimia do cristianismo, o gnosticismo, a Renascença, a ciência moderna e a obra de grandes pensadores modernos como Freud e Marx. Tanto o inconsciente freudiano quanto a consciência do proletariado foram propostos com a intenção de levar-nos para trás do véu da ignorância. Inicialmente, a verdade não é óbvia e precisa ser revelada mediante alguma disciplina especial, seja ela a prece ou a meditação, o estudo, o experimento de laboratório, a eliminação de defesas psicológicas (Freud) ou as pressões sociais (Marx). Nos termos usados por Thomas Kuhn, filósofo da ciência, o conhecimento autêntico, realmente profundo, requer que passemos por uma "mudança de paradigma" – ou seja, que aprendamos a ver tudo de uma forma inteiramente nova.

O caminho do conhecimento é percorrido por indivíduos motivados por amor ao aprendizado e/ou por uma necessidade profunda de compreender, tais como eruditos, cientistas e médicos. O emblema da medicina em todo mundo é o caduceu, um bastão com duas serpentes enroscadas, originariamente usado por Hermes (Mercúrio), mensageiro dos deuses e guia dos homens. O terceiro chakra hindu, o plexo solar, está associado à compreensão e também a um fogo consumidor e à luz. Essa compreensão é mais penetrante do que a simples lógica e a razão. Em sua forma mais profunda, é compreensão da alma, transmitida pelas percepções da literatura, da arte, da poesia e da grande ciência, e sentida como uma intensa experiência. Lembro-me, neste particular, de Arquimedes saltando nu do banho e correndo pelas ruas, gritando "Eureka!". Ele descobrira o princípio da flutuação da física.

Conhecimento e compreensão são coisas apaixonantes, que nos levam a participar intensamente do mundo em volta de nós e dentro de nós. A forma oposta desse caminho é a escolhida pelo homem ou mulher que se abstém e prefere não compreender. Minha mãe costumava dizer que eu fazia perguntas demais e que isso só me causaria sofrimento. "Quanto a mim", dizia ela, "desligo os botões." Algumas pessoas acham difícil ou perigoso pensar em suas experiências e, por esse motivo, ficam presas na superfície das coisas e perdidas entre as sombras da parede da caverna.

Também no lado oposto desse caminho, mas bem diferente daqueles que não querem saber, temos o lendário Fausto. Ele queria tanto o poder que lhe seria dado por vastos conhecimentos que, para possuí-los, estava disposto a vender a alma ao Diabo. Cientistas que seguem qualquer curso de investigação moralmente duvidoso, em busca de poder ou da emoção da descoberta pela descoberta, são formados no molde faustiano.

Outra maneira espiritualmente estúpida de trilhar esse caminho é o indivíduo frio ou tediosamente pedante que se preocupa com alguma pequena peça de conhecimento ou problema intelectual isolado. Essas pessoas sentem muitas vezes uma paixão intensa por seu trabalho, mas estão agrilhoadas ao serviço do minúsculo, o que as impede de adquirir um conhecimento mais profundo da vida mais ampla e da verdadeira realidade. Casaubon, no romance *Middlemarch*, de George Eliot, é o arquétipo do pedante, um homem mentalmente míope de nariz fino e pontudo que dedica toda a vida à realização de sua "grande obra" – uma coleção esquálida de mediocridades banais, destituída de qualquer visão redentora. Vários professores universitários são talhados no mesmo tecido de Casaubon. Em oposição, estão as perspectivas amplas e arejadas como as dos pássaros ou de um homem no topo de uma montanha.

Um dos legados mais negativos de Newton é a possibilidade de seguir o caminho do conhecimento de uma forma espiritualmente estúpida. O arquétipo newtoniano, seja ele cientista, educador ou consultor de empresas, isola um conhecimento e se concentra em pequenas áreas dele. Separa o conhecimento de coisas do conhecimento mais amplo de pessoas, processos e vida em geral. Restringe-se ao que pode ser quantificado, desconfiando das emoções e confiando fortemente na lógica e na razão. Cai na armadilha de sua própria versão newtoniana da caverna e suas sombras.

A progressão natural para um QS mais alto parte da reflexão, passa pela compreensão e chega à sabedoria. A maneira de solucionar, de forma espiritualmente inteligente, qualquer problema prático ou intelectual consiste em inseri-lo numa perspectiva mais vasta, da qual ele possa ser visto com mais clareza. A perspectiva neste caso é a que tem origem no centro, no sentido e valor finais que criam a situação ou o problema. Obter perspectiva começa com um processo de simples reflexão – analisando o dia ou o projeto, focalizando-se nos pontos onde há dificuldades e procurando descobrir como elas surgiram. A reflexão é uma necessidade diária da vida espiritualmente inteligente. O passo seguinte será pensar em alternativas possíveis à situação atual e refletir sobre os resultados prováveis, no caso de ser escolhido um desses caminhos alternativos. Esse exercício leva à compreensão de como a situação pode ser melhorada e, na verdade, se pode ser afinal melhorada.

Pode acontecer, por exemplo, que eu sofra de uma doença grave. Minha primeira tarefa seria refletir sobre os motivos por que adoeci e, em seguida, sobre meios possíveis de cura, incluindo consulta a especialistas. No entanto, pode acontecer que eu padeça de uma doença fatal. Nesse caso, a compreensão me levaria a ver a doença no contexto mais amplo da vida e da morte, a ver a minha vida em si no contexto de sua finitude. Essa etapa me conduziria a uma reflexão ainda mais profunda sobre a maneira como quero usar o tempo que me resta e como quero "viver" a minha morte. Isto levaria inevitavelmente a mais reflexões sobre o que realmente valorizo na vida, sobre o que foi o sentido da vida para mim, sobre o que tenho esperança de deixar quando morrer, sobre o que morrer significa para mim. Se eu puder, por esse processo de reflexão, formar uma perspectiva suficientemente ampla da morte iminente, poderei adquirir sabedoria e, com ela, paz.

Todo conhecimento realmente profundo implica contato com o centro. Ou, como disse Jesus: "Terás de morrer para o velho antes de nascer para o novo." O novo conhecimento situa aquilo que sei em um novo contexto, às vezes invalidando-o. Conhecimento profundo transforma meu próprio ser e, ao fazer isso, leva-me através do julgamento pelo fogo, que talvez destrua o que eu era antes. Esse é o motivo por que o caminho do conhecimento requer a disciplina da reflexão, da prece, da meditação e do estudo. Na tradição mística judaica, há uma história muito conhecida que ilustra bem esse ponto.

O rabino Akiba e três outros companheiros entram na floresta. Antes que pudessem de lá sair, porém, um dos homens morre, o segundo torna-se apóstata e o terceiro enlouquece. Só o rabino sai ileso da floresta. A floresta, neste caso, é um símbolo do conhecimento místico, o tipo de conhecimento que une o conhecedor a tudo o que é mais sagrado. Moral da história: o rabino Akiba, antes de penetrar a floresta (o caminho místico), havia estudado durante muitos anos a lei e as tradições judaicas. Havia orado e disciplinado mente e alma, o que lhe permitiu passar pelo julgamento, pelo fogo do conhecimento místico. Os outros três haviam alimentado a esperança de tomar um atalho espiritual.

## CAMINHO 4: O CAMINHO DA TRANSFORMAÇÃO PESSOAL

| | |
|---|---|
| Tipo de personalidade | Artística |
| Motivação | Criatividade, Eros, instinto vital |
| Arquétipos | A Lua (Diana), Artemis, o caldeirão, Mulher Sábia/a Sombra |
| Ênfase religiosa | O todo, a busca, individuação (Jung), ritual |
| Mito | Jornada ao Inferno, o Santo Graal |
| Prática | Trabalho com sonhos, diálogo |
| Chakra | Coração (dedicação) |

Michael Robartes lembra-se da beleza esquecida e, quando a toma nos braços, abraça a formosura há muito desaparecida do mundo. Não isso. Não absolutamente. Desejo apertar nos braços a formosura que ainda não veio ao mundo...

(...) Minha mãe está arrumando minha nova roupa de segunda mão. Ela reza agora, diz, para que eu possa aprender na minha própria vida, e longe de casa e de amigos, o que o coração é e o que sente. Amém. Que assim seja. Bem-vindo.

> Ó, vida! Vou encontrar pela milionésima vez a realidade da experiência e forjar na ferraria de minha alma a consciência não criada de minha raça.
>
> James Joyce, *Retrato do artista quando jovem*

"Apertar nos braços a formosura que ainda não veio ao mundo (...) forjar na ferraria de minha alma a consciência não criada de minha raça." A visão que Joyce tem de si mesmo como homem e artista jovem capta a paixão criativa e o poder transformador que condicionam o tipo artístico. Indivíduos que palmilham esse caminho podem dar forma a um potencial ainda não expressado – sentimentos nunca antes sentidos, visões jamais vistas, cores nem sequer imaginadas, pensamentos ainda não conceitualizados etc. Eles são o que o poeta Rilke chamou de "as abelhas do invisível". Escritores, artistas, poetas, músicos e assemelhados constituem apenas 10-15 por cento da população. A maioria de nós, porém, pelo simples fato de sermos humanos e possuirmos um grau, por pequeno que seja, de inteligência espiritual, percorre até certa distância esse caminho.

A essência do trabalho psicológico e espiritual com que têm de lidar aqueles que tomam o caminho da transformação é a integração pessoal e transpessoal. Isto é, temos de explorar os picos e vales de nós mesmos, fundir as partes separadas de nosso eu fragmentado e formar com elas uma pessoa inteira e independente. Nessa extensão, esse caminho é de importância crucial para todos nós. Seus desafios diários constituem parte normal da adolescência e aspecto bem conhecido da meia-idade (a crise da meia-idade), embora possam surgir em qualquer idade. Já para o tipo artístico *per se*, a jornada de integração pessoal, em sua forma espiritualmente mais inteligente, leva-o necessariamente para o reino da integração transpessoal – descobrindo aspectos perdidos ou fragmentados de seu eu mais profundo em níveis bem além do ego e da cultura vigente, tirando baldes do poço infinito do centro.

Esse caminho é o que está mais ligado à atividade do "ponto Deus" no cérebro, nas personalidades abertas a experiências místicas, nos "excêntricos" ou diferentes da multidão, nos que frequentemente têm de lutar por sua sanidade mental (e, não raro, podem perdê-la). Vimos no capítulo 5 que a atividade do "ponto Deus", o talento artístico, a experiência espiritual e o desequilíbrio mental estão altamente correlacionados. Por essa razão, artistas são muitas vezes considerados os Curadores Feridos (xamãs) da sociedade – indivíduos obrigados a empreender jornadas apavorantes pelo desconhecido, em uma tentativa de recuperar partes perdidas de si mesmos. Podem fracassar, mas, no processo da jornada, trazem de volta algum tesouro que cura o resto do mundo. Essas dores em si foram tema de parte importante da grande literatura mundial. Dante, por exemplo, fala da jornada pela Floresta Negra que lhe tornou possível a visão posterior do Paraíso:

Mas, na extremidade distante desse vale do mal,
   Cujo labirinto havia minado de medo minh'alma!
Dei por mim diante de uma pequena colina

E ergui os olhos. Suas encostas
   Brilhavam já com os doces raios daquele planeta
Cuja virtude conduz os homens por reto caminho em todas
as estradas,

E o brilho me fortaleceu contra o medo
   Cuja agonia havia destruído o lago de meu coração
Através de todos os terrores daquela noite lastimável.

Qual nadador que, com seu último alento,
   Exausto na praia, fugindo de perigosos mares, poderia
                                  [voltar-se
Para recordar as vastas águas de sua morte...

Assim me voltei, minha alma ainda fugitiva
   Da imagem que sobrevivia da morte, para olhar do alto
Aquele passo, do qual ninguém jamais saíra vivo.[5]

A metáfora óbvia neste caso é a de uma jornada ao Inferno, ao reino da morte ou reino da Sombra: Deméter indo aos Infernos à procura da desaparecida filha Perséfone, que havia sido raptada por Plutão; Orfeu descendo ao reino dos mortos para ir buscar a perdida Eurídice. Todas as noites, alguns fazem essa jornada quando lutam com pesadelos. Outros a fazem durante crises de loucura ou colapso nervoso temporário. Em todas elas, há a sensação desesperada de busca de alguma coisa e da necessidade de sacrifício, talvez permanente, para encontrá-la.

A busca do Santo Graal na lenda arturiana é outro mito claramente ligado ao caminho da transformação.[6] Neste caso, a Terra do Rei Pescador (Peles) é estéril, o rei está ferido e a cura só será possível se o Graal for encontrado. O reino do rei Artur precisa também de cura. Todos os 150 cavaleiros da Távola Redonda iniciam uma busca própria na escura floresta, mas só três conseguem *ver* o Graal. No mito arturiano, a luta de Artur com o filho bastardo, Mordred, é que ameaça o reino. Artur representa as forças da Luz e, Mordred, as das Trevas (a Sombra). O Graal é a força que poderia curar a cisão. O reino, porém, é destruído por guerra civil. O mito moderno do filme *Guerra nas estrelas* explora o mesmo tema, embora com um desenlace mais positivo: Luke Skywalker, ao salvar o pai, Darth Vader, do Lado Negro, livra o Império da sombra da destruição.

Dois tipos distintos de arte podem resultar dessas buscas ou jornadas ao Inferno. Se a cura resultante ocorre no nível pessoal, obtemos a arte "do dia a dia", ou pessoal – um quadro, digamos, um romance, um estilo de vestir ou um relacionamento profundamente pessoal que cura o artista. Se a cura acontece no nível transpessoal, além do ego e da cultura existente, temos acesso à "grande" arte, a arte de um Bach, de um Dante ou de um Dostoievski, que pode curar uma cultura inteira. O romancista E. M. Forster chama-a de "arte profética", porque profetiza o novo – na verdade, cria o novo. Neste particular, também, a arte pode assumir a forma de um relacionamento ou ser inspirada por um relacionamento que atinge o nível transpessoal – Dante e Beatriz, Fausto e Gretchen.

A energia motivadora do caminho é Eros, ou o Instinto de Vida (amor, autoconservação) freudiano. Eros representa a atração criativa de opostos e a ordem que dela pode resultar. É a ordem nascida do caos. Na mitologia grega, inicialmente havia o Caos e, nessa ocasião, uma das primeiras figuras divinas a nascer, Eros, conseguiu impor certa ordem ao universo. A essência de toda arte consiste em trazer alguma ordem ao caos. A deusa padroeira da arte é Diana, a deusa Lua, cujo conhecimento é o conhecimento da Noite, cuja *luz* é a luz da Noite. Se escolhemos esse caminho, não podemos temer as Trevas, não podemos nos recusar a lutar com a Sombra, não podemos fugir da dor profunda e do perigo ameaçador para a vida que ela frequentemente acarreta. O artista muitas vezes consegue êxito porque está disposto a examinar aspectos da psique, da cultura ou da espécie, dos quais outros fugiriam.

Há uma história sobre Milarepa, mago e poeta do século XII, e um dos maiores mestres budistas do Tibete. Milarepa residia em uma remota caverna na montanha. Certo dia, lá voltando, encontrou-a ocupada por sete ferozes e ameaçadores demônios. E pensou: "Eu poderia fugir ou expulsar esses demônios." Resolveu expulsá-los, o que conseguiu sem maiores dificuldades com seis demônios, usando de magia tradicional. O sétimo, porém, recusou-se a ir embora. E Milarepa pensou: "Esse demônio é uma criatura de minha própria imaginação e só existe porque sou capaz de sentir medo." A história continua com Milarepa demonstrando compaixão e oferecendo ao demônio dividir com ele a caverna. "Com amizade e compaixão, e sem preocupar-se com seu corpo, Milarepa pôs a cabeça na boca do demônio. Este, porém, não pôde comê-lo e assim desapareceu como um arco-íris."[7]

Ao pôr a boca nas mandíbulas do demônio, Milarepa estava disposto a ir até "a borda". Já vimos que toda criatividade ocorre à borda do caos, na borda...

   entre conhecido e desconhecido
   entre cognoscível e incognoscível
   entre sentido e falta de sentido
   entre certeza e confusão

entre euforia e depressão
entre sanidade e insanidade mental
entre alegria e desespero
entre resistência e tentação
entre o bem e o mal
entre a Luz e a Sombra
entre viver e morrer
entre tranquilidade e terror
entre exaltação e controle
entre o êxtase e o nada
entre amor e perda de amor
entre amor e ausência de amor
entre...

A lista é interminável.

O perigo de chegar à borda é que podemos perder a cabeça. A bocarra do demônio pode ser rápida demais. Já o risco de não ir até a borda é que ou vivemos a forma de sombra desse caminho ou o percorremos de uma forma espiritualmente embotada...

A sombra da criatividade é a destrutividade, ou o niilismo – o Instinto de Morte de que falava Freud. Os que seguem esse caminho entregam-se, com igual paixão, a um comportamento autodestrutivo e são impelidos a procurar ou criar o feio. Nesse caso, a criatividade volta-se contra si mesma: temos os vândalos que desfiguram propriedades públicas, perpetradores de violência insensata, "artistas" que exibem as carcaças de vacas em estado de putrefação ou fetos abortados em jarras de vidro. Eles são inimigos da forma, inimigos da própria vida, mas inimigos apaixonados. São tão impelidos na busca da destruição de algo ou da feiura quanto o artista positivo na busca de equilíbrio ou beleza.

Outros que tomam o caminho da transformação de maneira espiritualmente embotada incluem os denominados estetas, indivíduos que produzem forma estéril destituída de vitalidade. A paixão desses indivíduos é a aquisição e a exibição. Há também os que impõem a forma arbitrária, sem referência a crescimento orgânico ou ao próprio caos inicial. Esses indivíduos amam linhas retas e quinas agudas e não podem suportar nada que esteja fora de lugar.

O oposto da ordem é o caos, e ter uma propensão espiritualmente estúpida pelo caos resulta frequentemente em pura confusão. Seus perpetradores são indivíduos que temem ordem ou forma, resistem a relacionamentos sérios, rebelam-se por amor à rebeldia, combatem "o grupo", o que quer que ele faça. Os tipos mais lamentáveis entre eles combatem a ordem até em si mesmos, chegando tarde para encontros, deixando esgotar prazos e sofrendo do "bloqueio do escritor".

Os dois extremos espiritualmente estúpidos descritos têm por origem a recusa, ou a incapacidade, de enfrentar conflito. Indivíduos de personalidade artística são especialmente sujeitos a conflitos, o que, para começar, pode dar-lhes motivação. Têm capacidade de conhecer e experimentar os extremos de luz e trevas, de júbilo e desespero. Temer ou evitar esses conflitos implica dar as costas à inteligência espiritual, ao passo que a disposição de enfrentá-los e tentar resolvê-los constitui um movimento em sua direção. As personalidades limítrofes, porém, podem ser instáveis demais para iniciar essa jornada perigosa.

Boa vontade em lembrar-se de sonhos e refletir sobre eles, em empenhar-se em diálogo criativo consigo mesmo ou com outras pessoas, em pôr a cabeça nas fauces do demônio – são decisões que levam a uma maior inteligência espiritual. Quanto mais graves os conflitos, mais exóticas as fantasias e sonhos, mais útil será estar ancorado em algum aspecto da realidade diária – em um relacionamento, na família, na rotina, na disciplina. Jung deu à sua família e ao grande número de pacientes que o procuravam o crédito por mantê-lo moderadamente são durante sua jornada de sete anos até a quase loucura.

A mais espiritualmente inteligente de todas as jornadas nesse caminho é aquela empreendida em direção ao centro. É uma jornada de terror incrível e que exige uma fé notável. E também a aceitação do fato de que o ego talvez tenha de ser sacrificado, que nada dele reste, exceto o tesouro que o buscador encontra e a cura que pode trazer para outras pessoas. Isso, por outro lado, exige superar o mais difícil de todos os conflitos, o medo da morte.

## CAMINHO 5: O CAMINHO DA FRATERNIDADE

| | |
|---|---|
| Tipo de personalidade | Realista |
| Motivação | Estruturação, cidadania |
| Arquétipos | Marte (Ares), Gaia, Adam Kadmon, a Espada |
| Ênfase religiosa | Fraternidade universal, sacrifício voluntário, justiça |
| Mito | Alma do mundo, rede de Indra |
| Prática | Inversão de papéis, construção do "contêiner" do diálogo |
| Chakra | Garganta (luta contra coisas secundárias) |

A mesma torrente de vida que corre dia e noite por minhas veias corre pelo mundo e dança em compassos rítmicos.

É a mesma vida que brota em alegria através da poeira da terra em inumeráveis folhas de relva e rompe e se transforma em ondas tumultuosas de folhas de árvores e flores.

É a mesma vida embalada no berço oceânico de nascimento e morte, na maré alta e na maré baixa.

Sinto que meus membros se tornam magníficos com o toque desse mundo de vida. E meu orgulho vem das pulsações de vida de eras passadas que dançam em meu sangue neste momento.

Estará além de tua capacidade sentir-se alegre com a alegria desse ritmo? Ser lançado, perdido, quebrado no rodopio dessa feroz alegria?

Todas as coisas continuam a correr impetuosas, não param, olham para trás, nenhuma força consegue detê-las, elas continuam a correr em tropel.

Mantendo compasso com essa música incessante, rápida, as estações chegam dançando e se vão – cores, tons e perfumes desabam em cascatas intermináveis na alegria fecunda que se espalha, entregam-se e morrem a cada momento.

Rabindranath Tagore[8]

"Mark Smith" é um engenheiro extremamente competente, de altíssimo status e vice-presidente de operações de uma empresa americana do meio-oeste. Tem pouco mais de 40 anos e tem uma família grande, com filhos jovens. Mark é o realista típico. Jamais tem muita coisa a dizer. Demonstra poucas emoções e nunca as discute. É ambicioso, competitivo e quer o melhor para a família. Orgulha-se muito de seu trabalho e é fortemente leal aos colegas. Possui agudo senso de justiça. Nos fins de semana, gosta de preparar churrasco para a família, arrumar a caminhonete e fazer a manutenção dos barcos.

Difere do tipo realista comum apenas porque os fatos forçaram-no a adotar uma versão espiritualmente mais inteligente de sua trajetória na vida. Sofre de um câncer fatal que poderá matá-lo dentro de dois anos. Demonstra pouca emoção sobre esse fato e não gosta de tocar no assunto. Os profundos efeitos espirituais da doença, porém, transparecem visivelmente em sua personalidade. Enquanto a esposa (do tipo social) chora diariamente e pesquisa todas as fontes de informações em busca de possíveis curas, Mark diz que quer simplesmente continuar a levar sua vida. "Estou vivo agora", diz, "e simplesmente quero fazer o melhor que me for possível nessa situação." Projeta uma força calma, que conforta a família e os amigos, enquanto espera a tragédia iminente.

A despeito do exterior frequentemente tranquilo e imperturbável dos tipos de personalidade realista (20 por cento da população, na maioria homens), o caminho da fraternidade que escolhem pode ser um dos espiritualmente mais avançados a seguir. Em geral talhados no que John Gray, em *Homens são de Marte, mulheres são de Vênus*, chamaria de molde marciano – taciturno, prático, pragmático, pouco afeito para demonstrar sentimentos –, essas pessoas servem de exemplo dos ideais do herói ou do guerreiro valente. Os heróis de Hemingway ajustam-se a esse molde. No seu melhor aspecto, lutariam e mesmo morreriam felizes pelo que consideram como justiça. Amam o grupo, os companheiros de trabalho e é profundo neles o senso de fraternidade. A coragem e inexistência de medo da morte que demonstram têm profundas raízes filosóficas e espirituais nos mitos que inspiram esse caminho.

Desde os tempos muito remotos do filósofo grego Plotino, o Ocidente cultiva o mito de uma alma universal, ou alma do mundo, da qual fazem parte as almas individuais. Em tempos mais recentes, os filósofos Hegel e Schopenhauer falaram da mesma realidade. Os místicos judeus deram caráter antropomórfico à alma do mundo sob a forma de Adam Kadmon, o homem perfeito, do qual todos nós somos parte. O poeta americano Ralph Waldo Emerson chamou-o de "aquela Unidade, aquela Superalma, dentro da qual o ser particular de cada homem está contido e é tornado igual a todos, aquele coração comum sobre o qual toda conversa é de adoração".[9] Talvez a mais notável descrição nesse particular seja a de um sutra budista: "Diz-se que no céu de Indra há uma rede de pérolas tecida de tal maneira que, se olhamos para uma, vemos todas as demais nela refletidas. Da mesma forma, cada objeto no mundo não é apenas ele mesmo mas envolve todos os outros e, na verdade, *é* todos os outros objetos."[10] A ciência moderna descreve a mesma realidade holística no holograma, uma fotografia gerada por laser, na qual o todo está contido em cada pequena parte de qualquer imagem projetada. O mito científico extremamente moderno de Gaia descreve a Terra e todos os que nela vivem como sendo um único organismo vivo.

Esses mitos levam seus crentes a transcender o medo da morte, porque os conduz para o reino da alma, que jamais perece, onde a alma individual é, e será sempre, parte de um mundo-alma maior, eterno. De acordo com o filósofo iogue Sri Aurobindo, esses aspectos da alma são exatamente os que se desenvolvem no caminho da fraternidade, e no caminho subsequente da liderança como serviço, os que permanecem eternos. Eles reencarnam como um "estado de espírito" profundo, básico, no indivíduo em que a pessoa se torna na vida seguinte. O trabalho espiritual dos que seguem esse caminho consiste em fazer contato com aquele reino mais profundo de todos os homens e todos os seres, no qual se radica o eu pessoal. A disciplina espiritual que torna possível essa situação é uma busca corajosa e inflexível de justiça.

Os que tomam o caminho 2, o caminho dos cuidados e do carinho, frequentemente desenvolvem um relacionamento desigual com aqueles a quem amam e de quem cuidam. Há uma assimetria natural no relacionamento entre mãe e filhos: é uma lealdade geralmente cega, com ênfase em ajuda e cura. Esses indivíduos também são fortes em afeição e empatia e fazem o que podem para reduzir ao mínimo qualquer antipatia ou conflito porventura existentes. Justiça requer capacidade de perceber e aceitar as emoções positivas e negativas, os sucessos e os fracassos dos outros. E também que o indivíduo considere como iguais todas as reivindicações que a ele são apresentadas em algum nível, o reconhecimento sábio de que pessoas diferem entre si e que conflitos são partes inevitáveis da vida. Se quero percorrer esse caminho, preciso pôr de lado minhas preferências, minhas prováveis recompensas, meu lugar na ordem de bicada do poder.

O moderno filósofo de Harvard, John Rawls, descreveu como lidar com as exigências desse caminho. Segundo ele, quando sou chamada, por exemplo, a tomar uma decisão a respeito da distribuição de direitos e bens na sociedade, tenho de agir ignorando inteiramente meu próprio lugar no cenário que estou planejando. Posso ser qualquer um dos membros da sociedade, mas não sei qual quando decido quem recebe o quê. Dessa maneira, os princípios de justiça que defendo ficariam supostamente isentos de preconceito pessoal. Como pessoa, minha decisão talvez seja ainda míope ou mal-informada, de modo que, em condições ideais, eu participaria de um grupo cujos membros, sem exceção, contribuiriam com seus pontos de vista. Esta é a filosofia que serve de base à democracia ideal, na qual cada um levará em conta o bem do todo, embora as políticas modernas estejam muito longe de realizá-la. O "parlamento" original ateniense, que funcionava como um grupo de diálogo, era, com frequência, muito mais bem-sucedido nesse particular. Atualmente, os quakers são muitas vezes competentes em chegar a um "senso de reunião", como poderia acontecer também com outros grupos pequenos ou íntimos.

A forma oposta desse caminho que enfatiza o todo e a espontaneidade é a ojeriza a si mesmo: o indivíduo que não consegue acreditar em si mesmo, o pária autonomeado, o covarde. O indivíduo espiritualmente estúpido nesse caminho vive-o em sua forma mais limitada. Isso significa que ele está interessado apenas em suas atividades práticas, nenhum esforço fazendo para se comunicar ou sentir empatia pelos demais; é um indivíduo emocionalmente indolente: "Sentimentos são simplesmente incômodos demais!" Esse é o marciano de John Gray em seu pior aspecto, grosseiro e tatuado, encurvado o dia inteiro sobre a moto que está consertando, sem outro interesse que não máquinas e esporte, dando valor ao poder para obter ganho pessoal, competitivo até o ponto de não cooperar em qualquer coisa, convivendo com companheiros de iguais inclinações, emocionalmente atrofiado no que interessa à sua mulher, preso no aqui e no agora.

O primeiro passo para a inteligência espiritual desenvolvida do tipo realista terá de ser o de sentir alguma insatisfação com a maneira como as coisas são – enjoo de meus próprios interesses mesquinhos, solidão por falta de contato emocional, frustração com minha incapacidade de dar expressão a pensamentos e sentimentos. Em seguida, preciso ter a honestidade de reconhecer que essas falhas são de minha própria autoria. Não acontece apenas que eu não tenha conhecido a pessoa certa, o grupo certo, ou descoberto o interesse mágico. Tenho de *querer* ser diferente, preciso ansiar por ampliar a mim mesma e a meus interesses, ansiar por pertencer a um grupo maior e mais diversificado.

Tal como Mark Smith, muitos tipos realistas podem obter maior progresso nesse caminho aceitando desafios – entrando em batalha, lutando pelas pessoas que amam, arriscando-se por uma causa na qual acreditam, esforçando-se para construir uma comunidade, enfrentando a morte.

Este é, em última análise, um caminho de serviço transpessoal, com base na realidade transpessoal daquelas partes da alma que jamais morrem, daquelas partes do eu que transcendem o ego pessoal. Quando o homem ou a mulher desse tipo conseguem centrar-se nesse nível, a inteligência espiritual irrompe e brilha. Ou, como diz Ralph Waldo Emerson,

Se ele não encontrou seu lar em Deus, suas maneiras, seus hábitos de fala, o volteio de suas frases, a estrutura, diria eu, de todas as suas opiniões revelará involuntariamente esse fato, e que ele enfrente a situação como puder. Se encontrou seu centro, a Divindade brilhará através dele, através de todos os disfarces que usa para esconder a ignorância, de seu temperamento desagradável, das circunstâncias desfavoráveis. O tom de buscar é um, o tom de ter, outro.[11]

Justiça significa agir para que todos tenham o que é seu direito, a fraternidade, no que se refere ao valor de todos os homens. Nada nos submete a um teste mais difícil nesse particular do que enfrentar o que sentimos em relação a nossos adversários. A inversão de papéis leva frequentemente a um profundo respeito não só por opiniões diferentes das nossas, mas também pelas pessoas que as defendem. A camaradagem de soldados de países inimigos que se encontram em uma pausa na batalha é fato bem conhecido. O respeito pelo meu inimigo leva-me àquele nível da humanidade e ideais em que ele e eu temos algo em comum. Leva-me a um nível no qual vejo que somos atores honestos em um roteiro evolutivo mais amplo e cresço para alcançar esse nível da alma que une todos os homens e sobrevive à morte pessoal.

## CAMINHO 6: O CAMINHO DA LIDERANÇA SERVIDORA

| | |
|---|---|
| Tipo de personalidade | Empreendedora |
| Motivação | Poder, salvação, serviço leal |
| Arquétipos | Zeus (Júpiter), o Grande Pai, o Profeta |
| Ênfase religiosa | Entrega, união com Deus, sacerdócio |
| Mito | Êxodo, a crucificação, a árvore Bodhi |
| Prática | Autoconhecimento, meditação, guru-yoga |
| Chakra | Testa (espírito, comando) |

Oh, este é o animal que nunca existiu.
Não o haviam visto. Mas, ainda assim, amavam
os graciosos movimentos dele e a maneira como ficava ali,
fitando-os calmamente com seus claros olhos.

O animal não *existira*. Mas, para eles, ele lhes aparecia
em toda sua pureza. Deram-lhe espaço suficiente.
No espaço santificado pelo amor que lhe dedicavam
o animal se levantou de repente, e não precisava

existir. Alimentaram-no, não com cereal,
mas com a mera possibilidade de ele ser.
E, finalmente, isso lhe deu tal poder

que em sua testa um chifre nasceu. Um único chifre.
E ele se aproximou de uma virgem, branca, refulgente... e
penetrou o espelho e ela.

Rainer Maria Rilke<br>"The Unicorn"

Todos os grupos humanos – famílias, igrejas, empresas, tribos, nações – precisam de líderes que lhes forneçam foco, finalidade, táticas e senso de direção. Para ser um líder eficaz, a pessoa geralmente exibe as maneiras extrovertidas e autoconfiantes do tipo de personalidade empreendedora. Sente-se à vontade com o poder. O bom líder precisa dar-se bem com os outros componentes do grupo, tem de ser, ou pelo menos parecer ser, uma pessoa íntegra, capaz de inspirá-los com ideais, e não ser interesseiro. Um bom líder serve a alguma coisa além de a si mesmo. Um líder realmente grande serve a ninguém menos do que a Deus. Em última análise, o líder cria ou evoca em seus seguidores o tipo de sentido pelo qual ele mesmo é inspirado – superficial ou profundo, construtivo ou destrutivo.

O unicórnio sempre foi um símbolo especial na cultura ocidental, um animal inventado pelo anseio e pela capacidade humana de sonhar. Nesse poema de Rilke, ele é criado por amor, e espaço lhe é dado por aqueles que ousam acreditar na possibilidade de que ele poderia existir. Na visão da ciência quântica, o todo da existência é um campo de unicórnios – um conjunto de possibilidades arrancadas do mar infinito do vácuo quântico da potencialidade. Cada um de nós é um servo de "Deus", ou do vácuo quântico, um servo da potencialidade múltipla existente no âmago da existência.

Líderes que se tornam conscientes, nesse sentido, do espírito de serviço, sabem que servem muito mais do que à família, à comunidade, à empresa ou à nação, até mesmo mais do que a "visão e valores", como são geralmente entendidos. Os verdadeiros líderes desse tipo servem àquela ânsia profunda da alma que conjura e torna reais os unicórnios. Fazem com que aconteçam coisas que outros julgam impossíveis, criam novas maneiras para que seres humanos se relacionem entre si, novas maneiras de empresas servirem à sociedade, novas maneiras para a sociedade *ser*. Buda, Moisés e Jesus foram líderes desse tipo. Em nossa própria época, tivemos a boa sorte de ser servidos por Gandhi, Martin Luther King, Nelson Mandela e por Dalai Lama. Muitos outros de menor renome serviram a Deus e à humanidade, trabalhando por seus grupos ou empresas. Em última análise, todos nós temos capacidade de ser um líder servidor.

A vida desse tipo de líder melhora as atitudes e o estilo de vida – as convenções – de sua tribo. Dessa maneira, o serviço do caminho 6 implica reinventar o caminho 1, completando o ciclo do lótus. São muitos os mitos da liderança como serviço – Buda sentado sob a árvore Bodhi até que se sentiu em condições de trazer a iluminação para toda a humanidade; Moisés, tirando seu povo do cativeiro e trazendo ao mundo a lei de Deus; Cristo morrendo na cruz para que todos pudessem conhecer a vida eterna. O papel de Gandhi em conquistar a independência da Índia e em dar ao povo uma visão espiritual mais profunda adquiriu as dimensões de um mito moderno.

A liderança por meio do serviço é, em um sentido importante, o mais nobre dos caminhos espirituais. Graças às dádivas tornadas possíveis por sua vida e personalidade, esses indivíduos têm oportunidade de servir, curar e iluminar aqueles a quem lideram. Esse caminho, porém, requer, em última análise, uma grande integridade (totalidade, inteireza). O líder servidor tem de ser capaz de submeter-se à força mais poderosa imaginável. Para tipos de personalidade empreendedora que exercem naturalmente o poder e comandam pessoas, essa rendição não é fácil. Sua própria possibilidade é um estado de graça.

A principal energia a impulsionar esse tipo de personalidade é o poder. Os usos, maus usos e abusos de poder determinam se o indivíduo trilhará o caminho de uma forma espiritualmente estúpida ou inteligente. O caminho do embotamento para a inteligência passa por todas as ciladas e tentações do poder.

A sombra da liderança como serviço é o tirano, que corrompe o poder para servir a seus próprios fins ou a fins maléficos. Nesta esfera, encontramos o sádico, o indivíduo que sente prazer em usar o poder para prejudicar ou humilhar os outros. Um líder como Hitler parece de fato ter servido a uma causa que o transcendia – foi exatamente isso que lhe deu carisma e o tornou tão perigoso. É, porém, uma causa maligna que por si mesma convoca as forças do "lado escuro", tais como a tortura e a morte – destruição e limitação, e o não florescimento de possibilidades. Darth Vader, do filme *Guerra nas estrelas*, é uma figura mítica que cabe bem nesse molde. O minotauro cretense que devorava jovens inocentes nos corredores do labirinto foi criado pela sede de poder do rei Minos.

A maneira espiritualmente estúpida mais comum de seguir o caminho da liderança seria usar o poder em proveito próprio, para meus fins, meus ganhos. Políticos corruptos, tiranetes e valentões de rua servem ao poder partindo do nível do ego mais raso do ser. Frequentemente se tornam paranoicos, esperando dos outros a deslealdade que eles mesmos demonstram.

A meio caminho na inteligência espiritual encontramos o líder que serve a seu grupo, comunidade, empresa ou nação calcado em mitos e tradições por eles cultivados – o líder que defende as possibilidades existentes. Se, no lótus do eu, pensamos em convencionalismo e arte como opostos polares na maneira como um tipo de personalidade usará suas energias e potencial, esses líderes com mentalidade de zeladores inclinam-se para o convencional. Nem inspiram profundamente nem desafiam aqueles a quem lideram, mas os tranquilizam. Servem à camada média do eu, ao grupo ou ao coletivo que existem em todos nós.

A forma espiritualmente mais inteligente de seguir o caminho, conforme vimos, é a liderança como serviço, que transforma novas visões e novas possibilidades em realidades. Katsuhiko Yazaki, um desses líderes nos dias atuais, é um empresário japonês com pouco mais de 50 anos. Possui uma empresa de mala direta global denominada Felissimo, com escritórios no Japão, na Europa e na América do Norte. Ele conta sua própria história em um livro publicado em 1994, *The Path to Liang Zhi*.

Muito jovem ainda, Yazaki herdou do pai um "negócio sem lojas". As mercadorias eram vendidas de porta em porta, em contatos pessoais dos vendedores da rede. Com o passar dos anos, ele construiu uma bem-sucedida empresa de mala direta que o tornou muito rico. Por volta dos 40 anos, possuía tudo o que achava que queria: sucesso, riqueza, estima da comunidade, uma família feliz. Mas faltava alguma coisa. Alguns amigos mostraram-lhe um livro sobre zen e lhe falaram do mestre Kido Inoue, que ensinava essa disciplina.

Yazaki foi ao mosteiro do mestre Inoue, onde passou uma semana em meditação. Achou a experiência difícil, às vezes penosa, mas libertadora. "Em um momento", diz ele, "eu me sentia como se tivesse encontrado paz, no outro, sentia-me como prisioneiro de minhas ilusões. Fiquei atônito ao compreender aquele homem que eu estivera chamando de 'eu'. Essa foi a primeira vez que compreendi quantas ilusões havia em mim. E foi também a primeira vez que compreendi quantas das ilusões que eu tinha causavam os altos e baixos de minha vida no dia a dia. Até esse momento, eu jamais havia enfrentado de maneira tão direta as realidades sobre minha pessoa."

Yazaki deixou a cela do mosteiro, uma semana depois, "para contemplar, pela primeira vez, a beleza do mundo". Compreendeu que estivera levando a vida na sombra e que o mundo em si estava sendo prejudicado por sombras humanas. "Os seres humanos", escreveu, "ao separarem o eu do mundo, a natureza da humanidade, e o eu dos outros eus, caem na armadilha das ilusões, com o objetivo de proteger o ego. E inevitavelmente ingressam em um cenário assustador de hipocrisia e farisaísmo."

Após essas introvisões, Yazaki como que recomeçou sua vida de empresário. Queria nesse momento usar a empresa para fazer algo pelo meio ambiente e pelas futuras gerações. Nessa ocasião, rebatizou a empresa com o nome Felissimo, inspirado nas palavras espanhola e italiana referentes a "feliz", porque sua visão do papel correto dos negócios passou a ser o aumento da felicidade humana. Criou o novo conceito de "ultraloja", uma loja que pode "reunir valor em uma larga área", transcendendo os limites do espaço geográfico e do tempo presente. Achou que podia ajudar os clientes a tornar realidade a imagem de seus futuros eus e a imaginar estilos de vida pessoalmente mais satisfatórios, vendendo globalmente suas mercadorias, expandindo, dessa maneira, serviço e conscientização em uma escala mais universal. Compareceu à ECO 92 no Rio de Janeiro e dedicou a si e a grande parte de sua fortuna a salvar o meio ambiente do planeta. Criou uma fundação para estudar as necessidades das futuras gerações e para financiar projetos educacionais.

"Acredito", diz ele, "que todas essas atividades internacionais tiveram origem no que aprendi no mosteiro de mestre Inoue." Serviço nesse nível é serviço a Deus.

Vivekananda, o filósofo vedanta do século XIX, disse, a propósito: "Este universo é simplesmente um ginásio no qual a alma se exercita." Vivekananda foi um dos que inspiraram a visão de "curadoria", a visão da liderança como serviço do Mahatma Gandhi. Falando sobre curadoria em assuntos econômicos, disse ele que, quando obtém mais do que sua parcela proporcional na riqueza do mundo, o indivíduo deve tornar-se um curador dessa parte para o povo de Deus. O mesmo se poderia dizer de poder e influência. Ou, como disse Jesus: "Não se faça a minha vontade, mas, sim, a tua." Essas palavras simples definem de maneira completa a forma espiritualmente inteligente de seguir o caminho da liderança.

## SETE ETAPAS CONCRETAS PARA OBTER MAIOR INTELIGÊNCIA ESPIRITUAL

Sete passos para obter uma maior inteligência espiritual

- Tornar-me consciente de onde estou agora
- Sentir fortemente que quero mudar
- Refletir sobre onde está o meu centro e sobre as minhas mais profundas motivações

- Identificar e eliminar obstáculos
- Examinar numerosas possibilidades de progredir
- Comprometer-me com um caminho
- Permanecer consciente de que são muitos os caminhos

Todos os seis caminhos espirituais com vistas a aumentar o QS implicam uma progressão do espiritualmente embotado para o espiritualmente inteligente. O trabalho a ser feito é específico a cada caminho. O caminho dos cuidados e do carinho, por exemplo, requer que passemos do amor egoísta, ciumento ou inexistente, para o amor altruísta, sustentador; o caminho do dever exige que eu passe de mera seguidora da multidão para o estado de alguém que se regozija com a santidade de tudo. A despeito de todas as suas diferenças, porém, o progresso nesse sentido tem em comum um conjunto de sete etapas, ou passos, que quero resumir aqui.

*Passo 1*: Você tem de se tornar consciente de onde está agora. Por exemplo, qual é a sua atual situação? Quais as suas consequências e repercussões? Está prejudicando a si mesmo ou a outras pessoas? Esse passo requer que você cultive a autopercepção, que, por seu lado, exige que se desenvolva o hábito de refletir sobre suas experiências. Muitos nem estão aí para isso. Vivem simplesmente um dia de cada vez, de uma atividade a outra, e assim por diante. O QS mais alto implica chegar às profundezas das coisas, pensar nelas, analisar de vez em quando o seu e o meu comportamento. Fazer isso diariamente é a melhor prática, o que pode ser feito em alguns momentos de tempo tranquilo reservado para esse fim, em meditação diária, em trabalho com um conselheiro de assuntos psicológicos ou terapeuta, ou simplesmente revisando o dia antes de cair no sono à noite.

*Passo 2*: Se as reflexões levam-no a julgar que seu comportamento, seus relacionamentos, sua vida, seu desempenho no emprego poderiam ser melhores; você vai precisar *querer* mudar, assumir consigo mesmo o compromisso de mudar. Essa decisão implicará pensar honestamente sobre o que a mudança vai lhe custar no que se refere a energia e sacrifício. Está disposto a reduzir a bebida e o cigarro? A escutar a si mesmo e aos outros com mais atenção? Cumprir uma disciplina diária como ler, fazer exercícios físicos ou cuidar de um animal?

*Passo 3*: Um nível ainda mais profundo de reflexão é agora necessário. Você precisa se conhecer, saber onde está seu centro e quais são suas motivações mais profundas na vida. Se tiver de morrer na próxima semana, o que gostaria de poder dizer sobre o que realizou ou com o que contribuiu para alguém ou com alguma coisa? Se tivesse mais um ano de vida, o que faria com esse tempo?

*Passo 4:* Que obstáculos se erguem em seu caminho? O que o impediu antes de viver tendo o centro como ponto de partida? Raiva? Cobiça? Culpa? Medo? Simples preguiça? Ignorância? Fazer só o que gosta? Prepare uma lista de tudo que o está segurando e tente descobrir como poderá eliminar tais obstáculos. Isso talvez seja um ato simples de percepção de algo, de uma decisão, ou de culminação do senso que os budistas chamam de "revulsão" – ou simplesmente sentir repugnância de si mesmo. Mas também poderá ser um processo demorado, lento, para o qual precisará de um "guia" – um terapeuta, um bom amigo ou um conselheiro espiritual. Esse passo é frequentemente ignorado, mas se reveste de importância crucial e precisa de atenção repetida.

*Passo 5*: Que práticas ou disciplinas você deve adotar? Que caminho deve seguir? Que compromissos valeria a pena assumir? Nesse estágio, é preciso tornar-se consciente das várias possibilidades de progredir. Dedique um pouco de trabalho mental e espiritual e analise várias dessas possibilidades, deixe que se desenvolvam em sua imaginação, descubra quais são seus requisitos práticos, e decida se elas serão viáveis em seu caso.

*Passo 6*: Neste momento, você deve comprometer-se com um caminho na vida e trabalhar na direção do centro enquanto o percorre. Reflita também diariamente se está fazendo o melhor que pode por si mesmo e pelos outros, se está tirando o máximo da situação, se está sentindo paz e satisfação com a maneira como tudo está acontecendo, se neste caminho você está encontrando *sentido*. Viver um caminho na direção do centro significa transformar pensamentos e atividades diárias em um sacramento permanente, trazer para a superfície a santidade que há em toda situação em que encontra sentido.

*Passo 7*: E, finalmente, enquanto segue com a graça o caminho escolhido, jamais esqueça de que há outros caminhos. Respeite os que os usam e aquilo em você que, em algum tempo no futuro, poderá tornar necessário tomar outro caminho.

## TODOS OS CAMINHOS LEVAM AO CENTRO E DELE PARTEM

> Vencendo subitamente as dificuldades, no local onde estou livre de minha própria vontade, da vontade de Deus, de todas as suas obras e do próprio Deus, aí onde estou, acima de todas as criaturas, não sou Deus nem criatura. Em vez disso, sou o que era e o que continuarei a ser agora e para sempre. Nessa ocasião, recebo um impulso (percepção) que me levará acima de todos os anjos. Nesse impulso, recebo uma riqueza tão grande que Deus não pode ser suficiente para mim em tudo o que o torna Deus, e com todas as suas divinas obras. Porque, com esse sucesso inesperado, descubro que eu e Deus somos um só. Ali sou o que era, nem me torno menor nem maior, pois sou uma causa inamovível que move todas as coisas.
>
> Meister Eckhart, místico medieval alemão[12]

É verdade a respeito de todos os caminhos espirituais que, quando os seguimos com inteligência espiritual, fazemos isso em contato com o centro mais profundo do eu. Desse centro, "sou a causa inamovível que move todas as coisas" porque eu e todos os meus atos temos início no centro da própria existência. *Nada somos senão* potencialidades infinitas, manifestando-se desse centro. Esse é o lugar além do ego e de todas as formas específicas pelas quais minha própria tradição se expressa – além de todos os símbolos conhecidos, além de tudo que pode ser expresso em palavras. Na linguagem de Meister Eckhart, eu e Deus somos um só. Na linguagem de outra imagem que usei muitas vezes neste livro, sou uma onda no mar e compreendo que o mar e eu somos um só. Kabir, poeta indiano do século XV, usou essa imagem para perguntar:

> Estive pensando na diferença
> entre a água e as ondas que nela se formam. Subindo,

a água ainda é água, caindo,
é água. Poderá alguém me dar um palpite
de como diferenciá-las?

Porque alguém criou a palavra
"onda", tenho de distingui-la
da água?

Há um Ser Secreto dentro de nós;
os planetas em todas as galáxias
passam por suas mãos como se fossem contas de um rosário.

Esse é um rosário que devemos contemplar
com olhos luminosos.[13]

Os místicos de todas as grandes tradições falaram desse lugar dentro do eu. O lugar é a luz pura, o fogo, que brilha ou queima dentro de nós, a fonte de tudo o que a alma traz ao mundo. Descrito nesses termos, o centro parece imponente – inspirador, atrativo e sagrado –, mas talvez abstrato demais para a compreensão de muitos de nós. Ainda assim, todos nós o vivemos e o experimentamos quando levamos a vida de um modo espiritualmente inteligente. É o senso do sagrado em todos os objetos e eventos da vida diária, o senso do sagrado no ato de fluir, o êxtase quase insuportável que sentimos quando o conhecimento aflora forte pela primeira vez, o senso de júbilo quando trazemos alguma coisa nova ao mundo, o senso de profunda satisfação quando vemos justiça ser feita, o senso profundo de paz quando sabemos que aquilo a que servimos serve a Deus.

Todos os seis caminhos espirituais levam ao centro, a uma experiência que poderia ser chamada de "iluminação". No entanto, quando vivida da forma espiritualmente mais inteligente possível, todos os caminhos partem também *do* centro, de volta ao mundo. Buda viveu muitos anos de busca e sofrimento para alcançar a iluminação, mas, quando a conseguiu, não se permitiu simplesmente desaparecer no Nirvana. Em vez disso, voltou ao mundo para que todos pudessem se tornar iluminados. A pessoa comum com alto QS não busca apenas a bem-aventurança de conhecer o centro, mas reage espontaneamente a ele e, em seguida, assume a responsabilidade de trazê-lo de volta e compartilhar com o mundo a luz que viu, a energia que recebeu, a integridade que experimentou. Esse se torna um pai iluminado, um professor iluminado, um cozinheiro iluminado, um amante iluminado, e assim por diante.

Em cada caminho descrito pelo lótus do ser há uma espiral de existência, indo e vindo, e também em volta de cada pétala do lótus. Nenhum de nós é realmente completo, realmente inteiro, realmente iluminado, até termos percorrido pelo menos em parte *todos* os seis caminhos espirituais – até descobrirmos uma forma criativa de viver as convenções, descobrirmos como amar profundamente e sem egoísmo, descobrirmos como compreender, descobrirmos algo que podemos criar, servir ao próximo e descobrir a liderança do servidor que serve a Deus.

Há ainda uma espiral de existência que conduz de uma vida a outra, que faz aquele último retorno ao centro chamado de morte e, em seguida, renasce. Quando era adolescente, construí uma câmara de condensação Wilson. A câmara é um instrumento científico no qual podemos ver os rastros de átomos em uma nuvem de vapor. Na câmara de condensação, eu podia ver partículas atômicas carregadas emergindo subitamente do nada no vapor; elas percorriam alguns centímetros e voltavam a desaparecer no vapor – mas apenas para ressurgir em outro local, em outra ocasião. A teoria do campo quântico nos diz que somos parecidos com essas partículas carregadas. Somos "excitações de energia" no vácuo quântico, que emergem do nada, viajam por algum tempo neste mundo e em seguida se fundem novamente com o vácuo de onde viemos – mas apenas para reemergir como outra configuração de energia, em outra ocasião. A morte é uma jornada através da vida: um caminho no centro de todos os caminhos, uma parte essencial da espiral da existência.

Falando da experiência de unicidade com o centro, onde ele se torna a "causa inamovível que move todas as coisas", Meister Eckhart chamou esse estado de "não nato". "Por conseguinte, sou também não nato e, seguindo o caminho de meu ser não nato (não manifesto), jamais posso morrer. Seguindo o caminho de meu ser não nato, eu sempre fui, sou agora, e continuarei a ser eternamente."[14]

*O homem procura o boi (seu eu real).*

*Descobre as pegadas do boi
(compreende o ensinamento sobre a vida e o eu).*

*O homem localiza o boi (tem experiências repetidas da sua unidade com a fonte da existência).*

*Ele captura o boi, mas compreende que, se quer que o boi se submeta à sua vontade, vai ter que treiná-lo.*

*O homem doma o boi (treina sua própria mente).*

*Monta no boi e volta para casa (traz para a vida diária sua experiência de unidade).*

*O boi desaparece porque o homem aprende que qualquer manifestação*
*específica da realidade, incluindo o caminho que vem seguindo,*
*é impermanente e pode ser transcendido.*

*Tudo desaparece: o boi e o eu que percebia o boi são tanscendidos.*
*Chicote, corda, pessoa, e boi — todos se fundem no Nada.*
*Este céu é tão vasto que nenhuma mensagem pode manchá-lo.*
*Quantos flocos de neve existem em um fogo furioso?*
*Aqui estão as pegadas dos patriarcas.*

*O homem começa a compreender as forças cósmicas da criação e destruição, de um ponto de vista além delas, mas não pode ainda relacionar-se com elas nos níveis do dia a dia. Ele está "ao pé da colina", um pouco assustado com sua própria visão.*

*O homem, neste momento um mestre, volta à praça do mercado. "Eu nada procuro, levo uma vida comum, mas tudo que vejo se torna iluminado."*

Quando vivemos nosso próprio caminho espiritual ou, até certo ponto, todos eles, na direção do centro e de volta, o alto QS ou iluminação que obtemos contém em si a graça inacreditável do dia a dia. No zen-budismo há um ditado que diz: "Antes de obter a iluminação, eu cortava madeira e tirava água do poço. Após a iluminação, eu cortava madeira e tirava água do poço." Isso não quer dizer que a iluminação não traz progresso e transformação, mas, sim, que a transformação real consiste em nos trazer de volta ao lugar de onde começamos, apenas com a diferença de que, nesse momento, nós o vivemos profundamente vivos e conscientes.

Em *A Manual of Zen Buddhism*, D. T. Suzuki reproduz algumas versões do século XV de dez desenhos originais chineses do século XII, acompanhados por poemas curtos que ilustram o que entendo por espiral da existência e a maneira como o zen entende iluminação.[15] Os desenhos usam a alegoria de um homem tangendo um boi.

No "Little Gidding", de seu livro *Four Quartets*, o poeta T. S. Eliot descreve a mesma espiral de existência e o sentido dos desenhos de um homem tangendo o boi:

Não deixaremos de explorar,
E o fim de toda exploração
Será chegar ao ponto de onde partimos
E conhecer esse lugar pela primeira vez.
Através do portal desconhecido, relembrado,
Quando o último homem da Terra partiu para descobrir,
Está aquilo que era o começo:
Na origem do mais longo dos rios
A voz da cachoeira oculta
E das crianças no alto da macieira
Não ouvidas, porque não procuradas,
Mas ouvidas, parcialmente ouvidas, no silêncio
Entre duas ondas do mar.
Rápido agora, aqui, agora, sempre...
Um estado de simplicidade total
(Custando não menos do que qualquer coisa).

E tudo estará bem e
Todos os tipos de coisas estarão bem,
Quando as línguas das chamas se dobrarem sobre si mesmas
Para o nó coroado do fogo,
E o fogo e a rosa forem um só.

Todos os caminhos levam ao centro e partem do centro. Segui-los é uma busca, mas, em certo ponto, completar a jornada torna-se um ato de rendição. Desaparece até mesmo o desejo ardente de alcançar a iluminação.

# 14
# Avaliando meu QS

Ao contrário do QI, que é linear, lógico e racional, a inteligência espiritual não pode ser quantificada. As perguntas a seguir constituem simplesmente um exercício de reflexão. Foram organizadas em sete seções, uma para cada um dos seis tipos de personalidade ou pétala do lótus, e a sétima com o objetivo de revelar até que ponto você se aproximou das energias do centro. Supomos aqui que você completou o questionário sobre tipos de personalidade, constante do capítulo 13. Como vimos no referido capítulo, todos nós somos em geral uma mistura de aspectos que pertencem a pelo menos três tipos de personalidade. Analogamente, nesse questionário, pelo menos três dos caminhos espirituais serão importantes para nós. Não obstante, é melhor não responder em um único dia a mais perguntas do que as relativas a um só caminho, dando a si mesmo oportunidade de refletir no intervalo.

Quatro grupos de perguntas são feitas no tocante a cada caminho espiritual ou tipo de personalidade. Elas dizem respeito a:

- um levantamento geral de suas experiências relevantes
- obstáculos comuns ao progresso
- certos temas possíveis para o progresso remoto
- alguns aspectos transpessoais, ou, mais convencionalmente, espirituais, de qualquer dos caminhos

Dispensa dizer que, embora essas perguntas lhe forneçam farto material para reflexão, elas apenas arranham a superfície do que pode ser a jornada de uma vida inteira.

## CAMINHO 1: DEVER

1. A que grupos você tem prazer em pertencer? Família? Amigos? Trabalho? Vizinhos? Nação? Grupo étnico? Nenhum?
2. De qual desses grupos (se algum) você se afastou? Por quê? Ficou com ressentimentos por isso? O que foi? Desacordos? Incidentes traumáticos? Culpa? Ainda se sente obrigado pelas regras ou costumes de qualquer um desses grupos? Se assim, por quê?
3. Há algum grupo no qual você gostaria de integrar-se mais? Isso seria prático?
4. Qual é agora seu código moral? Qual a origem desse código? Até que ponto você o cumpre? Já pensou numa mudança que poderia melhorar uma ou todas (ou quase todas) as pessoas de um de seus grupos? Fez alguma coisa a esse respeito? Tomou alguma resolução importante no ano passado e a manteve?

## CAMINHO 2: AMPARO

1. Há agora (ou houve no passado) alguma pessoa a quem você daria, feliz, mais do que recebe? Há algumas pessoas (agora ou no passado) de quem você gostaria de receber mais do que dá?
2. Há pessoas que você atualmente negligencia, prejudica ou das quais tem ressentimentos? Tomou alguma decisão positiva ou negativa a esse respeito?
3. Há pessoas agora (ou houve no passado) que você quer ou quis ajudar mas não pôde? De que maneira você se sente a esse respeito? Tem amigos íntimos, mesmo que eles não precisem de sua ajuda ou conselhos? Você pode, em relacionamentos íntimos, ser franco e honesto sobre tópicos difíceis?
4. Você acha fácil conversar com estranhos? Ajuda ocasionalmente pessoas necessitadas que o procuram, mesmo que elas estejam fora de seu círculo social?

## CAMINHO 3: COMPREENSÃO

1. Você sente forte interesse pelo estilo de vida das pessoas à sua volta? Na família? Trabalho? Vizinhos? Relacionamentos atuais? Leu ou discutiu recentemente alguma coisa relacionada com psicologia, filosofia, ética ou tópicos semelhantes?
2. Se você se julgar em um impasse num problema, afasta-o geralmente para um lado ou tenta outro método para solucioná-lo? Há decisões que você vem protelando, confusão sobre algum assunto ou problemas práticos antigos? O que teria de acontecer para que você obtivesse progresso nesse particular?
3. Você pode habitualmente perceber algum mérito em ambos os lados de uma discussão? Se assim, o que é que acontece? Você pode progredir além desse ponto? As pessoas o surpreendem ou sua intuição sobre elas é geralmente mais certa do que errada?
4. Você está buscando intelectualmente alguma coisa? Tente definir, exatamente, o que gostaria de compreender melhor. O que poderia ajudá-lo nesse particular? O que o detém? Que importância tem isso para você? Você pode, sem desistir do esforço, aceitar sua atual falta de compreensão?

## CAMINHO 4: TRANSFORMAÇÃO PESSOAL

1. "Jamais possuímos alguma coisa, a menos que a possuamos inicialmente com paixão." Até que ponto isso é verdade no que interessa a seus relacionamentos, causas, arte, vocação etc.? Há, no seu caso, maneiras de sentir que você tenta evitar?
2. Procure lembrar-se de uma pessoa, sonho, devaneio ou história que o encheu de um anseio apaixonado ou romântico, mas que não chegou a uma conclusão inteiramente feliz. Em sua vida, nessa época, alguma coisa faltava ou estava incompleta? Você tentou transformar seu sonho em realidade? Se assim, o que foi que aconteceu? Desistiu por sentir dor, humilhação ou por cinismo? Em caso negativo, o que foi que o deteve – moral, prudência justificada, timidez ou todas as três? Procure agora uma forma de

expressar parte dessa emoção ou tema, talvez por meio de poesia, escrevendo alguma coisa, dançando, escutando música ou conversando com alguém em quem confie. (O talento, nesse caso, é menos importante do que ser autêntico.) Em qualquer situação emocional específica, você percebe, de modo geral, vários estilos possíveis de expressar seus sentimentos?

3. Dá para entender que suas emoções e anseios são cortes do mesmo tecido usado por escritores, pintores ou músicos que você respeita? Escolha uma obra de arte que o comove. Descubra alguma coisa sobre seu autores e compare a vida deles com a sua. Você compreende que até mesmo a dor pode tornar-se uma contribuição para outras pessoas, se contextualizada e transformada?

4. Escolha um exemplo de comportamento pessoal que o comova profundamente. Quais os prós e contras dessa conduta? Tente, em seguida, encontrar um exemplo complementar ou compensador de comportamento. Verifique se os dois podem manter um diálogo satisfatório. Há exemplos de algum rebelde ou mau-caráter com os quais você possa identificar-se ou sentir simpatia? O que é possível descobrir sobre si mesmo com esse estudo?

## CAMINHO 5: FRATERNIDADE

1. Em condições ideais, você gostaria de poder manter uma conversa com qualquer pessoa? Escolha um encontro com outras pessoas que o interessam. Consegue imaginar-se invertendo papéis com uma ou todas elas? Sente interesse real por assuntos de sua comunidade ou ligados ao exercício da cidadania?

2. Há pessoas com quem você não consegue sentir-se à vontade? Por quê? Qual a emoção, nesses casos? (Tédio? Medo? Raiva? Competitividade? Desprezo? Pena? Alguma outra?) Você acha que se conduziria de maneira diferente se tivesse conhecimento do passado e da situação delas?

3. Justiça é importante para você? Para todos ou apenas para alguns grupos de pessoas de quem você gosta muito? Se está interessado apenas em justiça para alguns grupos, o que é que você tem em comum com eles?

4. Você fica perturbado ou embaraçado com o tema morte? Acredita em algum tipo de vida após a morte? No céu? Na reencarnação? Na sobrevivência de suas ideias ou de sua família? Já sentiu alguma vez uma experiência de amor e de união com todos os seres vivos? Já sentiu alguma vez que poderia dar a vida por certas pessoas ou causas?

## CAMINHO 6: LIDERANÇA COMO SERVIÇO

1. Você já foi aceito como líder de algum grupo? Como se sentiu? Já teve visões ou anseios pela maneira como um grupo ou a sociedade ideais poderiam viver? Fez algo a esse respeito, por menor que fosse? Abandonou essas ideias? Por quê? Poderá fazer mais progresso para tornar realidade sua visão? Ela necessita de refinamento?
2. Você por acaso "herdou" algumas ideias sobre a sociedade ou o papel que nela desempenha? Isto é, adotou, sem refletir, ideias e opiniões de uma época mais antiga na vida? Aceitou o que os pais, amigos, colegas de trabalho ou cônjuge queriam que você fizesse? Quando confuso ou estressado, tomou decisões precipitadas? O quanto de tais decisões você conseguiu superar? Algumas formas modificadas dessas opiniões herdadas ainda o interessam?
3. Você pode sempre encontrar, a despeito das dificuldades, a energia profunda necessária para enfrentar situações de emergência? Se sua visão profunda de alguma coisa for contestada, você desiste? Você torna-se positivo porque "sabe muito bem o que está fazendo"?
4. Você está disposto a levantar-se e oferecer-se em defesa daquilo a que dá mais valor, mesmo que isso não tenha possibilidade imediata de aceitação pelos outros? Já teve experiência de alguma coisa santa, sagrada, de uma fonte de energia inteligente que o transcende? Já tentou expressá-la de alguma forma, em algum grau? Consegue imaginar situações práticas em que poderia expressá-la?

## O CENTRO

1. Você já sentiu alguma vez que estava na presença de uma poderosa força espiritual além do seu eu no dia a dia? Em caso afirmativo, incluiu ela senso de amor ou unidade com todas as coisas? Incluiu o senso de uma fonte inteligente e sagrada de energia fora de você? A experiência teria sido sobre algo além do tempo, do espaço, da forma – um vácuo interminável que você não tivesse antes percebido conscientemente?
2. Você tem pesadelos frequentes? Pensa às vezes que toda sua sorte, boa ou má, é causada por forças ocultas? Acha difícil ser íntimo de alguma pessoa? Pensa frequentemente que a vida não tem sentido? Acha realmente ruim ficar sozinho? (Essas são formas negativas de energia espiritual que precisam ser superadas, se quer desenvolver seu QS.)
3. Se, após uma longa discussão, você ainda discordar dos colegas sobre uma questão de princípio, o que fará? Imagine várias situações possíveis e seus prováveis resultados.
4. Você tem momentos não apenas de prazer, mas de profundo contentamento? O que está geralmente fazendo nessas ocasiões? Esses momentos inspiram-no ou lhe dão forças em outras ocasiões? Se fosse morrer esta noite, você julgaria que sua vida foi, de alguma forma, uma vida meritória? Como?

## 15
# Como ser espiritualmente inteligente em uma cultura espiritualmente embotada

Um empresário americano, no ancoradouro de uma aldeia da costa mexicana, observou um pequeno barco de pesca que atracava naquele momento trazendo um único pescador. No barco, vários grandes atuns de barbatana amarela. O americano parabenizou o pescador pela qualidade dos peixes e lhe perguntou quanto tempo levara para pescá-los.

– Pouco tempo – respondeu o mexicano.

Em seguida, o americano perguntou por que ele não permanecera no mar por mais tempo, o que lhe teria permitido uma pesca mais abundante.

O mexicano respondeu que tinha o bastante para atender às necessidades imediatas de sua família.

O americano voltou à carga:

– Mas o que é que você faz com o restante de seu tempo?

O mexicano respondeu:

– Durmo até tarde, pesco um pouco, brinco com meus filhos, tiro a *siesta* com minha mulher, Maria, vou todas as noites à aldeia, bebo um pouco de vinho e toco violão com meus amigos. Levo uma vida cheia e ocupada, *señor*.

O americano assumiu um ar de pouco-caso e disse:

– Sou pós-graduado em administração de empresas pela Universidade de Harvard e poderia ajudá-lo. Você deveria passar mais tempo pescando e, com o lucro, comprar um barco maior. Com a renda produzida pelo novo barco, poderia comprar vários outros. No fim, teria uma frota de barcos pesqueiros. Em vez de vender o pescado a um intermediário, venderia diretamente a uma indústria processadora e, no fim, poderia ter sua própria indústria. Poderia controlar o produto, o processamento e a distribuição. Precisaria deixar esta pequena aldeia costeira de pescadores e mudar-se para a Cidade do México, em seguida para Los Angeles e, finalmente, para Nova York, de onde dirigiria sua empresa em expansão.

– Mas, *señor*, quanto tempo tudo isso levaria? – perguntou o pescador.

– Quinze ou vinte anos – respondeu o americano.

– E depois, *señor*?

O americano riu e disse que essa seria a melhor parte.

– Quando chegar a ocasião certa, você poderá abrir o capital de sua empresa ao público e ficar muito rico. Ganharia milhões.

– Milhões, *señor*? E depois?

– Depois – explicou o americano –, você se aposentaria. Mudaria para uma pequena aldeia costeira, onde dormiria até tarde, pescaria um pouco, brincaria com os filhos, tiraria a *siesta* com a esposa, iria à aldeia todas as noites, onde poderia tomar seu vinho e tocar violão com os amigos.

Podemos ver facilmente que, nessa história, o empresário americano é um tipo espiritualmente embotado, ao passo que o pescador é espiritualmente inteligente. Por quê? O pescador tem um senso inteligente dos objetivos profundos da vida, de suas motivações profundas. Construiu um estilo de vida que atende às suas necessidades e às de sua família, reserva tempo para tudo que considera importante, está em paz, é um homem centrado. O empresário americano, por outro lado, é filho de uma cultura espiritualmente embotada. É um trabalhador compulsivo, tem de vencer por amor à vitória, nenhum contato mantém com as coisas na vida que condicionam profundamente alguém como o pescador, absorveu metas que não fazem sentido, simplesmente porque as aprendeu em Harvard. O pescador, com toda probabilidade, terá uma vida longa e morrerá em paz. O empresário está no rumo de um infarto aos 55 anos e morrerá achando que jamais atingiu suas metas na vida.

## CONHECENDO NOSSOS MOTIVOS
## MAIS PROFUNDOS

Nossos motivos – alguns os chamam de nossas intenções ou finalidades na vida – constituem um tipo profundo de energia psíquica. Impulsionam potencialidades, do centro do eu para a superfície, ou camada do ego. Condicionados por motivos, agimos no mundo e sobre o mundo. De alguns, temos conhecimento. Sei que quero cuidar bem de meus filhos, sei que quero escrever livros, sei que quero ganhar dinheiro suficiente para manter o estilo de vida que desejo etc. Outros têm uma camada inconsciente sepultada em nosso inconsciente pessoal ou no inconsciente comum de nossa raça. Vimos que os motivos profundos do gregarismo, da amizade calorosa, da exploração do desconhecido, da construção de alguma coisa, da autoafirmação e da criatividade condicionam a maioria de nós no nível inconsciente. O motivo da amizade calorosa ou do amor paternal/maternal é o responsável por meu desejo de cuidar bem de meus filhos, o da criatividade fornece energia a meu desejo de escrever livros, e há certo volume de autoafirmação no estilo de vida que escolhi, e assim por diante. Mais profundos, porém, são os motivos básicos do centro de meu eu – o motivo que me leva a procurar sentido, inteireza e integridade, a me desenvolver e me transformar no curso de minha vida.

Em uma cultura espiritualmente embotada, ocorre uma distorção dos motivos. As pressões sociais e econômicas que nos cercam por todos os lados levam-nos a confundir o que queremos com o de que de fato necessitamos. E insistem conosco para querermos *mais* do que necessitamos, querermos constante e insaciavelmente. As medidas usadas pela cultura para medir sucesso fazem-nos querer mais propriedades, mais dinheiro, mais poder, mais "peixe". O fato de haver tantos obesos no Ocidente é uma das doenças espirituais mais comuns provocadas por motivação distorcida. Comemos para encher um vazio que se recusa a ir embora.

Uma das maneiras de ser espiritualmente mais inteligente em motivação pessoal consiste em procurar a realidade por trás de qualquer desejo superficial. De modo geral, quando seguimos o padrão de resposta programada, encorajada pela cultura, passamos diretamente do querer para o conseguir. Pouca coisa nos estimula a parar e refletir, a perguntar a nós mesmos: "Que necessidade mais profunda está por trás desse desejo? Satisfazer esse desejo atenderá a essa necessidade profunda?" A inteligência espiritual pede-nos para refletir mais sobre o que pensamos que queremos, situar o que queremos em um marco de referência mais profundo e amplo de nossas motivações e finalidades realmente básicas na vida.

O curto-circuito em nossas motivações encorajado pela cultura espiritualmente embotada, porém, não se interrompe com a aquisição de posses materiais. Frequentemente invade a escolha de carreira, os relacionamentos e as atividades de lazer. Quando se sentem vazias, as pessoas podem ir buscar alívio numa boate de baixo nível ou fazer uso de drogas. Quando se sentem inferiores, passam a caçar a pessoa sexualmente mais atraente que encontram. Mas é improvável que esse tipo de reação satisfaça a necessidade profunda de sentido, integridade pessoal e desenvolvimento. Para atender a minhas motivações e necessidades nesse nível, tenho de aprender a *me* conhecer em um nível mais profundo.

## UM GRAU ELEVADO DE AUTOCONSCIÊNCIA

A autoconsciência é um dos critérios mais importantes de inteligência espiritual elevada, mas também uma das prioridades mais baixas da cultura espiritualmente embotada em que vivemos. Desde os primeiros dias na escola, somos treinados para olhar para fora e não para dentro, a focalizar os fatos e problemas práticos do mundo externo, para nos orientar por metas. Quase nada na educação ocidental nos encoraja a refletir sobre nós mesmos, nossa vida interior, nossos motivos. Ninguém nos estimula a dar asas à imaginação. Com a morte quase completa de todas as religiões de massa, pouca coisa nos estimula a refletir no que acreditamos ou naquilo a que damos valor. Muitos se sentem até mal com o tempo "vazio" ou com o silêncio.

Enchem o tempo com atividade constante, ainda que isso seja apenas assistir à televisão, e substituem silêncio por barulho.

Desenvolver maior autoconsciência é prioridade para elevar o QS. O primeiro passo, evidentemente, consiste em me tornar consciente do problema, reconhecer o quão pouco sei sobre "mim mesma". Em seguida, tenho de me comprometer com algumas práticas diárias simples que melhorarão as comunicações comigo mesma. Essas práticas poderiam incluir:

- meditar, o que pode ser aprendido de diversas formas facilmente disponíveis;
- ler um poema ou duas páginas de um livro que signifique algo para mim, refletindo no motivo por que isso acontece;
- dar "um passeio pelo bosque" – afastando da mente a atividade frenética, orientada para metas, tirando uma espécie de "férias" que me deem espaço para pensar;
- escutar com toda atenção uma peça musical, analisando as associações mentais e emocionais que ela provoca;
- observar realmente alguma cena ou fato do dia e repassá-los mais tarde, procurando nuanças e associações mais sutis;
- manter um diário no qual anotarei não só os fatos do dia, mas como reagi a eles e por quê;
- iniciar um diário de sonhos e refletir sobre eles;
- reler ao fim do dia o que foi escrito. Quais as coisas que me aconteceram e me afetaram mais? O que foi que houve no dia que me agradou? Do que é que me arrependo? De que maneira o dia poderia ter sido diferente? De que outro modo eu poderia ter me sentido ou comportado, e que efeito isso teria produzido?

Uma parte muito importante da autoconsciência implica saber onde ficam as fronteiras de minha zona de conforto. Essa é outra maneira de perguntar: onde fica a minha borda? Onde fica esse lugar, na borda de meus relacionamentos e atividades pessoais ou no trabalho, onde tenho de fazer um esforço extra, onde sou desafiado? A borda é meu ponto de crescimento, o lugar de onde posso me transformar. A cultura espiritualmente embotada em que vivemos raramente nos força a encarar a borda pessoal. Em vez disso, fecha-nos em um casulo de distrações já prontas e opções fáceis. Qual seria a opção mais difícil neste caso? Tenho de aprender a me fazer perguntas como as seguintes: o que eu aprenderia ou conseguiria se fizesse essa opção mais difícil? Será uma questão de maior disciplina, mais autossacrifício pessoal, menos egoísmo, mais dedicação? O que me impede de fazer o esforço?

## SENDO SENSÍVEL AO EU PROFUNDO

E, finalmente, há o eu profundo que vive em cada um de nós, ancorado no cosmo como um todo e que tem origem na necessidade humana de sentido, visão e valor. O alto QS exige também serviço, com consciência do que fazemos, a esse eu profundo.

Nem sempre me é possível perceber o eu profundo que existe em mim, sentir o que realmente me motiva, conhecer aquilo a que, nas profundezas de meu ser, dou mais valor. A cultura espiritualmente embotada não encoraja nem alimenta essa profundeza de introvisão pessoal e conta com poucos mitos ou valores sólidos coletivos, que alimentem a camada associativa, intermediária, do eu. O inconsciente coletivo moderno ressona com o ritmo da publicidade do consumismo e com o sexo e a violência da gratificação imediata. Poucos de nós somos alimentados por uma visão espiritual ativa, que nos coloque a vida naquele contexto mais profundo e amplo onde se ancora o centro do eu.

Não obstante, o eu profundo está presente dentro de nós. Conhecido ou desconhecido, bem-alimentado ou passando fome, está presente naquilo que nos torna mais nós mesmos. Ocasionalmente, irrompe em raros momentos de amor ou amizade calorosa, de alegria ou espanto, e até mesmo em momentos de nossa maior dor ou quando enfrentamos os piores medos. Mesmo nos momentos em que não podemos senti-lo em nós, a reflexão sobre as qualidades e os atos de outras pessoas, na realidade ou na ficção, pode tornar-nos conscientes do potencial humano e ensinar-nos algo sobre nosso eu mais profundo.

## CAPACIDADE DE UTILIZAR E TRANSCENDER DIFICULDADES

A cultura espiritualmente embotada em que vivemos é uma cultura vítima. Bem cedo na vida, uma infância infeliz distorceu minhas motivações e personalidade. Bactérias invadem meu corpo e fico doente. Sou perseguida no trabalho.

Nesse contexto, o primeiro passo para a inteligência espiritual consiste em assumir responsabilidade por minha vida. Tenho de usar a espontaneidade profunda que é um dom de meu QS nato para reagir honesta e inovadoramente ao ambiente e à situação em que me encontro agora. E preciso assumir responsabilidade por meu papel nela. Eu talvez me encontre em uma situação dolorosa ou desagradável, mas só eu posso influenciar a maneira como vou reagir a ela, só eu posso construir minha atitude em relação às coisas que me acontecem. Eu talvez tenha uma doença incurável, mas cabe a mim decidir como reagir a ela. Só eu posso morrer por mim.

No livro *Em busca de sentido*, Viktor Frankl observa que a capacidade de utilizar e transcender a dor é um dos maiores privilégios inerentes ao homem. Como interno no campo de concentração de Auschwitz, embora conhecendo na pele o pior sofrimento imaginável, escolheu sua própria reação e transcendeu o sofrimento para encontrar um sentido para sua vida. Podemos considerar a dor, o sofrimento ou as dificuldades como ameaçadoras ou incapacitantes, mas também como desafios e mesmo como oportunidades. Em sua forma mais extrema, isso é verdade mesmo no caso de minha morte iminente. Posso "morrer bem", em paz comigo e com a vida, ou posso morrer em profunda agonia. Posso culpar minha companhia por meu trabalho sem sentido, posso mudá-lo partindo de dentro ou procurar outro emprego. Se nenhuma das duas opções é possível, posso ainda controlar minha atitude em relação ao trabalho e influenciar meu relacionamento com os colegas. Todos nós somos inspirados pelas histórias incríveis de deficientes físicos que escrevem romances com os dedos dos pés, vítimas de câncer que correm maratonas em prol de pesquisas sobre a doença, pais desolados que criam fundos em memória do filho falecido. Não seria muito mais fácil para a maioria de nós nos tornarmos pequenos heróis, assumindo responsabilidade por nossa vida diária e transcendendo os obstáculos comuns que ela joga em nosso caminho?

## ENFRENTANDO A MULTIDÃO

Nossa cultura é uma cultura de multidão. A mídia nos encoraja a ter os mesmos pensamentos e as mesmas opiniões. A produção em massa estimula-nos a restringir nossa faixa de gostos, enquanto a publicidade de massa faz o que pode para promover o que são esses gostos limitados. Analogamente, é uma cultura de moda: se deixar de fumar é *in*, todos nós apagamos o cigarro. Nossos intelectuais têm os mesmos pensamentos que estão em moda, todos os consultores de administração de empresas vendem o mesmo pacote de "reengenharia", todos os nossos buscadores espirituais se voltam para os mesmos cristais e poções. Não sabemos mais como pensar individualmente.

Um dos principais critérios da alta inteligência espiritual é ser o que psicólogos chamam de "independente do campo". Isso significa ser capaz de erguer-se contra a multidão, defender uma opinião impopular, se é nisso que acreditamos profundamente. Aqui, mais uma vez, ressurge a necessidade de autoconsciência e da profunda certeza de que tenho um centro pessoal. Se existo simplesmente partindo da camada média de mim mesma, sou meramente um conjunto de mecanismos individualizados para enfrentar situações que construí como reação à minha própria experiência. Dessa maneira e de forma negativa, continuo dependente das reações e opiniões dos demais. E se vivo a partir da camada associativa, intermediária de mim mesmo, sou parte do grupo.

O alto QS exige um ego em funcionamento e participação ativa no grupo, mas precisa ter suas raízes em nosso centro profundo. Dessa perspectiva centrada, partindo do que poderíamos chamar de "subversividade profunda", eu me separo, mas, nesse momento, posso contribuir com alguma coisa – com minha perspectiva. Sei quem *eu* sou e no que *eu* acredito. Isso não é egoísmo, mas individualidade autêntica, e requer grande coragem.

O filho menor de um biólogo chileno, Umberto Maturana, sentiu-se infeliz na escola, porque achava que os professores estavam tornando impossível para ele aprender. Queriam lhe ensinar o que sabiam, em vez de procurar saber o que ele precisava aprender. Inspirado por essa situação, Maturana escreveu "A prece do estudante", cuja tradução a seguir é uma versão resumida. O poema expressa perfeitamente a reação do indivíduo espiritualmente inteligente ao ter que suportar as pressões de pais, mestres, chefes ou da multidão.

Não me imponha o que você sabe,
    Quero explorar o desconhecido
    e ser a origem de minhas próprias descobertas.
Que o conhecido seja minha alforria, não minha escravidão.

O mundo de sua verdade pode ser minha limitação,
    sua sabedoria, a minha negação.
    Não me instrua; vamos caminhar juntos.
Deixe que minha riqueza comece onde a sua termina.

Mostre-me de maneira que eu possa
    subir em cima de seus ombros.
Revele-se para que eu possa ser
    alguma coisa diferente.

Você acredita que todo ser humano
    pode amar e criar.
Compreendo, por isso, seu medo
quando lhe peço para viver de acordo com sua sabedoria.

Você não saberá quem eu sou
    escutando a si mesmo.
Não me instrua; deixe-me ser.
Seu fracasso é que eu possa ser idêntico a você.[1]

## RELUTÂNCIA EM FAZER O MAL

Nossa cultura é atomista. Separa-me de você, separa-nos daqueles que são diferentes, isola seres humanos entre si e de outras criaturas vivas, da natureza em geral. Freud declarou que amor e amizade íntima são impossíveis: jamais poderemos amar nosso vizinho como amamos a nós mesmos.

A inteligência espiritual requer que nos tornemos conscientes de nosso eu profundo, de nosso centro pessoal, que se enraíza no centro da própria existência, no vácuo quântico. De acordo com a teoria do vácuo quântico, como vimos anteriormente, todos nós somos excitações de energia, um padrão ou onda no "tanque" do vácuo. Não podemos traçar uma fronteira entre as ondas e o tanque, nem desenhar uma fronteira irremovível entre nós e as outras "ondas". Eu estou em você, em todas as criaturas e em cada pontinho de poeira estelar, e todos eles estão em mim. Todos nós somos formas individuais que contêm o mesmo centro. Uma pessoa dotada de alto QS sabe que, quando faz mal a alguém, faz mal a si mesma. Quando poluo a atmosfera com lixo ou com minha raiva, poluo também meus pulmões e minha psique. Quando egoísta ou evitavelmente causo sofrimento aos outros, esse sofrimento retorna como dor em meu próprio ser, como algo que me deforma, que me torna "feia". Quando me isolo dos outros, isolo-me do mar de energia e potencial que é o meu próprio centro. Alto QS exige que eu use de espontaneidade profunda para responder a todos os seres humanos e a toda existência, e que assuma responsabilidade pelo meu papel em cuidar deles. Quando causo um mal desnecessário, abdico dessa responsabilidade, que é a finalidade mais profunda e o sentido de minha vida.

## SENDO ESPIRITUALMENTE INTELIGENTE EM RELIGIÃO

Vimos logo no início deste livro que alto QS não mantém uma conexão necessária com religião. Uma pessoa muito religiosa pode ser espiritualmente embotada; e um ateu de quatro costados, espiritualmente inteligente. Ainda assim, o desafio de desenvolver uma alta inteligência espiritual de modo algum é antirreligioso. A maioria precisa de algum marco "religioso" como orientação para viver: os pensamentos dos grandes mestres, os atos dos santos, as indicações sobre comportamento dos códigos de ética. Quase todos se sentem bem quando possuem crenças profundas, básicas. Um sem-número de pessoas ficaria perdida sem elas. Na verdade, a existência de um "ponto Deus" na constituição neurológica do cérebro humano indica que a capacidade de experimentar alguma forma de experiência religiosa e/ou crença confere uma vantagem evolutiva à nossa espécie. De maneira acessível, conecta-nos com sentido e valor, estimula o esforço, dá-nos senso de finalidade, de contexto.

Qual então a diferença entre a religião espiritualmente embotada e a inteligente? Não é, com certeza, uma diferença entre religiões, pois há versões espiritualmente embotadas e inteligentes de todas as religiões ora praticadas no planeta. No meu caso, a diferença reside em minha atitude, na qualidade de meus questionamentos e de minha busca, na profundidade e amplitude de minhas crenças, na fonte profunda de onde elas jorram.

O QS, como sabemos, tem origem no centro profundo do Eu, a parte ancorada em toda a potencialidade infinita do vácuo quântico. Na natureza, o vácuo é capaz de produzir todas as formas e satura todas elas. Por isso mesmo, qualquer sistema religioso que esteja em contato com o centro contém sua própria versão daquela verdade total contida no vácuo quântico. Qualquer forma religiosa radicada no centro constitui uma expressão ou forma válida do centro. Isso é o máximo e o melhor que qualquer um de nós, qualquer conjunto de crenças, qualquer tradição podem ser – isto é, uma expressão válida, uma forma válida do centro. Posso achar que o cristianismo é a forma que mais me toca, mas, se sou uma cristã espiritualmente inteligente, o que amo em minha religião é que ela, de fato, expressa o mar mais profundo, final, do universo – e sei que o universo é uma bela forma que Deus pode assumir. No entanto, como nos lembram os místicos judeus, Deus tem "dez" rostos (em outras palavras, "muitas" faces), e o verdadeiro místico é aquele que conhece tantas dessas faces quanto possível, habilitando-o a conhecer melhor o Deus que está por trás de todas as faces.

Como cristã, muçulmana, budista ou o que quer que seja, espiritualmente inteligente, amo e respeito minha tradição – mas amo-a porque é uma das muitas formas que expressam a potencialidade do centro. Tenho um profundo e permanente respeito por outras tradições e formas e posso até me imaginar como capaz de viver uma dessas formas. Ou, como disse Ibn al'Arabi, místico sufista do século XIII:

> Meu coração tornou-se capaz de todas as formas; é um pasto
> para gazelas e um convento para monges cristãos.
> É um templo para ídolos e para os peregrinos da Ka'ba, as
> mesas do Torah e o livro do Alcorão.
> Sigo a religião do amor: qualquer que seja o caminho
> tomado pelos camelos do Amor, essa é a minha religião e
> [minha fé.²

## SENDO ESPIRITUALMENTE INTELIGENTE
## SOBRE A MORTE

Talvez o aspecto espiritualmente mais embotado da cultura moderna seja nossa incapacidade de lidar com a morte. Ela nos embaraça, até nos apavora, e por isso a negamos. A maioria dos países ocidentais tem poucos rituais significativos sobre a morte. Quase nenhum adota uma perspectiva mais ampla, na qual ela possa ser vista como parte natural dos processos da vida. Médicos sensíveis, como o irlandês Michael Kearney, demonstraram que a maior parte da dor física no processo de morrer surge realmente do medo diante de um processo que não compreendemos. Pacientes que superam esse medo sentem muito menos dor e precisam de muito menos drogas para tratá-la.³

O medo da morte tem origem em falta de perspectiva, na incapacidade de situá-la em um contexto mais vasto. Não se trata apenas da incapacidade de entendê-la. Trata-se, sim, da incapacidade, ainda mais profunda, de compreender e apreciar a vida, de inseri-la numa perspectiva mais ampla de sentido e valor.

O "Interlúdio" às páginas 129-135 neste livro contou a história de nossas origens e ciclos de desenvolvimento. Somos parte de uma longa história de criação e destruição constantes, de matéria e consciência surgindo do vácuo quântico, percorrendo espaço e tempo por um breve momento e, em seguida, voltando às origens. Somos as formas breves que potencialidades infinitas assumem antes de nos tomar de empréstimo para criar novas formas.

Certa noite no ano passado, quando estava meditando, tornei-me consciente, com a mais profunda certeza e senso de paz, de que trago sempre comigo minha morte. A morte é uma companheira permanente de minha vida, um estado constante, outro estado de minha existência presente. A morte não é um "depois", nem um "fim", mas um estado de existência contínua, outro nível de meu ser. Seguindo o raciocínio de um teórico do campo quântico, minha atual forma de vida é aquele estado de energia excitada, ao passo que a morte é um estado mais profundo da energia imóvel que tenho dentro de mim e na qual serei reabsorvida algum dia. Os físicos nos dizem que toda energia é conservada. O volume de energia no universo jamais muda, e a energia que sou agora, a energia que está materializada em meu atual corpo vivo, existirá para sempre. O processo de viver e morrer significa simplesmente que essa energia emprestada que sou eu assumirá algum dia outra forma. Meu *ser* profundo, aquele mar mais profundo de potencialidade no qual minha vida atual é apenas uma onda, não tem começo nem fim.

Vida e morte, portanto, são partes de um processo cíclico de energia que emana do vácuo quântico, assume por breves momentos uma forma e, em seguida, volta a dissolver-se no vácuo. E assim por diante, para sempre, enquanto universos nascem e morrem. Os ciclos sazonais e anuais da natureza na Terra reencenam o mesmo drama, como, na verdade, o fazem as moléculas de nosso corpo quando chegam e se vão, por meio da estrutura mais persistente de energia que nós somos. A morte é simplesmente uma parte necessária e natural da transformação constante da energia que é vida, que vemos constantemente (e sem medo) na mudança de estações. Rilke sabia o que era isso quando escreveu sobre a "morte, conhecida e nossa", na nona elegia em *Elegias de Duíno*:

Terra: ela não é *isto* que desejas? Invisivelmente...
dentro de nós... para criar teu ser?
Não é teu sonho o de ficar aqui um dia,
invisível? Terra! Não mais visível!
E se não transformação, o que foi que me propuseste como
[missão?
Terra, Mundo que é o mais querido, eu serei; oh, acredita
[nisso!
As estações da primavera não serão mais necessárias,
cada uma delas mais rica do que o sangue poderia suportar,
para me conquistar e me conservar seu...
seu desde o início: sem nome mas já escravo.
Tu nunca te enganaste. A Morte, conhecida e nossa,
é tua dádiva, foi tua sagrada invenção.
Vê, eu ainda estou vivo! O que vive em mim? Nem a infância,
[nem o futuro
a diminuem. Superando todo número,
o puro *ser* salta em meu coração![4]

A compreensão espiritualmente inteligente da morte é capaz de ver esse contexto mais largo de ser, do qual a morte é apenas um estado do processo que continua.

## LEMBRANDO-SE DAS PERGUNTAS

Chegamos agora ao fim deste livro. Para mim, escrevê-lo foi uma longa e, às vezes, dolorosa jornada, pois as exigências da inteligência espiritual não são fáceis de atender. Obter alto QS requer que sejamos profundamente honestos conosco, profundamente conscientes de nós mesmos. Requer que enfrentemos opções e que compreendamos que, às vezes, as opções certas são difíceis. Alto QS requer a mais profunda integridade pessoal. Exige que nos tornemos conscientes daquele centro profundo de nós mesmos que transcende todos os fragmentos em que foi despedaçada nossa vida. Exige de nós o esforço de nos rejuntar, inclusive recolhendo as partes que para nós foram dolorosas ou difíceis de possuir. Mas, acima de tudo, um QS alto exige de nós abertura para a experiência, a recaptura de nossa capacidade de ver com novos olhos a vida e os outros, como se fossem olhos de criança. Exige que deixemos de procurar refúgio no que conhecemos e exploramos constantemente, e que aprendamos com aquilo que ainda não sabemos. Exige de nós viver as perguntas, não as respostas. Terminarei citando Rilke, mais uma vez:

> Quero te implorar, tanto quanto posso, que sejas paciente
> Com tudo que continua sem solução em teu coração,
> E que aprendas a amar as próprias perguntas,
> Como se fossem quartos fechados,
> Ou livros escritos em uma língua estrangeira.
>
> Não procures as respostas que não te podem ser dadas,
> Porque não conseguirias vivê-las,
> E o importante é viver tudo.
>
> Vive as perguntas agora,
> Talvez, então, tu, gradualmente,
> Sem notar,
> Viverás até algum dia distante,
> Quando encontrarás a resposta.[5]

# Apêndice

| A. EGO, OCIDENTAL | | | |
|---|---|---|---|
| 1. OCUPAÇÕES (Holland) | CONVENCIONAL | SOCIAL | INVESTIGATIVO |
| 2. TIPOS DE PERSONALIDADE (Jung) | Extrovertido Percepção | Extrovertido Emocional | Extrovertido Intelectual |
| 3. MOTIVOS (Cattell) | Gregarismo | Parental | Exploração |
| 4. ESTÁGIOS DA VIDA | Bebê (0-1,5 ano) | Começo da Infância (1,5-6 anos) | Latência (6-11 anos) |
| **B. ARQUETÍPICO** | | | |
| 5. PLANETAS  Romano | SATURNO | VÊNUS | MERCÚRIO |
|                Grego | Cronos | Afrodite | Hermes |
| 6. ELEMENTOS etc. | Submundo | Terra | Ar |
| 7. GERAL (Jung etc.) | TRIBO/Participação mística | MÃE TERRA | GUIA/Criança/Confidência |
| **C. RELIGIOSOS** | | | |
| 8. SACRAMENTOS (cristãos) | BATISMO | COMUNHÃO | PENITÊNCIA |
| 9. CHAKRAS (hindu) | I Raiz, Básico | II Sacral | III Plexo Solar |
| 10. KABBALAH (judaico) | Malkuth | Netzach | Hod |
| 11. BARDOS (budismo tibetano) | Dharma vs. Desejo ardente | Sargha vs. Ódio | Buda vs. Ignorância |
| 12. NÍVEIS (K. Wilber) | 3. Magia | 4. Mítico | 5. Racional |
| **D. MOVIMENTO PARA DENTRO** | | | |
| 13. CAMINHOS | DEVER | CARINHO E CUIDADOS | COMPREENSÃO |
| 14. RESPOSTAS | AFINIDADE vs. Afastamento | COOPERAÇÃO vs. Oposição | EXPLORAÇÃO vs. Abstenção |
| 15. TERAPIA (Conteúdo) | Trauma/Culpa | Antagonismo, projeções | Problemas práticos Defesas |

| ARTÍSTICA | REALISTA | EMPREENDORA | — |
|---|---|---|---|
| Introvertido Percepção | Introvertido Emocional | Extrovertido Intelectual | (Função transcendente) |
| "Sexo" (Criatividade) | Construção | Autoafirmação | Religiosos |
| Adolescência (11-18) | Inícios da vida adulta (18-35) | Maturidade (35-70) | Qualquer idade |
| LUA (Diana) Artemis, Hécate | MARTE Ares | JÚPITER Zeus | SOL Apolo |
| Mundo superior | Fogo | Água | (Pleno/Vácuo) |
| SOMBRA/Herói Eros/Medien | ALMA DO MUNDO Agape/Gaia | GRANDE PAI Logos/Redenção | EU Ego |
| CASAMENTO | CRISMA | ORDENAÇÃO | CERIMÔNIA FINAL |
| IV Cardíaco | V Laríngeo | VI Terceiro Olho | VII Coronário |
| Yesod | Gevurah | Hesed | Tiferet |
| Divindades Furiosas vs. Sombra | Divindades Pacíficas vs. Morte | Buda Protetor vs. Orgulho | (Clara Luz Primária) |
| 6. Visão-Lógica | 7. Psíquico | 8. Sutil | 9. Canal |
| TRANSFORMAÇÃO PESSOAL | FRATERNIDADE | LIDERANÇA COMO SERVIÇO | (NIRVANA) |
| CELEBRAÇÃO vs. Pesar | INTEIREZA vs. Inadequação | LEALDADE vs. Traição | EQUANIMIDADE vs. Perturbação |
| Jogos/Despeito | "Pós-vida" Incidentes | Finalidades Básicas | — |

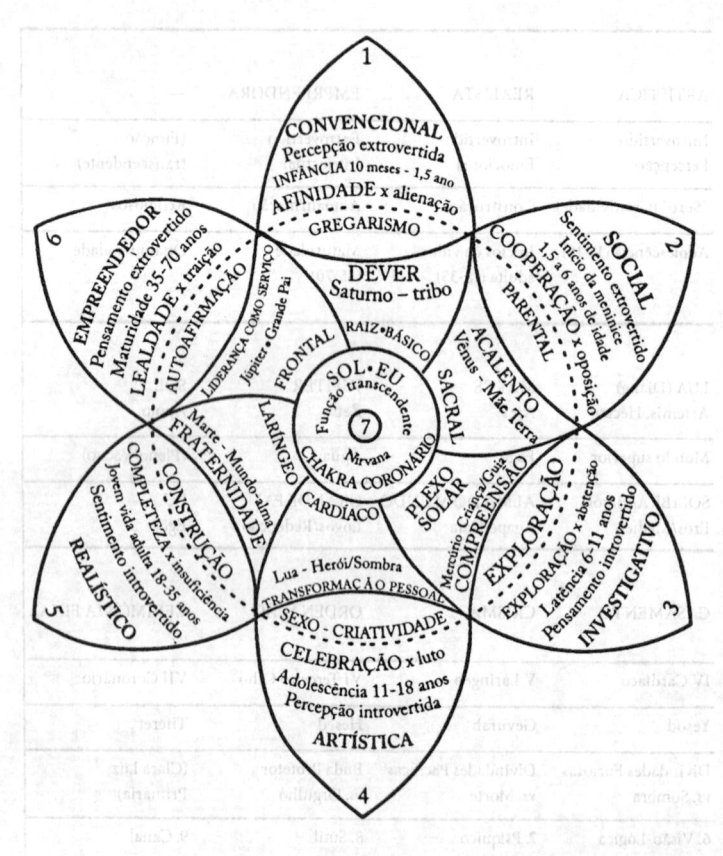

*O lótus do eu.*

Numerosos sistemas de classificação psicológica correlacionam-se bem com o lótus do eu. A tabela das páginas 308-309 resume sistemas que conheço e que se correlacionam com pelo menos 75 por cento do lótus. Foram omitidos alguns por não apresentarem uma correlação útil com as ideias aqui comentadas (as sete cores do arco-íris ou os sete céus, por exemplo) e outros porque são pouco conhecidos.

Algumas notas curtas podem ser úteis para orientar futuras pesquisas com os quinze sistemas representados na tabela:

1. Ver os capítulos 6-8 deste livro.
2. Ver o capítulo 6 deste livro, e também os comentários sobre os trabalhos de Briggs-Myers e Myers, no capítulo 8.
3. Ver capítulo 7.
4. Um esquema como este é comum em várias formas de psicoterapia. White (1993) correlaciona um esquema semelhante com os chakras.
5. Ver Tripp (1970) ou Chevalier e Gheerbart (1996), e também o capítulo 7 deste livro.
6. Ver Chevalier e Gheerbart (1996).
7. Ver Samuels (1985) ou Chevalier e Gheerbart (1996).
8. Myss (1997) correlaciona dessa maneira os chakras com os sacramentos.
9. Ver capítulo 7. E também White (1993), Campbell (1974), Myss (1997) e Feuerstein (1996).
10. No tocante ao enfoque místico ou esotérico ocidental desse sistema judaico, ver Knight (1972). Ele correlaciona também parte da Árvore da Vida com os sete planetas, quase da mesma forma que a apresentada por nós (só Saturno é mudado de lugar). Para uma visão ortodoxa, ver Scholem (1963).

11. Ver Evans-Wentz (1960) e também Campbell (1974), que correlacionam, mais ou menos dessa maneira, os bardos com os chakras. Correlacionei aqui os chakras 1, 2 e 3 com as Três Joias *vs.* os Três Venenos (ver qualquer introdução ao budismo).
12. Ver Wilber (1995). Sete de seus dez níveis correlacionam-se, em ordem, com as partes internas das pétalas e com o centro, embora sua organização seja mais hierárquica.
13. Ver capítulo 13.
14. Ver o capítulo 9 deste livro, e também Guest e Marshall (1997) para um modelo relacionado com o nosso.
15. Discutir de modo adequado estes atributos exigiria vários capítulos.

# Notas

## PRÓLOGO

1. Citado por Jean Houston, *A Passion for the Possible*.

## CAPÍTULO 1

1. Daniel Goleman, *Emotional Intelligence*.
2. Ver Terrance Deacon, *The Symbolic Species*.
3. Ver James Carse, *Finite and Infinite Games*.
4. T. S. Eliot, *Four Quartets*.
5. Citado em Andrew Harvey, *The Essential Mystics*, pp. 155-56.
6. Abraham Heschel, *God in Search of Man*.
7. Citado em Richard Olivier, *Shadow of the Stone Heart*, pp. 33-4.

## CAPÍTULO 2

1. Ver K. A. Jobst *et al.*, "Diseases of Meaning: Manifestations of Health and Metaphor".
2. D. H. Lawrence, *Collected Poems*.

## CAPÍTULO 3

1. O título e grande parte do conteúdo deste capítulo foram extraídos de I. N. Marshall, "Three Kinds of Thinking".
2. Gerald Edelman, *Bright Air, Brilliant Fire*.
3. Esta é a informação padrão encontrada em qualquer livro didático sobre neurologia. Ver, por exemplo, A. C. Guyton, *Structure and Function of the Nervous System*.

4. Ver, por exemplo, M.G. Boden, *Computer Models of Mind*, ou Marvin Minsky, *Computation*.
5. James Carse, *Finite and Infinite Games*.
6. D. E. Rumelhart e J. L. McLelland (orgs.), *Parallel Distributed Processing*.
7. *Ibid*.
8. E. R. Kandel e R. D. Hawkins, "The Biological Basis of Learning and Individuality".
9. J. Seymour e D. Norwood, "A Game for Life".
10. Ann Treisman, "Features and Objects in Visual Processing".
11. Antonio Damasio, *Descartes' Error*, pp. 34-51.
12. Ver C. M. Gray e W. Singer, "Stimulus-Specific Neuronal Oscillations in Orientation Columns of Cat Visual Cortex"; W. Singer e C. M. Gray, "Visual Feature Integration and the Temporal Correlation Hypothesis"; W. Singer, "Striving for Coherence".
13. Uma referência muito útil é encontrada em H. Benson, *The Relaxation Response*. Ver também J. P. Banquet, "Spectral Analysis of the EEG in Meditation".
14. Ken Wilber, *Eye to Eye*.
15. Sogyal Rinpoche, *The Tibetan Book of Living and Dying*, p. 40.

## CAPÍTULO 4

1. Denis Pare e Rodolfo Llinas, "Conscious and Pre-Conscious Processes As Seen From the Standpoint of Sleep-Waking Cycle Neurophysiology".
2. John Locke, *An Essay Concerning Human Understanding*, II. 2.
3. Francis Crick, *The Astonishing Hypothesis*, p. 3.
4. Michael Jackson, "Benign Schizotypy? The Case of Spiritual Experience".
5. Francis Crick, *The Astonishing Hypothesis*, p. 246.
6. A descrição da tecnologia do MEG foi extraída de Riitta Hari e Ritta Salmelin, "Human Cortical Oscillations: A Neuromagnetic View Through the Skull".

7. Rodolfo Llinas, "'Mindness' As a Functional State of the Brain", em Colin Blakemore e Susan Greenfield (orgs.), *Mindwaves*, p. 339.
8. Uma equipe francesa publicou também um interessante trabalho sobre o problema da ligação, oscilações de 40 Hz e consciência. Ver J. E. Desmedt e C. Tomberg, *Neuroscience Letters*, 1994.
9. G. M. Ghose e R. D. Freeman, *Journal of Neurophysiology*.
10. S. L. Bressler e W. J. Freeman, *Electroencephalography and Clinical Neurophysiology*.
11. Rodolfo Llinas e Urs Ribary, "Coherent 40-Hz Oscillation Characterizes Dream State in Humans".
12. Denis Pare e Rodolfo Llinas, "Conscious and Pre-Conscious Processes As Seen from the Standpoint of Sleep-Waking Cycle Neurophysiology".
13. *Ibid.*, p. 1155.
14. David J. Chalmers, "Moving Forward on the Problem of Consciousness".
15. René Descartes, *Meditations*.
16. Em um artigo publicado na *Scientific American* há alguns anos, Crick diz, de fato e claramente, que talvez tenhamos de compreender a consciência pelo sentido. No entanto, como observa David Chalmers, há sentido e sentido. Um reducionista como Crick entende por "sentido" simplesmente "certas correlações com o ambiente e certos efeitos de processamento posterior" (Chalmers), ao passo que muitos de nós pensamos que "sentido" refere-se também a coisas mais transcendentes.
17. David J. Chalmers, "Moving Forward on the Problem of Consciousness".
18. Julian Huxley, *Religion Without Revelation*.
19. C. G. Jung, "On the Nature of the Psyche".
20. I. N. Marshall, "Some Phenomenological Implications of a Quantum Model of Consciousness".
21. O argumento de que existe essa base quântica da consciência no cérebro foi proposto inicialmente por Ian Marshall no "Consciousness and Bose-Einstein Condensates".

22. J. B. S. Haldane, "Quantum Mechanics as a Basis for Philosophy".
23. David Bohm, *Quantum Theory*.
24. E. del Giudice *et al.* "Water as a Free Electric Dipole Laser".
25. S. Hameroff e R. Penrose, "Conscious Events as Orchestrated Time-Space Selections".
26. I. N. Marshall, "Consciousness and Bose-Einstein Condensates".
27. Danah Zohar, *The Quantum Self*.
28. Danah Zohar e I. N. Marshall, *The Quantum Society*.
29. Michael Green, "A Resonance Model Gives the Response to Membrane Potential for an Ion Channel".
30. R. Douglas e K. Martin, "Neocortex".
31. D. R. Tilley e J. Tilley, *Superfluidity and Superconductivity*.
32. G. D. Coughlan e J. G. Dodd, *The Ideas of Particles Physics*.

## CAPÍTULO 5

1. Extraído de V. S. Ramachandran e Sandra Blakeslee, *Phantoms in the Brain*, p. 175.
2. Ibid.
3. M. A. Persinger, "Feelings of Past Lives as Expected Perturbations Within the Neurocognitive Processes That Generate the Sense of Self: Contributions from Limbic Lability and Vectorial Hemisphericity".
4. C. M. Cook e M. A. Persinger, "Experimental Induction of a 'Sensed Presence' in Normal Subjects and an Exceptional Subject".
5. Peggy Ann Wright, "The Interconectivity of Mind, Brain, and Behavior in Altered States of Consciousness: Focus on Shamanism".
6. Divulgado no *Sunday Times*, de Londres, 2 de novembro de 1997. E também no capítulo 9 do *Phantoms in the Brain*, de V. S. Ramachandran e Sandra Blakeslee.
7. M. A. Persinger, ver nota 1.
8. William James, *The Varieties of Religious Experience*, pp. 17-19.

9. F. C. Happold, *Mysticism*, pp. 134-5.
10. William James, *The Varieties of Religious Experience*.
11. Rainer Maria Rilke, "Experience", em *Briefe aus den Jahren 1914-1921*, 227. Traduzido e publicado como Apêndice 3, em J. B. Leishman, tradução de Stephen Spender de *Duino Elegies*.
12. Michael Jackson, "Benign Schizotypy? The Case of Spiritual Experience".
13. Geoffry Ahern, "Spiritual/Religious Experience in Modern Society". Esse estudo é também citado extensamente em Michael Jackson, "Benign Schizotypy? The Case of Spiritual Experience".
14. Citado em toda extensão em Michael Jackson, "Benign Schizotypy? The Case of Spiritual Experience", p. 238, em Gordon Claridge (org.), *Schizotypy*.
15. *Ibid.*, p. 239.
16. Michael Jackson, "A Study of the Relationship Between Spiritual and Psychotic Experience".
17. Michael Jackson, "Benign Schizotypy? The Case of Spiritual Experience", em Gordon Claridge (org.), *Schizotypy*, p. 236.
18. *Ibid.*, p. 237.
19. *Ibid.*, p. 242.
20. D. Caird, "Religiosity and Personality: Are Mystics Introverted, Neurotic or Psychotic?"
21. William James, *The Varieties of Religious Experience*.
22. E. Underhill, citado em Michael Jackson, "Benign Schizotypy? The Case of Spiritual Experience".
23. Gordon Claridge (org.), *Schizotypy*, p. 31.
24. Citado em David Kleinbard, *The Beginning of Terror*, p. 227.
25. Citado em Gordon Claridge (org.), *Schizotypy*.
26. A. J. Richardson, "Dyslexia and Schizotypy", em Gordon Claridge (org.), *Schizotypy*.
27. Felix Post, "Creativity and Psychopathology".
28. Kay Redfield Jamison, *Touched with Fire*.
29. *Ibid.*, Apêndice B.

30. C. G. Jung, *Memories, Dreams and Reflections*, p. 184.
31. Citado em David Kleinbard, *The Beginning of Terror*, p. 2.
32. J. H. Brod, "Creativity and Schizotypy", em Gordon Claridge (org.), *Schizotypy*.
33. Michael Jackson, em Gordon Claridge, org., *Schizotypy*, pp. 240-1.
34. *Ibid.*, p. 241.

## CAPÍTULO 6

1. Jean Chevalier e Alain Gheerbrant (orgs.), *The Dictionary of Symbols*, "The Lotus".
2. Os percentuais de Holland citados neste capítulo referem-se apenas a americanos brancos. Números globais, cruzando fronteiras nacionais e culturais, não foram apurados, embora deva ser esperado que as percentagens dos vários tipos variem consideravelmente de uma nação ou cultura a outra.

## CAPÍTULO 7

1. R. B. Cattell, *Personality and Motivation Structure and Measurement*.
2. Joseph Campbell, *The Mythic Image*, p. 341.
3. Caroline Myss, *Anatomy of the Spirit*.

## CAPÍTULO 8

1. Giuseppe Tucci, *Mandala*, pp. 14-15.
2. Citado em Joseph Campbell, *The Mythic Image*, p. 280.
3. Giuseppe Tucci, *Mandala*, p. 78.
4. São João da Cruz, *The Living Flame of Love*, Stanza 1.
5. Citado em Robert Inchausti, *Thomas Merton's American Prophecy*, p. 76.
6. *Ibid.*, p. 91.
7. P. W. Martin, *Experiment in Depth*, pp. 175-6.
8. Y. Hogen, *On the Open Way*, p. 27.

9. Citado em F. C. Happolds, *Mysticism*, p. 28.
10. A. Samuels, *Jung and the Post-Jungians*, p. 91.
11. *Ibid.*, p. 89.
12. Sri Ramakrishna, citado em Joseph Campbell, *The Mythic Image*, p. 381.
13. Dante, *Paradiso*, XXXIII, 94-6.
14. "Surungama Sutra", D. Goddard (Ed.) *The Buddhist Bible*, p. 217.
15. Thomas Merton, *The Asian Journal*, p. 82.

## CAPÍTULO 9

1. C. G. Jung, "Psychotherapists or the Clergy", *Collected Works*, vol. 11, p. 497.
2. Michael Kearney, "Working with Soul Pain in Palliative Care", p. 2. Ver também o seu *Mortally Wounded*, para ter acesso a mais pensamentos sobre a natureza e consequências da dor da alma.
3. Viktor Frankl, *Man's Search for Meaning*, p. 28.
4. Abraham Heschel, *God in Search of Man*, p. 6.

## CAPÍTULO 10

1. Citado em F. C. Happold, *Mysticism*, p. 73.
2. James Hillman, *The Soul's Code*, p. 6.
3. Abraham Heschel, *God in Search of Man*.
4. Christian Grof e Stanislav Grof, *The Stormy Search for the Self*.
5. Ver, por exemplo, Robert Coles, *The Spiritual Lives of Children*.
6. Joseph Campbell, *The Power of Myth*, p. 110.
7. Viktor Frankl, *Man's Search for Meaning*, p. 138.
8. Marie de Hennezel, *Intimate Death*, pp. xi e xii.
9. J. R. R. Tolkien, *The Lord of the Rings*, p. 48.

## CAPÍTULO 11

1. Eric Hobsbawm, *The Age of Extremes*.
2. Rainer Maria Rilke, *Letters to a Young Poet*.

3. Sogyal Rinpoche, *The Tibetan Book of Living and Dying*.
4. Richard Tarnas, *The Passion of the Western Mind*.
5. Ambos citados em Abraham Heschel, *God in Search of Man*, p. 148.
6. Keith Jarrett, *The Eyes of the Heart*.
7. R. D. Laing, *The Politics of Experience and the Bird of Paradise*, p. 118.
8. Citado em Elaine Pagels, *The Gnostic Gospels*, p. 74.
9. Citado em Andrew Harvey, *The Essential Mystics*, pp. 27-8.

## CAPÍTULO 13

1. Citado em Robert Graves, *The White Goddess*, cap. 4.
2. O *Epic of Hades* (1879), de L. Morris, citado em Annis Pratt, *Dancing with Goddesses*, p. 16.
3. Carl Rogers, *On Becoming a Person*, cap. 2.
4. Traduzido para o inglês por Gershom Scholem.
5. *Inferno, Canto 1*.
6. John Matthews, *The Arthurian Tradition*.
7. Stephen Batchelor (org.), *The Jewel in the Lotus*, "Red Rock Agate Mansion", p. 121.
8. Rabindranath Tagore, *Gitanjali*, versos 69-70.
9. Ralph Waldo Emerson, "The Over-Soul", p. 206.
10. Citado em Ken Wilber, *The Holographic Paradigm and Other Paradoxes*, p. 25.
11. Ralph Waldo Emerson, "The Over-Soul", p. 218.
12. Citado em Ken Wilber, *Sex, Ecology and Spirituality*, p. 302.
13. Robert Bly, trad., *The Kabir Book*, nº 22.
14. Citado em Ken Wilber, *Sex, Ecology and Spirituality*, p. 302.
15. Há uma versão desses desenhos encontrada em Paul Reps, *Zen Flesh, Zen Bones*.

## CAPÍTULO 15

1. "Caring", de Marcial Losada, inspirado por "The Student's Prayer", de Umberto Maturana. Inédito.
2. Ibn al'Arabi, *The Tarjuman Al-Ashwaq*, Livro XI.
3. Michael Kearney, *Mortally Wounded*.
4. Rainer Maria Rilke, *Duino Elegies*, Nona Elegia.
5. Rainer Maria Rilke, "Live the Questions Now", de *Love and Other Difficulties*.

# Bibliografia

Ahern, Geoffry, *Spiritual/Religious Experience in Modern Society*, Alastair Hardy Foundation, Oxford: 1990.
Allport, Gordon, *The Individual and His Religion*, Macmillan, Nova York: 1950.
Banquet, P. P., "Spectral Analysis of the EGG in Meditation" *Electroencephalograpfy and Clinical Neurology*, 35, pp. 143-151 1973.
Batchelor, Stephen (org.), *The Jewel in the Lotus*, Wisdom Publication Londres: 1987.
Benson, H., *The Relaxation Response*, William Morrow, Nova York: 1975.
Blakemore, Colin e Greenfield, Susan, *Mindwaves*, Basil Blackwell, Oxford: 1978.
Bly, Robert (trad.), *The Kabir Book*, Beacon Press, Boston: 1971.
Boden, Margaret G., *Computer Models of Mind*, Cambridge University Press, Nova York: 1988.
Bohm, David. *Quantum Theory*, Constable, Londres: 1951.
Bressler, S. L. e Freeman, W. J., *Electroencephalography and Clinical Neurophysiology*, vol. 50, pp. 19-24, 1980.
Briggs Myer, Isabel, em colaboração com Myers, Peter B., *Gifts Differing*, Davies-Black Publishers, Palo Alto, CA: 1995.
Brod, J. H., "Creativity and Schizotypy", em Gordon Claridge (org.), *Schizotypy*, Oxford University Press, Oxford e Nova York: 1997
Caird, D., "Religiosity and Personality: Are Mystics Introverted, Neurotic or Psychotic?", *British Journal of Social Psychology*, 26, 345-346: 1987.

Campbell, Joseph, *The Mythic Image*, Princeton University Press, Princeton: 1974.

Campbell, Joseph e Moyers, Bill, *The Power of Myth*, Doubleday, Nova York: 1988.

Carse, James, *Finite and Infinite Games*, Ballantine Books, Nova York: 1986.

Castaneda, Carlos, *A erva do diabo*, Record, Rio de Janeiro: 1978.

Cattel, R. B., *Personality and Motivation Structure and Measurement*, World Book Company, Nova York: 1957.

Chalmers, David J., "Moving Forward On the Problem of Consciousness", *Journal of Consciousness Studies*, vol. 4, nº 1, 1997.

Chevalier, Jean e Gheerbrant, Alai, orgs., *The Dictionary of Symbols*, Penguin Books, Londres: 1996.

Claridge, Gordon, org. *Schizotypy*, Oxford University Press: Oxford e Nova York: 1997.

Coles, Robert, *The Spiritual Life of Children*, Houghton Mifflin, Boston: 1990.

Cook, C. M. e Persinger, M. A., "Experimental Induction of a 'Sensed Presence'" in "Normal Subjects and an Exceptional Subject", *Perceptual and Motor Skills*, 85(2), pp. 683-93: outubro de 1985.

Coughlan, C. D. e Dodd, J. D., *The Ideas of Particle Physics*, 2ª edição, Cambridge University Press, Cambridge e Nova York: 1991.

Crick, Francis, *The Astonishing Hypothesis*, Simon and Schuster, Londres, Nova York, etc.: 1994.

Damasio, Antonio R., *Descartes's Error*, Papermac (Macmillan), Londres: 1996.

Dante, A., *The Divine Comedy: The Inferno*, J. Ciardi (trad.), Mentor Books, Nova York: 1954.

De Hennezel, Marie, *Intimate Death*, Warner Books, Londres: 1997.

Deacon, Terrance, *The Symbolic Species*, Allen Lane, The Penguin press, Londres: 1997.

Del Guidice, E., Preparata, G. e Vitiello, G., "Water as a Free Electric Dipole Laser", *Physical Review Letters*, 61, pp. 1.085-8: 1988.

Descartes, René, *Meditations*, Bobbs-Merrill, Nova York: 1960

Desmedt, J. E. e Toberg, C., *Neuroscience Letters*, vol. 168, pp. 126-9, 1994.

Dostoievski, Fiodor. *Crime and Punishment*, Penguin Books, Londres: 1998.

Douglas, R. e Martin, K., "Neocortex", em G. M. Shepherd (org.), *The Synaptic Organization of the Brain*, 4ª edição, Oxford University Press, Oxford e Nova York: 1998.

Edelman, Gerald, *Bright Air, Brilliant Fire*, Allen Lane The Penguin Press, Nova York e Londres: 1992.

Eliot, T. S., *The Four Quartets*, Faber, Londres: 1994.

Emerson, Ralph Waldo, "The Over-Soul", em *Selected Essays*, Penguin Classics, Londres: 1985.

Evans-Wentz, org., *The Tibetan Book of the Dead*, Oxford University Press, Oxford: 1960.

Feurstein, G. *The Shambala Guide to Yoga*, Shambala Press, Boston e Londres: 1996.

Frankl, Viktor E., *Man's Search for Meaning*, Pocket Books, Washington Square Press, Nova York, Londres, etc.: 1985.

Freud, Sigmund, *The Ego and the Id*, edição padronizada, Collected Works, vol. 19, Hoghart Press, Londres: 1923.

Gardner, Howard, *Multiple Intelligences*, HarperCollins (Basic Books), Nova York: 1993.

Ghose, G. M. e Freeman, R. D., *Journal of Neurophysiology*, vol. 58, pp. 1558-1574, 1992.

Goleman, Daniel, *Emotional Intelligence*, Bantam Books: Nova York, Londres, etc.: 1996.

Gottfriedson, G. D. e Holland, J. L., *Dictionary of Holland Occupational Codes*, 3ª edição, Psychological Assessment Resources In., Flórida: 1996.

Graves, Robert, *The White Goddess*, Faber, Londres: 1961.

Gray, C. M. e Singer, W., "Stimulus Dependent Neuronal Oscillations in the Cat Visual Cortex Area", *Neuroscience* [supl.], 1301P, 1987.

——., "Stimulus-Specific Neuronal Oscillations in Orientation Columns of Cat Visual Cortex", *Proceedings of the National Academy of Sciences of the United States of America*, 86: 1698-702, 1989.

Gray, John, Men Are from Mars, Women Are from Venus, Harper Collins, Londres: 1992.

Green, Michael, "A Resonance Model Gives the Response to Membrane Potential for an Ion Channel", *Journal of Theoretical Biology*, vol. 193, pp. 475-483: 1998.

Greenleaf, Robert, Servant Leadership: *A Journey into the Nature of Legitimate Power and Greatness*, Paulist Press, Nova York: 1977.

Grof, Christina e Grof, Stanislav, The Stormy Search for the Self, Thorsons, Londres: 1991.

Guest, Hazel e Marshall, I. N. "The Scale of Responses: Emotions and Mood in Context", *International Journal of Psychotherapy*, 2(2), pp. 149-169: 1997.

Guyton, A. C., *Structure and Function of the Nervous System*, W. B. Saunders, Filadélfia, Londres e Toronto: 1972.

Haldane, J. B. S., "Quantum Mechanics as a Basis for Philosophy", *Phylosophy of Science*, 1, pp. 78-98: 1934.

Hameroff, S. e Penrose, R. "Conscious Events as Orchestrated Time-Space Selections", *Journal of Consciousness Studies*, vol. 3 (1), pp. 36-53: 1996.

Happold, F. C., *Mysticism*, Penguin, Londres: 1963.

Hardy, Alastair, *The Spiritual Nature of Man*, Oxford University Press, Oxford: 1979.

Hari, Riitta e Salmelin, Riitta, "Human Cortical Oscillations: A Neuromagnetic View Through the Skull", Trends in Neuroscience (TINS), vol. 20, n° 1, pp. 44-49, 1997.

Harvey, Andrew, The Essential Mystics, Castle Books, Nova Jersey: 1996. Heschel, Abraham, God in Search of Man, Farrar, Straus and Giroux, Nova York: 1955.

Hillman, James, The Soul's Code, Random House, Nova York: 1996.

Hobsbawm, Eric, The Age of Extremes, Michael Joseph, Londres: 1994.

Hogen, Y, On the Open Way, Jiko Oasis Books, Liskeard, Cornwall: 1993.

Holland, J. L., Making Vocational Choices, 3ª. edição, Psychological Assessment Resources, Inc., Flórida: 1997.

Houston, Julian, Religion Without Revelation, New American Library, Nova York: 1957.

Inchausti, Robert, Thomas Merton's American Prophecy, State University of New York Press, Albany: 1998.

Jackson, Michael, "A Study of the Relationship Between Spiritual and Psychotic Experience", tese de Ph.D., inédita. Oxford University, 1991.

———.,"Benign Schizotypy? The Case of Spiritual Experience", em Gordon, Claridge (org.), Schizotypy, Oxford University Press. Oxford, 1997.

James, William, The Varieties of Religious Experience, The Modern Library, Nova York: 1929.

Jamison, Kay Redfield, Touched with Fire, The Free Press, Nova York: 1993.

Jarrett, Keith, The Eyes of the Heart, ECM Records, 78118-21150-2/4.

Jobst, Kim A., Shostak, Daniel e Whitehouse, Peter J., "Diseases of Meaning: Manifestations of Health and Metaphor", Journal of Alternative and Complementary Medicine, 1999.

Jung, C. G., Psychological Types, Collected Works, vol. 6, Routledge, Londres, etc.: 1921.

———., "On the Nature of the Psyche", em Collected Works, vol. 8, Routledge & Kegan Paul, Londres: 1954.

———., "Psychotherapists or the Clergy" (1932), em Collected Works, vol. 11, Routledge & Kegan Paul, Londres: 1954.

———., Memories, Dreams and Reflections, Collins and Routledge & Kegan Paul, Londres: 1963.

Kaku, Michio, *Hyperspace*, Oxford University Press, Oxford e Nova York: 1994.

Kandel, E. R. e Hawkins, R.D. "The Biological Basis of Learning and Individuality", *Scientific American*: setembro de 1992.

Kearney, Michael, *Mortally Wounded*, Touchstone Books, Nova York: 1996. Publicado também em Dublin.

——., "Working with Soul Pain in Palliative Care", inédito.

Kleinbard, David, *The Beginning of Terror: A Psychological Study of Rainer Maria Rilke's Life and Work*, New York University Press: Nova York, 1993.

Knight, G., *A Practical Guide to Qabalistic Symbolism*, 2 vols., Helios, Reino Unido: 1972.

Kuhn, Thomas, *The Structure of Scientific Revolutions*, University of Chicago Press, Chicago, 1962. Kuffler, S. W. e Nicholls, J. G., *From Neuron to Brain*, Slnauer, Mass.: 1976. Laing, R.D., *The Divided Self*, Penguin, Londres: 1959 (1990).

——., *The Politics of Experience and the Bird of Paradise*, Penguin, Londres: 1967.

Lawrence, D. H., *Collected Poems*, Penguin, Nova York: 1993.

Llinas, Rodolfo e Ribary, Urs, "Coherent 40-Hz Oscillation Characterizes Dream State in Humans", *Proceedings of the National Academy of Science, USA*, vol. 90, pp. 2.078-81: março de 1993.

Locke, John, *An Essay Concerning Human Understanding*, Oxford Clarendon Press Oxford: 1947.

Losada, Marcial, tradução e condensação do "The Student's Prayer", de Umberto Maturana, inédito.

McClelland, J. L. e Rumelhart, D. E., *Parallel Distributed Processing*, vol. 2, MIT Press, Londres e Cambridge, Mass.: 1986.

Marshall, I. N. "Consciousness and Bose-Einstein Condensates", *New Ideas in Psychology*, vol. 7, n° 1, pp. 73-83, 1989.

Marshall, I. N., "Some Phenomenological Implications of a Quantum Model of Consciousness", *Minds and Machines*, 5, pp. 609-620: 1995.

——., "Three Kinds of Thinking", in *Towards a Scientific Basis for Consciousness*, orgs. S. R. Hameroff, A. W. Kaszniak e A. C. Scott, MIT Press, Cambridge, Mass. e Londres: 1996.

Martin, P. W., *Experiment in Depth*, Routledge & Kegan Paul, Londres e Boston: 1955 (1976).

Matthews, John, *The Arthurian Tradition*, Element Books, Shaftesbury, Reino Unido: 1989.

May, Rollo, *Love and Will*, W. W. Norton, Nova York: 1969.

Merton, Thomas, *The Asian Journal*, New Directions, Nova York: 1968 (1975).

Minsky, Marvin, *Computation*, Prentice-Hall, Londres: 1972.

Myss, Caroline, *Anatomy of the Spirit*, Bantam Books, Nova York: 1997.

Oliver, Richard, *Shadow of the Stone Heart: A Search for Manhood*, Pan Books, Londres: 1995.

Pagels, Elaine, The Gnostic Gospels, Random House, Nova York: 1979.

Pare, Denis e Llinas, Rodolfo, "Conscious and Pre-Conscious Processes As Seen From the Standpoint of Sleep-Waking Cycle Neurophysiology", *Neuro-psychologia*, vol. 33, n° 9, pp. 1.155--1.168, 1995.

Persinger, M. A., "Religious and Mystical Experiences as Artefacts of Temporal Lobe Function", 1993.

——., "Feelings of Past Lives as Expected Perturbations Within the Neurocognitive Processes That Generate the Sense of Self: Contributions from Limbic Lability and Vectorial Hemisphericity", *Perceptual and Motor Skills*, 83 (3 Pt. 2), pp. 1.107-21: dezembro de 1996.

Post, Felix, "Creativity and Psychopathology: A Study of 291 World-Famous Men", *British Journal of Psychiatry*, 165, 22-34.

Pratt, Annis, *Dancing with Goddesses*, Indiana University Press: Bloomington e Indianapolis, 1994.

Ramachandran, V. S. e Blakeslee, Sandra, *Phantoms in the Brain*, Fourth State, Londres: 1998.

Redlich, F., *Hitler*, Oxford University Press, Oxford e Nova York: 1998.

Reps, Paul, *Zen Flesh, Zen Bones*, Penguin, Londres: 1971.

Ribary, V., Llinas, R., *et al.*, "Magnetic Field Tomography of Coherent Thalamocortical 40-Hz Oscillations in Humans", *Proceedings of the National Academy of Sciences, USA*, 88, 11037-11041: 1991.

Richardson, A. J., "Dyslexia and Schizotypy", em Gordon Clardige (org.), *Schizotypy*, Oxford University Press: Oxford, 1997.

Rilke, Rainer Maria, *Duino Elegies*, trad., de Stephen Cohn, Carcanet Press, Manchester, Reino Unido: 1989.

——., *Rilke on Love and Other Difficulties*, traduzido por J. J. L. Mood, W.W. Norton & Co., Nova York e Londres, 1975.

——., *Sonnets to Orpheus*, C. F. MacIntyre (trad.), University of California Press, Berkeley e Los Angeles: 1961.

Rilke, Rainer Maria, *Letters to a Young Poet*, Stephen Mitchell (trad.), Vintage Books, Nova York: 1986.

Rinpoche, Sogyal, *The Tibetan Book of Living and Dying*, Rider, Londres e San Francisco: 1992.

Rogers, Carl, *On Becoming a Person*, Constable, Londres: 1961.

Rumelhart, D. E. e McLelland, J. L., orgs., Parallel Distributed Processing, 2 vols., MIT Press, Cambridge, Mass.: 1986.

Russell, Bertrand, *The Analysis of Matter*, Kegan Paul, Londres: 1927.

——., *A History of Western Philosophy*, George Allen and Unwin, Londres: 1946.

Samuels, A., *Jung and the Post-Jungians*, Routledege & Kegan Paul, Londres e Boston: 1985.

Scholem, Gershom, org., *The Zohar*, Schocken Books, Nova York: 1963.

Seymour, J. e Norwood, D., "A Game for Life", *New Scientist*, 139: 23-6,1993.

Singer, W. e Gray, C. M., "Visual Feature Integration and the Temporal Correlation Hypothesis", *Annual Reviews of Neuroscience*, 18, pp. 555-586: 1995.

Singer, W., "Striving for Coherence", Nature, vol. 397, pp. 391-393: 4 de fevereiro de 1999.

Skarda, C. A. e Freeman, W. J. "How Brains Make Chaos in Order to Make Sense of the World", *Behavioural and Brain Sciences*, 10 (2), pp. 161-173: 1987.

Suzuki, D. T., *Manual of Zen Buddhism*, Rider, Londres: 1983 (1950).

Tagore, Rabindranath, *Gitanjali*, Macmillan, Londres: 1992 (1912).

Tarnas, Richard, *The Passion of the Western Mind*, Pimlico, Londres: 1996.

Tilley, D. R. e Tilley, J., *Superfluidity and Superconductivity*, Adam Hilger Ltd., Bristol e Boston: 1986.

Tolkien, J. R. R., *The Lord of the Rings*, Unwin Paperbacks: Londres, 1978.

Treisman, Ann, "Features' and Objects in Visual Processing", *Scientific American*, vol. 255, n° 5: novembro de 1986.

Tripp, E., *Dictionary of Classical Mythology*, Harper Collins, Londres: 1998.

Tucci, Giuseppe, *The Theory and Practice of the Mandala*, Rider, Londres: 1961.

Walsch, Neale Donald, *Conversations with God*, Hodder and Stoughton, Londres: 1995.

White, R., *Working with Your Chakras*, Piatkus, Londres: 1993.

Wilber, Ken, org., *The Holographic Paradigm and Other Paradoxes*, New Science Library, Boulder, EUA: 1982.

———., *Eye to Eye*, Anchor Books/Nova York: 1983.

———., *Sex, Ecology and Spirituality*, Shambala, Boston e Londres: 1995.

Wright, Peggy Ann, "The Interconnectivity of Mind, Brain, and Behavior in Altered States of Consciousness: Focus on Shamanism", *Alternative Therapies*, 1, n° 3, pp. 50-55: julho de 1995.

Yazaki, Katshuiko, *The Path to Liang Zhi*, Future Generations Alliance Foundation, Kyoto, Japão: 1994.

Yeats, William Butler, *Selected Poems and Two Plays*, M. L Rosenthal (org.), Collier Books, Nova York: 1962.

Zohar, Danah, *The Quantum Self*, Bloomsbury, Londres, e William Morrow, Nova York: 1990.

Zohar, Danah e Marshall, I. N., *The Quantum Society*, Bloomsbury, Londres, e William Morrow, Nova York: 1994.

EDIÇÕES VIVA LIVROS

## *Alguns títulos publicados*

1. *Terapia de vidas passadas*, Célia Resende
2. *151 dicas essenciais para lidar com pessoas difíceis*, Carrie Mason-Draffen
3. *151 dicas essenciais para reconhecer e recompensar colaboradores*, Ken Lloyd
4. *Autoestima*, Christophe André e François Lelord
5. *Reiki para todos*, Oriel Abarca e Roberto King
6. *Codependência nunca mais*, Melody Beattie
7. *Não se deixe manipular pelos outros*, Wayne W. Dyer
8. *O poder do subconsciente*, Joseph Murphy
9. *A força do poder da fé*, Joseph Murphy
10. *Ame-se e cure sua vida*, Louise L. Hay
11. *Seus pontos fracos*, Dr. Wayne Dyer
12. *Saúde perfeita*, Deepak Chopra
13. *Simpatias da Eufrázia*, Nenzinha Machado Salles
14. *Deus investe em você e Dê uma chance a Deus*, Hermógenes
15. *A chave mestra das riquezas*, Napoleon Hill
16. *Quem vai cuidar dos nossos pais?*, Marleth Silva
17. *Faça sua vida valer a pena*, Emmet Fox
18. *Cuidando do corpo, curando a mente*, Joan Borysenko
19. *A mágica de pensar grande*, David J. Schwartz
20. *Dicionário de sonhos para o século XXI*, Zolar
21. *Nascido para amar*, Leo Buscaglia
22. *Não diga sim quando quer dizer não*, Herbert Fensterheim

ATENDIMENTO AO LEITOR E VENDAS DIRETAS

Você pode adquirir os títulos da Viva Livros através do Marketing Direto do Grupo Editorial Record.

- Telefone: (21) 2585-2002
  (de segunda a sexta-feira, das 9h às 18h)
- E-mail: sac@record.com.br
- Fax: (21) 2585-2010

Entre em contato conosco caso tenha alguma dúvida, precise de informações ou queira se cadastrar para receber nossos informativos de lançamentos e promoções.

Nossos sites:
www.vivalivros.com.br
www.record.com.br

Este livro foi composto na tipologia Minion Pro Regular, em
corpo 10/12,5, e impresso em papel off-set 56g/m² no Sistema
Cameron da Divisão Gráfica da Distribuidora Record.